発達障がい児の育成・支援と
ムーブメント教育

小林 芳文
大橋 さつき
飯村 敦子

編著

大修館書店

はじめに

本書の目的と背景

　この十数年の間に、日本では、医療・教育・福祉の現場において、障がい児を取り巻く制度や教育環境は大きく変化しました。特に、「発達障害」をめぐる地殻変動のような動きが起きたと言えるでしょう。

　文部科学省は、2002年に「通常の学級に在籍する特別な教育的支援を必要とする児童生徒に関する実態調査」を行い、通常学級では6.3％の児童生徒が学習面あるいは行動面で著しい困難を示す状態にある、と報告しました。これを受け、2003年3月には、「今後の特別支援教育の在り方について（最終報告）」が出されました。さらに、2005年4月に「発達障害者支援法」が施行されました。臨床の現場における概念との乖離が問題として指摘されるものの、それまで、制度の谷間におかれていた発達障がい児（者）の法的な位置づけと支援が確立されたという点において、大きな変化でした。そして、2007年4月より、学校教育法の一部改正によって、「特別支援教育」の完全開始となり、すべての幼稚園・学校において、発達障がい児支援の充実が緊急の課題となりました。特殊教育との大きな違いは、理念として「共生社会」の実現が加わったことですが、現在もなお、この理念の実現のためには乗り越えるべき様々な課題があります。

　このような概念定義や教育制度の変革の中で、近年、発達障がい児支援に関する実践や研究は盛んになり、絶えず注目を集めていますが、支援の現場は大きなうねりの中で未だに混沌としているのが現実と言えましょう。

　さて、私たちが実践している「ムーブメント教育」は、運動遊びを基軸とする発達や教育の支援法であり、日本の障がい児支援において30年以上の取り組みをもとに豊かな理論と実践方法を構築するに至りました。発達障害の教育体制が打ち出される前より、具体的な支援のあり方やプログラムを提唱してきました。現在では、特別支援教育、保育、地域療育、子育て支援などの様々な現場で、発達障がい児支援に活用されています。

　本書では、発達障害を対象としたムーブメント教育の理論と実践法を解りやすく解説しています。具体的には、ムーブメント教育における「発達」や「障害」のとらえ方を示し、楽しい集団遊びの環境が子どもの育成に有効であることをお伝えしていきます。本書が、様々なニーズの子どもたちの「健康と幸福感」を高め、インクルーシブな社会の実現に向けて役立つものとなること、また、発達障がい児の保護者、支援に携る教師や専門家のみなさんはもちろんのこと、子どもの育ちにかかわる多くの方に利用されることを強く願っています。

本書の構成と特色

　本書は、3部構成になっています。
　第1部理論編では、まず、第1章で、発達障害に関する基本的な知識を提供するために、その定義や概念をめぐる議論、診断基準や特徴、そして発達障害の理解と支援に関する今日的課

題について取り上げています。

　第2章では、ムーブメント教育の祖であるフロスティッグの業績や日本における研究実践の概要についてお伝えしています。そして、ムーブメント教育の基礎理論として、フロスティッグが唱えた理念や実践原理についてまとめています。

　第3章で、いま、なぜ、発達障がい児の育成・支援にムーブメント教育が効果的なのかという問いに対して、「身体性」「発達性」「環境性」「関係性」「遊び性」の5つの視点からムーブメント教育の理念を読み解きます。

　第2部方法・実践編において、まず第4章では、個性や発達に寄り添うプログラムづくりに活用されているムーブメント教育独自のアセスメントとして、「MEPA-R」を中心に、「MSTB」「BCT」「ムーブメント-IESA」を取り上げ、その理論的背景と具体的な活用法を紹介しています。

　第5章では、発達を支える遊びの環境づくりの方法についてまとめてあります。まず、発達段階に合わせた遊具の活用における原則についてまとめた後、13種のムーブメント遊具を取り上げ、具体的な活用法をお伝えしています。

　第6章では、発達障がい児の特性から、「教室で学ぶ力」「他者と関わる喜び」「自分と他者を大事に思う心」の3つの項目に焦点をあて、発達障がい児のエンパワメントを支えるためのムーブメント活動について、具体的な活動案を添えて説明しています。

　さらに、ムーブメントに音楽、ダンス、水の環境の要素を強化して応用させた実践法として、それぞれ、第7章の音楽ムーブメント、第8章のダンスムーブメント、第9章の水中ムーブメントの章を設け、理論と方法についてまとめています。

　第2部4〜9章を通して、161の活動案を紹介しています。巻末資料として「活動案一覧」をつけましたので、どうぞ、明日からの子どもたちとの実践にお役立てください。

　第3部展開編となる10〜12章では、発達障がい児の育成・支援に活用されているムーブメント活動の実態として、療育・保育・子育て支援、特別支援教育、地域支援など様々な現場から、14の実践報告を集めました。ムーブメント教育を活かした現場の活き活きとした様子が、読者のみなさんを勇気づけ、各地でまた新たな活動が生まれることを願っています。

「障害」「障がい児」の表記について

　「障害」の「害」の文字は、「害悪」「公害」「危害」などマイナスのイメージが強く、「障碍」「障がい」「しょうがい」といった別の表記の使用を求める意見があり、以前から様々な議論が重ねられてきました。しかし、現在においても表記の統一に至っておりません。編者らは、障がい者を取り巻く環境の改善には、表記の議論の背景にある偏見や差別の存在を認識した取り組みが必要であり、表記の変更だけでは根本的な解決には至らないという考えから、これまで法令等の表記に準じて「障害」という表記を用いてきました。

　しかし、直接関わってきた子ども一人ひとりを想うと、彼らを一括りに束ねて「障害児」と

表すことに違和感があり、人を指す言葉に「害」を用いることに抵抗感を持ち続けてきたのも事実です。そこで次のように表記を統一することにしました。

すなわち、本書では、人を指す場合に限り、「障がい児」「障がい者」と「害」という漢字の使用を避け、その他については、「障害」の表記を用いています。ただし、法令、条例、規則や固有名称等の表記、また、先行研究の引用部については、元の表記をそのままに用いることにしています。

感謝を込めて……

本書は、2010、2011年度和光大学総合文化研究所における研究プロジェクト「子どもの育成支援を巡る遊びの環境づくりに関する実証的研究〜大学と地域の連携による包括型プログラムの活用を中心として〜」(通称：あそびのわわわプロジェクト)の研究成果としてまとめられたものです。出版に至るまでお力添えくださった方々にお礼申し上げます。また、大修館書店の川口修平さんには、企画段階から根気強くおつきあいいただき、大変お世話になりました。そして、もちろん、本書の根底には、著者らがこれまで取り組んできた実践の中で得た経験があります。ムーブメント教育の活動を通して出逢い、共に活動してきた子どもたち、家族、支援者、全てのみなさまに深く感謝いたします。

たくさんの本の中から、この本を手にとってくださりありがとうございます。本書が発達障がい児の支援・育成の場を中心に、全ての子どもたちと笑顔で楽しく生きていきたいと願う方々のお役に立つことができれば幸いです。

2014年7月　編著者一同

CONTENTS／もくじ

はじめに……………………………………………………………………………… iii

第1部　理論編

第1章　発達障害について理解する …………………………………… 2
1　複数領域にまたがる「発達障害」という概念 ……………………… 2
⑴障がい児をめぐる法律、行政、教育制度の変遷／⑵障がい児支援事業の強化／⑶特別支援教育への移行／⑷発達障害の概念をめぐって

2　発達障害の特徴を知る ………………………………………………… 5
⑴合衆国における障がい児教育法の成立と診断基準の提示／⑵発達障害の5類型

3　発達障害への支援をめぐる今日的課題 ……………………………… 12
⑴ICFにおける障害観の転換／⑵発達保障論の落とし穴／⑶発達障害を「関係性」の中で捉える／⑷早期診断・早期支援の意義と課題／⑸家族支援の必要性／⑹障がい児の保育からインクルーシブ保育へ／⑺特別支援教育における「自立活動」と「個別の指導計画」

第2章　ムーブメント教育とはなにか …………………………………… 20
1　ムーブメント教育の概要 ……………………………………………… 20
⑴フロスティッグの生涯と業績／⑵ムーブメント教育の基本理念／⑶日本への導入と展開／⑷発達障がい児の支援に向けたムーブメント教育の動向

2　ムーブメント教育でどのような発達を育むのか …………………… 25
⑴遊びが原点／⑵「からだ・あたま・こころ」の全面的な発達を図る／⑶ムーブメント教育の達成課題／⑷中心的なゴールは子どもの「健康と幸福感の達成」

3　ムーブメント教育をいかに進めるのか ……………………………… 30

第3章　なぜ、発達障がい児の育成・支援に有効なのか …………… 34
1　活動の基盤となる「身体性」…………………………………………… 34
⑴身体運動面での支援の必要性／⑵人は動くことにより自分を知り、世界を知る

2　個性を育む「発達性」へのアプローチ ……………………………… 36
⑴発達の主体としての子ども／⑵発達の全体性／⑶発達の個別性と連続性

3　「環境性」に目を向ける ………………………………………………… 38
⑴環境との相互作用関係／⑵アフォーダンス理論の活用／⑶人も環境として捉える

4　「関係性」の中での発達支援 …………………………………………… 40
⑴集団の中で個を活かす、個の支援に集団を活かす／⑵ミラーニューロンが示唆する関係発達の可能性／⑶関わりの中で関わりたいという欲求を育む

5 「遊び性」の本質に視点を置く ……………………………………………… 42
(1)遊びを活用した発達支援／(2)ストレングスを活かす／(3)ともに遊びの場をつくる

 方法・実践編

第4章　アセスメントを活用する ……………………………………… 48
1　なぜアセスメントが必要なのか …………………………………………… 48
(1)障がい児を抱える家族の支援を／(2)アセスメントの考え方／(3)ムーブメント教育のアセスメントはどのように有効なのか
2　アセスメント①── MEPA-R ……………………………………………… 50
(1) MEPA-R の概要／(2) MEPA-R の構成と内容／(3)運動発達の段階と MEPA-R のステージ／(4)評定の方法／(5)プロフィール表からみる支援の方向性／(6)家族支援における MEPA-R の活用── 自閉症児を対象とした縦断的な研究から
3　アセスメント②── MSTB …………………………………………………… 57
(1) MSTB の概要／(2) MSTB を用いた自閉症児の身体運動発達の特性に関する調査から／(3) MGL の活用── MSTB 検査後の支援プログラムとして　■活動案 1 〜 3
4　アセスメント③── BCT …………………………………………………… 60
(1) BCT の概要／(2)小学校における調査と支援プログラムの実践／(3)幼児用 BCT の開発と調査／(4) CCST との相関性から
5　アセスメント④── ムーブメント -IESA ………………………………… 63
(1)ムーブメント - IESA の概要／(2)ムーブメント - IESA による実態調査から／(3)小学校におけるムーブメント - IESA を活用した体育実践から

第5章　発達を支えるムーブメント遊具の活用 ……………………… 70
1　遊具でムーブメントの「環境」を作るためのポイント ………………… 70
2　発達段階に合わせたムーブメント遊具の活用 …………………………… 71
(1)感覚運動機能を支える遊具の活用／(2)知覚運動機能を支える遊具の活用／(3)精神運動機能を支える遊具の活用
3　ムーブメント遊具の活用法 ………………………………………………… 74
(1)カラーロープ　■活動案 4 〜 8 ／(2)伸縮ロープ　■活動案 9 〜 12 ／(3)プレーバンド　■活動案 13 〜 18 ／(4)ビーンズバッグ　■活動案 19 〜 22 ／(5)ピッタンコセット　■活動案 23 〜 26 ／(6)ムーブメントスカーフ　■活動案 27 〜 33 ／(7)形板　■活動案 34 〜 39 ／(8)ユランコ　■活動案 40 〜 41 ／(9)パラシュート　■活動案 42 〜 47 ／(10)フープ　■活動案 48 〜 55 ／(11)ムーブメントリボン　■活動案 56 〜 60 ／(12)ムーブメントコクーン　■活動案 61 〜 63 ／(13)スペースマット　■活動案 64 〜 67

第 6 章　発達障がい児のエンパワメントを支える ……………………… 102
1 「教室で学ぶ力」を育む ………………………………………………………102
⑴身体を支える力を育む　■活動案 68 〜 70 ／⑵バランス能力を育む　■活動案 71 〜 72 ／⑶協応性を育む　■活動案 73 〜 79 ／⑷手の動きを育む　■活動案 80 〜 87 ／⑸記憶する力と結びつける力を育む　■活動案 88 〜 89 ／⑹読む力と数える力の土台づくり　■活動案 90 〜 103

2 「他者と関わる喜び」を支える ………………………………………………115
⑴ともにいる機会を増やす　■活動案 104 〜 105 ／⑵自己コントロールの力を育む　■活動案 106 〜 108 ／⑶快的情動の交流を楽しむ　■活動案 109 〜 110 ／⑷模倣する力を育む　■活動案 111 〜 112 ／⑸他者に作用する体験を楽しむ　■活動案 113 〜 114 ／⑹他者と合わせて動く力を育む　■活動案 115 〜 117

3 「自分と他者を大事に思う心」を支える ……………………………………122
⑴自分への気づきを高める　■活動案 118 〜 119 ／⑵自己決定・自己表現の力を育む　■活動案 120 〜 122 ／⑶自己効力感を高める　■活動案 123 〜 124 ／⑷時間の意識を育む　■活動案 125 〜 127 ／⑸思いやりの心を育む　■活動案 128 〜 131 ／⑹所属感や仲間意識を育む　■活動案 132 〜 136

第 7 章　音楽ムーブメントを活用する ……………………………………… 132
1 音楽ムーブメントとは ………………………………………………………132
⑴音楽ムーブメントの構造化／⑵音楽療法およびリトミックと音楽ムーブメントとの違い

2 音楽ムーブメントの方法 ……………………………………………………134
⑴聴覚集中を促す　■活動案 137 〜 138 ／⑵身体意識を高める　■活動案 139 ／⑶動く力、視覚と運動の連合能力を育てる／⑷運動コントロールの力を育てる　■活動案 140 〜 141

3 音楽ムーブメントの展開 ……………………………………………………136
⑴動きづくりと動きのコントロール　■活動案 142 〜 143 ／⑵音楽や音を聞いて、判断して動く　■活動案 144 〜 145 ／⑶知覚運動に関わる音楽ムーブメント　■活動案 146 〜 147

第 8 章　ダンスムーブメントを活用する …………………………………… 144
1 ダンスムーブメントの概要 …………………………………………………144
⑴人はなぜ踊るのか／⑵障がい児者を対象としたダンス活動の共通点／⑶ダンスムーブメントの基盤としての創造的ムーブメント／⑷ダンスムーブメントの 4 つの活動

2 ダンスムーブメントの方法 …………………………………………………147
⑴動きの質をアレンジする　■活動案 148 ／⑵遊具との関わりをアレンジする／⑶他者との関わりをアレンジする　■活動案 149 ／⑷イメージをふくらませる　■活動案 150

3　ダンスムーブメントの展開 ── プログラム「葉っぱのフレディの世界で遊ぼう」より
　　　　■活動案 151 〜 155 ……………………………………………………………149

第9章　水中ムーブメントを活用する …………………………………………154
　　1　水中ムーブメントとは ……………………………………………………154
　　　　⑴水中ムーブメントのねらい／⑵発達支援に役立つ水の特性／⑶一般的な水泳指導との違い
　　2　水中ムーブメントの方法 …………………………………………………156
　　　　⑴水中でも「〜したい」を大事に／⑵場面ごとの流れの原則
　　3　水中ムーブメントの展開 …………………………………………………158
　　　　⑴ボール、フープ、ビート板などを使ったプログラム　■活動案 156 〜 159 ／⑵特別支援学級における実践例　■活動案 160 〜 161

第3部　展開編

第10章　療育・保育・子育て支援の現場における実践 ………………………164
　　1　保育所を核とした地域療育の実践 ── 福井県たけのこムーブメント教室 …………164
　　　　⑴たけのこ教室とは／⑵たけのこ教室の活動内容／⑶通常の保育への効果／⑷K君の事例／⑸保育の現場におけるムーブメント教育の意義と課題
　　2　公立保育園が中心になった地域子育て支援 ── 神奈川県川崎市麻生区 …………169
　　　　⑴麻生区とムーブメント教育の出会い／⑵ムーブメント教育の実際／⑶あるエピソードから
　　3　地域生活支援センターにおける取り組み ── 茨城県立あすなろの郷 ……………173
　　　　⑴あすなろの郷とは／⑵活動の現状と特徴／⑶実践の紹介／⑷今後の課題と展望
　　4　発達支援センターにおける実践 ── 神奈川県大和市やまと発達支援センター ……177
　　　　⑴やまと発達支援センター WANTS とは／⑵WANTS のプログラムの一例と子どもの変化／⑶子どもたちとお母さんたちの笑顔が見たくて

第11章　特別支援教育の現場における実践 ……………………………………182
　　1　オリジナル遊具を使って身体意識を高める ……………………………182
　　　　⑴横浜国大附属特別支援学校の活動の特徴／⑵身体意識を高めることを目指した実践例／⑶全体体育の効果
　　2　国語ムーブメント、算数ムーブメント …………………………………186
　　　　⑴なぜ国語や算数にムーブメント教育を導入するのか／⑵国語ムーブメントの活動例／⑶算数ムーブメントの活動例／⑷算数ムーブメントの実践例
　　3　特別支援学校高等部において社会性、コミュニケーション能力を育む ……191

(1)発達段階別のグループ学習による実践／(2)交流学習での実践／(3)「こころ・あたま・からだ」の発達支援に向けて

4　通常学級と特別支援学級との「交流・共同学習」……………………194
(1)茅ヶ崎市内の小学校での取り組み／(2)通常学級でも有効なムーブメント教育／(3)交流・共同学習に活かすムーブメント教育／(4)交流・共同学習に至るまでの足跡／(5)ムーブメント教育を柱とした単元の設定／(6)仲よし級の子どもたちの様子を振り返って

5　質の高い余暇支援をめざして…………………………………………201
(1)発達障がい児のQOLの向上／(2)サタデーキッズの取り組み／(3)プログラムの有効性

第12章　生涯支援・地域支援における実践……………………206
1　親子ムーブメント教室「カスタネット」……………………………206
(1)「カスタネット」とは／(2)実践プログラムの紹介／(3)保護者の感想
2　地域療育「スマイルキッズ」…………………………………………210
(1)スマイルキッズのあゆみ／(2)スマイルキッズの概要／(3)1日の活動の流れ／(4)参加親子の感想／(5)スマイルキッズのこれから
3　富山ムーブメント教育学習会「親子で楽しむムーブメント教室」……216
(1)富山ムーブメント教育学習会とは／(2)活動の概要／(3)月(幼児中心)グループのプログラム実践例／(4)星(低学年中心)グループのプログラム実践例／(5)風(中〜高学年中心)グループのプログラム実践例／(6)保護者アンケートに見るプログラムの効果／(7)今後の課題
4　かしまムーブメント連絡会「WAKKA(ワッカ)」……………………223
(1)かしまムーブメント連絡会の背景／(2)愛称「WAKKA」に込められた想い／(3)ムーブメント教育・療法の実践者となった青年たち／(4)家族全体で子どもの「健康と幸福感」を高める／(5)今後の課題
5　NPO法人CMDゆうゆうのクリエイティブムーブメント……………226
(1)CMDゆうゆうの概要／(2)私たちの活動の軸となるクリエイティブムーブメント／(3)実践①——星の地図を創ろう！／(4)実践②——ぼくらが彩るにじいろ世界／(5)実践③——みんなで描こう海のカーテン／(6)今後の課題

●本書で紹介する活動案一覧……………………………………………233

●さくいん…………………………………………………………………242

第1部 理論編

第1章　発達障害について理解する

第2章　ムーブメント教育とはなにか

第3章　なぜ、発達障がい児の育成・支援に有効なのか

第1部　理論編

第1章 発達障害について理解する

　　　口に「発達障害」と言っても、その障害の様相は多岐に渡っています。また、発達障害を扱う領域は教育・保育だけでなく、福祉、医療、労働、行政など多岐に渡ります。そのため、発達障害とはどのような障害かをめぐってこれまで様々な議論が行われてきました。ここでは、その概念や施策の広がりを理解していきます。

1 複数領域にまたがる「発達障害」という概念

(1) 障がい児をめぐる法律、行政、教育制度の変遷

　日本では、発達障がい児をめぐって、どのような取り組みや施策が展開されてきたのでしょうか。関係する法律等の変遷を表1-1に整理しました。
　まず、1993年12月に「障害者基本法」が公布されました。世界的にみて遅れていた日本の障がい児支援施策の充実を図る法律の誕生です。この時期からさまざまな領域において、障が

表1-1　障がい児（者）をめぐる福祉・教育等主な法令・報告

1993年12月	障害者基本法の公布
2001年 1月	21世紀の特殊教育の在り方について（最終報告）
2003年 3月	今後の特別支援教育の在り方について（最終報告）
2004年 6月	障害者基本法の一部改正
2004年12月	発達障害者支援法の成立
2007年 4月	学校教育法一部改正（特殊教育から特別支援教育へ移行）
2012年 6月	障害者総合支援法の成立
2012年 4月	児童福祉法の一部改正

い児の生活や生き方に関心が向けられるようになります。しかし、まだこの頃は、発達障がい児は支援施策の対象とされていませんでした。

　障がい児支援の対象に発達障がい児が加えられたきっかけは、文部科学省の有識者会議の答申にみることができます。文部科学省によって設置された、21世紀の特殊教育の在り方を検討する有識者会議は、2001年1月に「21世紀の特殊教育の在り方について」と題する最終報告を提示します。この報告では、当時の特殊教育（現在の特別支援教育に相当）が対象にしていた障害の種類に新たに発達障害も加えられました。つまり、知的障害や肢体不自由、盲・聾障害、病弱、重複障害等の障害だけでなく、発達障害を含めた全ての障がい児への教育が提言されたのです。ここで新たな用語として、「特別支援教育」という概念も示されました。特に、これまでの教育カリキュラムに入っていた「養護・訓練」が「自立活動」に改められたことで、障害を有する子どもたちに対して訓練ではなく自ら進んで参加する活動を提供するように求めたことは、特筆すべき変化です。

　その後、やはり文部科学省内に設置された有識者会議によって、2003年3月に「今後の特別支援教育の在り方について」と題する最終報告が示されます。この報告によって、特別支援学校や特別支援学級のみならず、通常の学級に在籍している特別なニーズのある子ども（その多くは発達障がい児）に対しても目を向けることになりました。それは、これまで特殊教育と通常教育の制度の谷間におかれていた発達障がい児の教育的支援の実践方向が明確になったという意味で重要です。これにより、教育関係者には特別なニーズのある子どもに個別の教育支援計画を作成して、特別支援教室等の場で、必要な時間に必要な指導を展開していくことが求められるようになりました。

　2004年12月には、「発達障害者支援法」が成立します。この支援法では、発達障害という障害の定義について、「自閉症、アスペルガー症候群その他の広汎性発達障害、学習障害、注意欠陥多動性障害、その他に類する脳機能の障害であってその症状が通常低年齢に発現するものとして政令で定めるもの」（第2条）と定めています。これまで曖昧であった発達障害の捉え方が明確になったことで、前近代的な支援の在り方が見直され、対象者に寄り添った支援法が育ち、支援や取り組みの裾野が着実に広がってきました。

　その後成立した障害者総合支援法によって、新たな潮流も生まれました。この法律は障害者自立支援法に代わる新法として2012年6月に成立し、翌年施行されました。障がい者が自立した日常生活や社会生活を営むことができるよう、彼らの地域生活に基盤を置いた支援の理念を示した点で特筆に値します。共生社会の実現に向けて、可能な限り身近な場所において必要な支援が得られる地域社会の創造が期待されています。またこの法律は、障がい者支援の対象範囲が拡大したこと、つまり発達障がい児はもとより、高次脳機能障害、難病なども支援対象になったことも一つの特徴に挙げられます。

(2)障がい児支援事業の強化

　近年、児童福祉や子ども・子育て支援をめぐる諸制度が大きく変化しており、さらなる改革も進行中です。具体的には、わが国の児童福祉の根幹を成す児童福祉法が改正（2012年4月施行）されたことによって、障がい児支援事業が新たに登場しています。ここでは、それぞれ

の支援事業に立ち入って解説すると煩雑になることから、障がい児支援事業の強化の特徴点を列挙するにとどめておきます（厚生労働省，2012）。

○障がい児施設の一元化：障害種別で分かれている障がい児施設を通所と入所に分けて一元化。すなわち、通所による支援を「障害児通所支援」として、その下位に「児童発達支援（センターおよび事業）」「医療型児童発達支援」「保育所等訪問支援」「放課後等デイサービス」を位置づける。入所による支援を「障害児入所支援」として、その下位に「福祉型障害児入所施設」「医療型障害児入所施設」を位置づける。

○障がい児通所支援の実施主体を市町村へ移管：通所支援の実施主体を市町村に変更することで、身近な地域で適切な支援が受けられるようにする。

○放課後等デイサービス、保育所等訪問支援の創設：学齢児を対象としたサービスを創設し、放課後支援を充実。また、障害があっても保育所等の利用ができるよう訪問サービスを創設。

(3) 特別支援教育への移行

養護学校就学義務制が始まった1979年以降、当時の特殊教育の現場では、特別な教育ニーズを持った子どもたちへの支援に勢いがつき、とりわけ障害の重い子どもや重複障害の子どもへの取り組みは充実していきます。その反面、LD（学習障害）、ADHD（注意欠陥多動性障害）、高機能自閉症などの発達障がい児やその周辺にいる子どもたちへの支援は、ほとんど手つかずの状態でした。なぜなら、従来の学校教育が持っていた障害概念の外にいる発達障がい児への理解が不足していたからです。

しかし、2001年の「21世紀の特殊教育の在り方について」の最終報告を皮切りに、発達障がい児への教育に目が向けられるようになったことはすでに述べた通りです。2003年3月の「今後の特別支援教育の在り方について」の最終報告では、通常の学級に在籍する児童生徒41,579人を対象とした大がかりな調査で、知的発達に遅れはないものの学習面または行動面で著しい困難を示す児童生徒の割合は6.3％にも及ぶという衝撃的な結果が示されます。発達障害を始めとする支援を必要としている子どもの存在が初めて公式数字で把握されたことにより、発達障害に対する教育施策の必要性が一段と高まったのでした。

(4) 発達障害の概念をめぐって

さて、発達障害という概念が行政・医療・教育・福祉など異なる領域にまたがって取り上げられるにつれて、この用語の定義についてのコンセンサスが成立していないことから、隣接する学問領域や臨床の場での連携の難しさが表面化してきました。そのため、文部科学省は2007年3月に「『発達障害』の用語の使用について」と題する通達を出し、発達障害者支援法に準じた定義を採用します。

これにより発達障害は、先に紹介した通り、「自閉症、アスペルガー症候群その他の広汎性発達障害、学習障害、注意欠陥多動性障害、その他に類する脳機能の障害であってその症状が通常低年齢に発現するものとして政令で定めるもの」（発達障害者支援法第2条）と定められました。発達障害の範囲を「LD、ADHD、高機能自閉症等」と表現していた従来の定義と比較すると、高機能のみならず自閉症全般にまで拡大されたことになります。また、「軽度発達

表1-2　日本発達障害学会での発達障害の定義（日本発達障害学会，2008）

　発達障害は、知的発達障害、脳性麻痺など生得的な運動発達障害（身体障害）、自閉症やアスペルガー症候群を含む広汎性発達障害、注意欠陥多動性障害（多動性障害）およびその関連障害、学習障害、発達性協調運動障害、発達言語障害、てんかんなどを主体とし、知覚障害、聴覚障害および種々の健康障害（慢性疾患）の発達期に生じる諸問題の一部を含む包括的な概念として定義する。

障害」はその意味する範囲が必ずしも明確でないことから、文科省では原則として使用しないことになりました。

　なお、医療現場では発達障害をより広義に捉え、①知的障害（精神遅滞）、②社会性や情緒の障害（自閉症を中心とした広汎性発達障害、情緒障害）、③特定の発達の側面のみが限定される学習などの部分的障害（特異的発達障害、LD、ADHD）に類型化しています。発達障害者支援法による定義に比べて、知的障害や情緒などの障害に対象が広がっている点に特徴があります。現在の日本では、障がい児教育行政と医学領域のそれぞれで、発達障害の概念の範疇が異なっていること、概念規定に曖昧さが残っていることを理解しておくことが大切です。

　日本発達障害学会では、知的障害（発達遅滞）を含む包括的な概念として発達障害を捉えています（表1-2）。これは、発達障がい児には知的障がい児と同様に時間をかけたケアが求められており、彼らのニーズを満たす支援の機会を長く続けること、また、一生涯の支援が必要なことに結びつく見解であることから、筆者らは評価したいと考えています。

2　発達障害の特徴を知る

　ここではまず、アメリカ合衆国の法律やアメリカの精神医学会の考え方を概観します。その上で、①知的障害（精神遅滞）、②学習障害、③注意欠陥多動性障害、④自閉症スペクトラム、⑤発達性協調運動障害という、発達障害の5つの類型を説明します。本書でいう発達障害とは、この5類型の総称です。

(1)合衆国における障がい児教育法の成立と診断基準の提示

　アメリカ合衆国において1975年に成立した「全障がい児教育法」（Education for All Handicapped Children Act；PL94-142）は、障がい児教育の転換点として、合衆国の障がい児教育関連法の中でも特に注目されます。この法律で3歳から21歳までのすべての障がい児に公教育を提供することになり、さらに初めて学習障害（LD）が障がい児教育の対象に加えられました。その後、全障がい児教育法は1990年に「個別障がい児教育法」（Individualized with Disabilities Education Act；PL101-476）へと名称変更され、頭文字を取ってIDEAと呼ばれるようになりました。単に名称を変更するだけでなく、支援プログラムの対象範囲も広がっています。0歳から3歳未満の乳幼児とその家族に対しては個別家族支援計画（Individualized Family Service Plan：IFSP）を、3歳から21歳までの障がい児に対しては学校教育中心の個別教育計画（Individualized Education Plan：IEP）を策定して支援するこ

とになりました（第4章48頁参照）。また、発達障害を含めて、多くの障害が障がい児教育の対象になりました。

　さて、1980年にはアメリカ精神医学会によって、発達障害の診断基準が示されます。その診断基準は『精神障害の分類と診断の手引 第3版』（DSM-Ⅲ）と呼ばれており、その後こんにちに至るまで数度の改訂を経ながら、日本を含めた世界各国で使われています。2013年5月には、第5版（DSM-5）が公開されました。改訂のポイントは「神経発達症群／神経発達障害群（Neuro-developmental Disorders：ND）」と呼ばれるカテゴリーが登場したことです。この領域の創設で、知的障害や自閉症スペクトラム障害だけでなく注意欠陥多動性障害（ADHD）やチック障害までも包含されました。これは、日本における発達障害の診断カテゴリーにも再考をもたらすことになると思われます。

　なお、注意欠陥多動性障害（ADHD）の症状の発現については、7歳以前から認められることが条件とされていた従来の診断基準が見直され、DSM-5では12歳に引き上げられました。このことは集団行動が多くなる7歳から12歳になって初めてADHDの症状が確認できることが多いという実証データを根拠に採用したと言われています（岡田，2013）。我々の実践でも同じようなことが確認されており、小学校期の教育支援の大切さを今まで以上に感じています。

　現在DSM-5の日本語訳の議論が進んでおり、日本精神神経学会は、2014年5月に「disorder」という単語を含む訳語の一部を「障害」から「症」に改めるガイドラインを公表し、例えば、「注意欠陥・多動性障害」は「注意欠如・多動症」に、「自閉症スペクトラム障害」は「自閉症スペクトラム症」に変更されました。当面は、すでに普及している名称と併用されることとなり、DSM-5の内容とともに引き続き検討がなされるでしょう。

(2)発達障害の5類型

1)知的障害(精神遅滞)

　知的障害（Intellectual Disability：ID）は、精神遅滞（Mental Retardation：MR）と同義で、「知的発達の障害」を意味します。日本の知的障害の定義は、法律上定められているわけではありませんが、5年ごとに行っている厚生労働省の「知的障害児（者）の基礎調査」では、表1-3のように定義されています。

　アメリカ精神医学会の診断基準では、①明らかに平均より低い全般的知的機能であること、②次の少なくも2つの技能領域において適応機能の明らかな制限が伴っていること（コミュニケーション、自己管理、家庭生活、社会的/対人的機能、地域社会資源の利用、自律性、発揮される学習能力、仕事、余暇、健康、及び安全）、③その発症が18歳未満であること、を知的障害の基本的特徴としています（DSM-Ⅳ-TR）。また、アメリカ精神遅滞学会が2002年に示

表1-3　知的障害の定義とIQでの判断（厚生労働省，2007より一部抜粋）

　知的障害とは、知的機能の障害が発達期（18歳未満）にあらわれ、日常生活に支障が生じているため、何らかの特別の援助を必要とする状態にあるもの。知的機能の障害については、知能指数（IQ）70以下を低下と判断する。IQ値によって、軽度50〜70、中等度：35〜49、重度：20〜34、最重度：20未満と分類する。

した定義では、「知的機能と概念・社会・実践的適応スキルで表現される適応行動の著しい制約によって特徴づけられる障害」であり、「18歳以前に始まる」としています。

両学会の見解から言えることは、知的障がい（精神遅滞）者は、知的機能及び適応行動の双方に明らかな制約を受けており、診断の際には知能指数の高低だけでなく、適応機能・適応行動の側面から捉えることが必要となる、ということです。このように2つの観点から診断することによって、知的障害は個人に内在するものとして限定されるのではなく、障がい者とその環境との相互作用の結果であるという理解が可能になります。このような診断基準の背景には、知的障害を伴う人が社会で人間らしく生きるための環境をつくり支援していこうという考え方があります。

2）学習障害（LD）

1988年に示された全米学習障害合同委員会（National Joint Committee on Learning Disabilities：NJCLD）の定義は、学習障害（Learning Disability：LD）の特徴をよく表しています（表1-4）。この定義では、読み・書き・計算の教科学習における困難さは学習障害（LD）に固有の症状であるが、加えて自己コントロールやコミュニケーションに伴う困難、多動性などの症状についても（それ自体は学習障害の症状ではないものの）併存する可能性があることが明示されています。

一方、日本におけるLDの定義は、1999年7月に当時の文部省がまとめた最終報告が知られています（表1-5）。この定義は、それまで国内では曖昧であった学習障害（LD）の捉え方を明確にしたという点では意義深いものがありました。しかし、この最終報告では、「社会性の困難」「運動の困難」「注意集中・多動による困難」を併せ持つ可能性が高いことに触れられていない点に注意する必要があります。中核症状ではないことから定義から除外された症状ではありますが、この点に関して筆者は定義として不十分であると指摘したことがあります（小林, 2001）。

これに関連して、1991年に横浜市の約7万人の児童生徒を対象に実施した実態調査によれば、学習障害（LD）として特定された児童の66％に「教科学習の困難」「動きの不器用さ」「多動

表1-4　全米学習障害合同委員会（NJCLD）のLDの定義（1988）

学習障害とは、聞く、話す、読む、推理する、あるいは計算する能力の習得と使用に著しい困難を示す異質な障害を総称する語である。これらの障害は個人に内在するものであり、中枢神経系の機能障害によるものと推定され、生涯にわたって起こる可能性がある。自己調整行動、社会的認知、社会的相互作用における諸問題が学習障害と併存する可能性があるが、それ自体が学習障害を構成するものではない。学習障害は他の障害の状態（例えば、感覚障害、精神遅滞、重度の情緒障害）あるいは、（文化的な差異、不十分あるいは不適切な教育のような）外的な影響と一緒に生じる可能性もあるが、それらの状態や影響の結果ではない。

表1-5　学習障害児に対する指導（最終報告）におけるLDの定義（文部省，1999）

学習障害とは、基本的には全般的な知的発達に遅れはないが、聞く、話す、読む、書く、計算する、又は推論する能力のうち特定の能力の習得と使用に著しい困難を示す様々な状態を指すのもである。
学習障害は、その原因として、中枢神経系に何らかの機能障害があると推論されるが、視覚障害、聴覚障害、知的障害、情緒障害などの障害や、環境的な要因が直接的な原因となるものではない。

表1-6　アメリカ精神医学会の注意欠陥多動性障害（ADHD）の診断基準（DSM-Ⅳ-TR）

A．B．C．D．E．に該当することが必要。

A．(1)か(2)のどちらか：
(1)以下の不注意の症状のうち6つ（またはそれ以上）が少なくとも6カ月間持続したことがあり、その程度は不適応的で、発達の水準に相応しないもの：
〈不注意〉
(a)学業、仕事、またはその他の活動において、しばしば綿密に注意することができない、または不注意な間違いをする。
(b)課題または遊びの活動で注意を集中し続けることがしばしば困難である。
(c)直接話しかけられたときにしばしば聞いていないように見える。
(d)しばしば指示に従わず、学業、用事、または職場での義務をやり遂げることができない（反抗的な行動、または指示を理解できないためではなく）。
(e)課題や活動を順序立てることがしばしば困難である。
(f)（学業や宿題のような）精神的努力の持続を要する課題に従事することをしばしば避ける、嫌う、またはいやいや行う。
(g)課題や活動に必要なもの（例：おもちゃ、学校の宿題、鉛筆、本、または道具）をしばしばなくしてしまう。
(h)しばしば外からの刺激によってすぐ気が散ってしまう。
(i)しばしば日々の活動を怠る。

(2)以下の多動性－衝動性の症状のうち6つ（またはそれ以上）が少なくとも6カ月間持続したことがあり、その程度は不適応的で、発達水準に相応しない：
〈多動性〉
(a)しばしば手足をそわそわと動かし、またはいすの上でもじもじする。
(b)しばしば教室や、その他、座っていることを要求される状況で席を離れる。
(c)しばしば、不適切な状況で、余計に走り回ったり高い所へ上ったりする（青年または成人では落ち着かない感じの自覚のみに限られるかもしれない）。
(d)しばしば静かに遊んだり余暇活動につくことができない。
(e)しばしば"じっとしていない"、またはまるで"エンジンで動かされるように"行動する。
(f)しばしばしゃべりすぎる。
〈衝動性〉
(g)しばしば質問が終わる前に出し抜けに答え始めてしまう。
(h)しばしば順番を待つことが困難である。
(i)しばしば他人を妨害し、邪魔する（例：会話やゲームに干渉する）。

B．多動性－衝動性または不注意の症状のいくつかが7歳以前に存在し、障害を引き起こしている。

C．これらの症状による障害が2つ以上の状況〔例：学校（または職場）と家庭〕において存在する。

D．社会的、学業的、または職業的機能において、臨床的に著しい障害が存在するという明確な証拠が存在しなければならない。

E．その症状は広汎性発達障害、統合失調症、または他の精神病性障害の経過中にのみ起こるものではなく、他の精神疾患（例：気分障害、不安障害、解離性障害、またはパーソナリティ障害）ではうまく説明されない。

性など」の特徴を併せ持つケースが見受けられました（小林，2001）。また、学習障害（LD）の認知の特性として、聴覚、視知覚、空間認知、社会的知覚、身体知覚における困難も指摘されています（井澤，2007）。学習障害（LD）は、日本ではもっぱら教科学習の問題として理解されていますが、教科学習だけでなく前教科学習（多様な感覚や知覚、運動）の支援も必要です。このような視点からLD児を幅広くとらえることは、LDサスペクト（LDの疑いのある幼児）への早期支援においても大切です。

3）注意欠陥多動性障害（ADHD）

注意欠陥多動性障害（Attention Deficit Hyperactivity Disorder：ADHD）は、「不注意」「衝動性」「多動性」という3つの特徴的な症状が一般的な発達水準と比べて顕著に現れる障害として定義され、学齢期の児童に3～7％程度存在するとされています。アメリカ精神医学会の診断基準は、表1-6に示す通りです。なお、7歳以前から症状の発現が認められることが条件とされていたDSM-IV-TRの診断基準が改訂されたDSM-5で12歳に引き上げられたことは、前述した通りです。

また、ADHD児の日常生活での行動は、幼児期には刺激に敏感でよく泣いたり、じっとせず動き回ったり、動作が乱暴であったり、睡眠リズムが不安定であることが知られています。このため3～4歳頃までは自閉症と間違えられることもあります。自閉症との大きな違いは、注意欠陥多動性障害（ADHD）では本人の関心次第で他人とのコミュニケーションができるものの、自閉症の子どもはそれが苦手である（コミュニケーション力が弱い）ことが多いということです。

なお、注意欠陥多動性障害（ADHD）の合併症については、表1-7のようです。発達・認知面では発達性言語障害（理解力はあるが表出能力は劣る）、発達性協調運動障害（微細な手先の不器用さ、バランス能力の低さ）、学習障害、そして行動・精神面では、幼児期にはっきりわからなかった反抗挑戦性障害、行為障害、適応障害・不登校等が挙げられます。

注意欠陥多動性障害（ADHD）は、以前は小児期の疾患と考えられていたものの成人においても障害が持続すること、また、言語・運動・対人の各場面での失敗経験や否定的な評価が重なった結果、二次障害としての情緒障害や問題行動を起こすことが多いことがわかってきました。注意欠陥多動性障害（ADHD）の人の一部は小学校高学年において反抗挑戦性障害に、青年期で行為障害、成人後に反社会的人格障害になる可能性もあると言われており、学童期での自尊感情を高める支援が強く求められるのです。

表1-7 注意欠陥多動性障害（ADHD）の合併症（宮本，2000）

①発達・認知面
　1)発達性言語障害、2)発達性協調運動障害、3)学習障害（15～92％）
②行動・精神面
　1)反抗性挑戦障害・行為障害（50～60％）、2)適応障害・不登校など、3)不安障害（25～40％）、4)気分障害（15～75％）、5)反社会的行動：薬物嗜癖等
③身体面
　1)チック障害（30～50％）、2)てんかん

4) 自閉症スペクトラム障害（ASD）

「自閉症スペクトラム（Autism Spectrum Disorder：ASD）」という概念は、これまで「社会性・コミュニケーション能力の獲得など精神機能の広範な機能に関わる発達障害の一領域の総称」として用いられてきた「広汎性発達障害（PDD）」を包括するものとして提唱されてきました。また、知的障害の有無を問わず、自閉症の程度が軽いか重いかで二分するのではなく、コミュニケーションの困難さが軽い方から重い方へ、また、こだわりの強さが軽い方から重い方へと連続しているというように、いろいろな程度やタイプの自閉症をつながりのある連続体（スペクトラム）として理解する考え方です。

しかし、2013年のDSM-5では、広汎性発達障害（PDD）を包括する用語として自閉症スペ

表1-8　自閉症の診断基準（DSM-Ⅳ-TR）

A．(1)、(2)、(3)から合計6つ（またはそれ以上）、うち少なくとも(1)から2つ、(2)と(3)から1つずつの項目を含む。

(1)対人的相互反応における質的な障害で以下の少なくとも2つによって明らかになる。
(a)目と目で見つめ合う、顔の表情、体の姿勢、身振りなど、対人的相互反応を調節する多彩な非言語性行動の使用の著明な障害。
(b)発達の水準に相応した仲間関係をつくることの失敗。
(c)楽しみ、興味、成し遂げたものを他人と共有すること（例：興味のあるものをみせる、もって来る、指さす）を自発的に求めることの欠如。
(d)対人的または情緒的相互性の欠如。
(2)以下のうち少なくとも1つによって示される意志伝達の質的な障害。
(a)話し言葉の遅れまたは完全な欠如（身振りや物まねのような代わりの意志伝達の仕方により補おうという努力を伴わない）。
(b)十分会話のある者では、他人と会話を開始し継続する能力の著明な障害。
(c)常同的で反復的な言葉の使用または独特な言語。
(d)発達水準に相応した、変化に富んだ自発的なごっこ遊びや社会性を持った物まね遊びの欠如。
(3)行動、興味および活動が限定され、反復的で常同的な様式で、以下の少なくとも1つによって明らかになる。
(a)強度または対象において異常なほど、常同的で限定された型の、1つまたはいくつかの興味だけに熱中すること。
(b)特定の、機能的でない習慣や儀式にかたくなにこだわるのが明らかである。
(c)常同的で反復的な衒奇的運動（例えば、手や指をぱたぱたさせたり、ねじ曲げる、または複雑な全身の動き）。
(d)物体の一部に持続的に熱中する。

B．3歳以前に始まる、以下の領域の少なくとも1つにおける機能の遅れまたは異常。
(1)対人的相互作用。
(2)対人的意志伝達に用いられる言語。
(3)象徴的または想像的遊び。

C．この障害はレット障害または小児期崩壊性障害ではうまく説明されない。

クトラム障害（ASD）を採用してPDDの名称を廃し、新たな自閉症の定義を示しました。DSM-5でのASDの診断基準は、DSM-IV-TRで表1-8にあるように、(1)対人的相互反応における質的な障害、(2)コミュニケーションの質的な障害、(3)行動・興味および活動の制限された反復的で常同的な様式の3徴候の存在が必須とされていたのが、Aとして(1)と(2)をひとつにまとめた「持続する社会的コミュニケーションと社会的交流の障害」、Bとして(3)の「限定した興味と反復行動の存在」の2領域にまとめられました。

　自閉症スペクトラム障害（ASD）の子どもは、診断基準に示されるような症状が3歳頃まではっきりと現れてきます。しかし、高機能自閉症やアスペルガー症候群ではその症状が顕著に現れる時期が小学校入学後になることがあるため、適切な診断と支援が遅れることもあります。早期支援のためには、子どもの日頃の行動などに加えて、幼児期の対人関係や発達の経過について客観的に把握することが大切であると指摘されています（太田, 2001；太田, 2013）。

　自閉症スペクトラム障害（ASD）は脳機能の障害（中枢神経系）に起因することが明らかになっているにもかかわらず、親の育て方にその原因を求めようとする見方が未だに根強く残存しています。また、強い多動性を示したり、好きなものへは他のことを無視して駆け寄ったりするという衝動性を持つASD児の特性をマイナスと見るのでなく、プラスに変えていく支援が求められています。

5）発達性協調運動障害（DCD）

　発達性協調運動障害（Developmental Coordination Disorder：DCD）は、「知的能力や言語の遅れや、主な感覚の障害、あるいは運動機能に関わる神経の障害が無いにも関わらず、運動スキルにおける困難さを示すもの」として使われています。跳ぶことや階段を上り下りすることなどの粗大運動や、ボタンを留めたり、指で「はさみ」や「きつね」を作ったり、箸を上手に使ったりすることなど手先の微細運動が上手くいかないといった、家庭や学校での日常的な課題の遂行、環境の操作においての困難を指します。

　アメリカ精神医学会の診断基準によれば、発達性協調運動障害（DCD）に不可欠な特徴は「運動の協調発達における著しい障害」であり、そして診断に際してはいくつかの付加的基準が一致しなければならないとしています（表1-9）。また、WHOのICD-10においては、運動面での困難を示す子どもを「運動機能の特異的発達障害」として定義しています。この2つの用語は、判断基準上の相違はあるものの、ほぼ同じ概念として扱われています。

表1-9　発達性協調運動障害の診断基準（DSM-IV-TR）

A．運動の協調が必要な日常の活動における行為が、その人の生活年齢や測定された知能に応じて期待されるものより十分に下手である。これは運動発達の著明な遅れ（例：歩くこと、這うこと、座ること）、物を落とすこと、不器用、スポーツが下手、書字が下手、などで明らかになるかもしれない。
B．基準Aの障害が学業成績や日常の活動を著明に妨害している。
C．この障害は一般身体疾患（例：脳性麻痺、片麻痺、筋ジストロフィー）によるものではなく、広汎性発達障害の基準を満たすものでもない。
D．精神遅滞が存在する場合、運動の困難は通常それに伴うものより過剰である。

筆者らは、このような発達障害に多く見られる不器用さや協調運動の困難さに目を向けて、ムーブメント教育のアセスメントやプログラム開発を進めてきました（小林ら，1989；飯村，2002；是枝・小林，2003；是枝，2005）。しかし残念ながら、発達性協調運動障害（DCD）など不器用な子どもに対する認識や理解が、日本ではまだ十分とは言えません。

3 発達障害への支援をめぐる今日的課題

(1) ICFにおける障害観の転換

　そもそも、障害とは何でしょうか。このような障害に対する見方を転換する出来事が起こったのは、2001年のことです。その年、WHO（世界保健機関）は従来の国際障害分類（International Classification of Impairments, Disabilities and Handicaps：ICIDH）を改訂して、国際生活機能分類（International Classification of Functioning, Disability and Health：ICF）を採択しました。ICIDHが「障害」に着目していたのに対して、ICFは「生活機能」に着目することで逆転の発想を可能にしました。

　ICIDHによる障害のとらえ方は、最初に機能障害があり、それが能力障害を引き起こし、社会的不利をもたらすという観点からマイナス面に目を向けていました。例えば、「視覚障害がある」（機能障害）→「目が見えない」（能力障害）→「だから車に乗れない」（社会的不利）というように、障害を3段階に分けて理解していました。これにより、「能力障害があるからといって社会参加できないわけではない。社会的不利を克服する手立てを打てばよい」という見方が可能になるというメリットはありましたが、ICFではこの考え方をさらに前進させています。

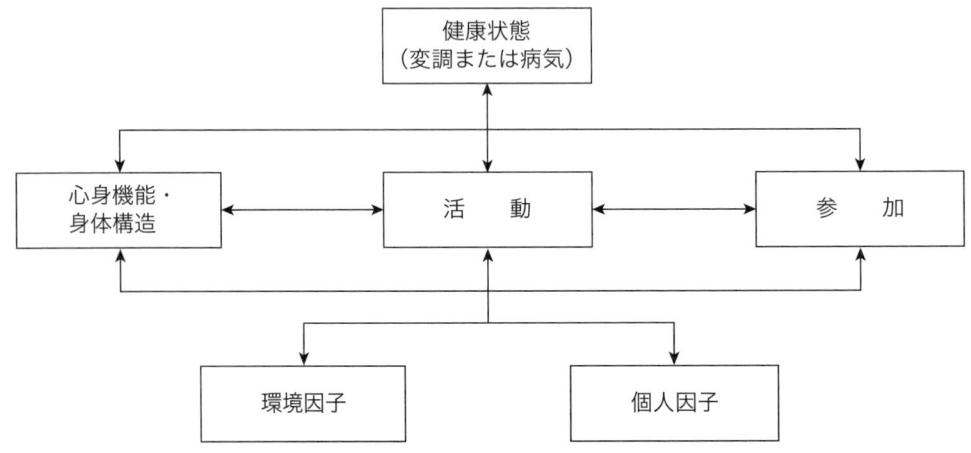

図1-1　ICFの生活機能構造の概念図（WHO, 2001）

障害を個人内の現象にとどめるのではなく、環境との関係で捉え、さらにプラス面に目を向けようというのがICFの特徴です。障がい者は障害というマイナス面だけを持っているのではなく、様々なプラスの側面を備えています。ICFによって、そのようなプラス面に目を向けることが可能となります（図1-1）。

ICFでは障害＝生活機能の低下と理解します。生活機能は、概念図に示された「心身機能・身体構造」「活動」「参加」の3項に分けて説明されます。「心身機能・身体構造」に何らかの困難を抱えていれば「機能障害」が疑われ、「活動」すなわち基本的な日常生活に支障を来すのであれば「活動の制限」に目を向け、社会的な出来事に関与したり役割を果たしたりするための様々な活動に制約があるのであれば「参加の制約」の原因を特定しようとします。

さらに生活機能は「個人因子」と「環境因子」に影響されます。「個人因子」とは、その人に固有の特徴（年齢、性別、生活歴、価値観、ライフスタイルなど）を指します。また、「環境因子」には、物理的な環境（建物、道路、交通機関、車いすや杖など）と人的環境（家族、友人、仕事上の仲間など）、さらに暮らしのサービス、制度、政策も含まれます。概念図の双方向の矢印は、各構成要素が相互に影響し合うという、「環境—人間相互作用」の関係を表現し得ている点で優れています。

私たちは、障がい児の抱える困難さを個人の問題と考えがちです。しかし、ICFの概念図の枠組みを使って障がい児の抱える困難を各要素に分けて把握すれば、「○○があれば、△△はできる」というようにプラスの側面を見出すことができるのです。発達障がい児は、慣れた環境ではできることも、相手や場所や場面の変化によってできなくなってしまったり、一般的には同等と思われる課題に適応する能力に偏りがあったりします。例えば、高機能自閉症児の場合、対人関係やコミュニケーションに様々な困難を抱えていますが、周囲の理解や解りやすい手続き（本人に理解しやすいことばがけなど）で、「活動の制限」や「参加の制約」が改善されていくことがあります。こんにちの特別支援教育には、障害に対するこのような国際的な理解を踏まえた支援が求められています。

(2)発達保障論の落とし穴

かつて、日本の障がい児の教育・療育においては、「発達が阻害されている状況を克服し、等しく発達を保障することによって、全ての人間にとって生きるに値する社会にしよう」とする発達保障論が台頭したことがありました。こうした主張が台頭した当時、養護学校（当時）はまだ義務化されておらず、したがって多くの障がい児が「義務教育の免除」という名の下に教育の対象から外れていました。障害を持つ子どもから見れば、学習権が奪われていたのです。そのような背景のもと、米国の全障害児教育法（1975）の成立も影響して、養護学校の義務化が推し進められ、1979年にはこれが実現することになりました。

ところで発達保障論は、標準的な発達の筋道をたどらせることが保障すべき発達の内実である、すなわち「少しでも発達することに価値がある」とする理念が暗黙のうちに適用されており、「できるようになった」「よくなった」といった価値の序列に関心が向かいやすく、ややもすれば子どもの幸福の実現という高次の目的が見失われてしまいがちになる、と福島（1991）は指摘しています。

「ハサミが使えるようになった」「ボールが投げられるようになった」と能力やスキルの発達で人を測ることに価値を置き過ぎると、能力が高い人ほど素晴らしいという考え方に陥る恐れがあります。しかし、赤ちゃんが無条件で承認される存在であることにみるように、人間の存在はそれだけですでに価値があります。近年では、当事者の語りから、我慢や精進を強要される「発達訓練」の日々が自己否定を生み、生きづらさにつながるという事実も明らかになってきました。

さらに、「幸福の保障」のために保障すべき「発達」とは何かという観点から発達保障論の現状を見ると、時代を経るにしたがって、「発達段階に応じた支援」ではなく「障害特性に応じた支援」を一義的にかかげる傾向が強くなってきていることが懸念されます。それだけで子どもの幸福が実現するわけではありません。それ以上に、その場を共有する人たちが実際に関わりながら得た「その子」に関する見解（寄り添い）こそが、子どもがより良く生きる方向性を見いだすことにつながると考えます。子どもの「幸福の保障」には、子どもに関わる大人などの様々な発達観との関わりが内在しているのです。

発達保障論は、能力開発、障害軽減に偏りがちで、子どもに様々な課題を与え、時に「訓練」によって一方的に「〜させる」という構造になりがちです。支援者側の「〜させる」という関与、「〜させる」ことを強いる働きかけは、発達障がい児を強い不安に陥らせる場合があることを忘れてはならないと言えます。

(3)発達障害を「関係性」の中で捉える

個体の能力発達図式に照らして発達の遅れを捉え、その発達の遅れを取り戻すことが発達支援である、という考え方に対して、最近批判的な見解が示されるようになりました。すなわち、子ども個人の能力面、行動面に現れた平均的な発達からの乖離を基準にして障害を議論してきたことの不十分さが指摘され、発達の現象の本質が重視されるようになりました。それは、子どもを外界から閉ざされ自己完結した個体として捉えるのでなく、環境との相互作用によって変化する存在であると理解し、子どもの発達は周囲の人やモノとの関係から切り離して考えることはできない、という関係発達の考えに至ります。これは、前述したICFの概念図に通じており、子ども個人に発達の「障害」や「遅れ」の原因を帰属し、判断することからの脱却を意味しています。

発達障害者支援法において発達障害は、「心身の機能障害」だけで構成される概念ではないことが掲げられています。また、障害者総合支援法においても、障がい児の環境面（居住環境、地域環境、遊び環境など）の把握に加え、自立意欲や社会参加の希望など主観的な面に影響を与える要因を踏まえた支援が求められています。このように、行政においても発達や障害の本質を関係性の中で捉えて支援するための具体的な方法が必要とされています。

近年の教育問題や児童虐待、犯罪など世間の注目を集めた事件と関連して、因果関係の曖昧なままに発達障害が取り上げられるケースが増えています。発達障害を深刻な社会問題と安易に結びつけてしまい、さらに発達障がい児を関係性の中で把握し支援することの必要性が理解されないままに対策が遅れると、さらなる差別や根深い排除を助長する恐れが危惧されます。

(4)早期診断・早期支援の意義と課題

　発達障害を抱える子どもは、就学前の早い段階、すなわち乳幼児期にその障害を発見し、適切な支援の手をさしのべていくことが大切であるといわれています。乳幼児期は言語能力や認知機能を始め、コミュニケーション能力や社会性など社会参加の基盤を形成する重要な時期であり、この時期に適切な支援を受けられなければ、就学後の学校生活で様々な困難に直面する可能性が高まり、その結果二次障害を招いてしまうことにもなるからです。そのため、早期発見・早期支援の重要性は発達障害者支援法において、「発達障害を早期に発見し、発達支援を行うことに関する国及び地方公共団体の責務を明らかにする」（第1条）、「発達障がい児の早期の発達支援のために必要な体制の整備を行う」（第6条）と示されています。

　そのため、早期発見のためのスクリーニング方法の工夫やスクリーニング精度の向上が様々な形で試みられています。しかし、早期発見が可能になっても、発達障がい児とその家族を支援する方法（システム）がなければ、予後の悪化や二次障害を招き、彼らの不安をいたずらに煽ることになりかねません。特に乳幼児期は確定診断を下しにくく、発達障害の疑いを診断されながらも「様子をみましょう」と曖昧に対応された結果、保護者は強い不安と孤独感を抱きながら育児を強いられるケースが多いようです。ゆえに、発達障害の早期発見と早期支援は、車の両輪ともいうべきもので、そのシステムが適切に整備される必要があります。

　また、「早期発見・早期対応をすれば予後がよい」という考えだけに依存すれば、発達障害を個人の問題に限定し、偏った考えに陥ることもあります。その子が抱える困難を「○○障害」の特徴として語ってしまうと、一人の人間として目の前にいる子どもを見つめる、その子に寄り添うという当たり前の姿勢を見失い、適切な支援ができなくなる恐れがあるからです。

(5)家族支援の必要性

　発達障害では、周囲の理解と支援によって社会生活への適応が促進される場合が多いことから、最も身近な存在である家族が果たす役割の大きさに専門家の目が向けられています。しかし、様々な発達障害に固有の障害とそれによって引き起こされる二次障害に対する一般社会の理解の浅さから、保護者の教育の失敗と受け取られやすく、子どもだけでなく家族が責められて孤立してしまう場合があります。また、保護者自身も我が子の行動が理解できないため、叱責が多くなったり、子育ての自信や意欲を失ってしまったりすることもあります。発達障がい児の保護者は、定型発達の子どもを育てている保護者と比較して育児のストレスや疲労感が高く、養育に対するプレッシャーを有しているという研究報告もあります。そのような保護者や家族に寄り添う支援が必要です。

　筆者らは、子どもと保護者と支援者が一緒になって取り組むムーブメント活動を通して、家族支援の好循環を生み出し、育児の喜びを支えることができたことを報告しています（大橋ら，2002）。発達障がい児を支援する際に、家族支援を視野に入れることは、子どもを取り囲む家族の絆を密にして子育ての好循環を作り、形式的育児から開放的で柔軟な育児への転換が図られると考えます（小林ら，2004）。

(6)障がい児の保育からインクルーシブ保育へ

　近年、障害のあるなしに関わらず、全ての子どもがともに育つインクルーシブ教育が推進されるようになりました。インクルーシブ教育ではインクルージョン（inclusion；包括）がめざされます。インクルージョンの対義語はエクスクルージョン（exclusion；排除）です。つまり、インクルーシブ教育では特別なニーズのある子どもを教育制度から排除するのではなく、全ての子どもを教育制度の中に包み込もうという理念があります。そして、その理念は保育の現場にも浸透しつつあります。

　2008年4月、厚生労働省は「保育所保育指針」を改訂しました。そこでは、障害のある子どもの保育について、「一人ひとりの子どもの発達過程や障害の状態を把握し、適切な環境の下で、<u>障害のある子どもが他の子どもとの生活を通して</u>共に成長できるよう図ること。また指導計画の中に位置づけ適切な対応、個別の関わりが充分に行えるようにすること」（下線は筆者）と示されています。

　同様に、2008年に改訂された「幼稚園教育要領」においても「障害のある幼児の指導に当たっては、<u>集団の中で生活することを通して</u>全体的な発達をしていくことに配慮し」（下線は筆者）、「個々の幼児の障害の状態に応じた指導内容や指導方法の工夫を計画的、組織的に行うこと」と明記されています。

　ところで、最近、保育の場で「気になる子」ということばがよく使われています。知的側面では顕著な遅れが無いにもかかわらず、「感情をうまくコントロールできない」「他の子どもとのトラブルが多い」などの行動を示す子どもを指して使われます。その特徴として、コミュニケーションや社会性、対人関係上の問題が挙げられており、これらの特徴が発達障害の臨床像と類似しているというのです。

　郷間ら（2007）による2000人を対象にした調査では、診断を受けていないが保育上の困難を有する「気になる子」は全体の13.43％にも及び、広汎性発達障害やADHD等の診断を受けている障害児の約3.5倍も在籍していることが明らかになっています。発達障害は「見えない障害」と言われることもあり、集団生活を始めた保育所や幼稚園で発見されるケースも多く、保育者が家族に子どもの様子を伝えたり、専門機関との連携を図ったりすることで、事実上の障害告知の役割を担う場合が少なくありません。そのため、発達障害支援に関する専門性が求められるところです。

　一方で、すべての「気になる子」を安易に発達障害に結びつけてしまうことを危惧する声もあります。「気になる子」が「気にならなくなる」ためには、個人だけを問題視するのでなく、共同体としての集団やクラス全体の変容が必要と考えられています。気になることばかりにとらわれない保育や保護者との関わりができるように支援していく必要があるでしょう。

　保育現場では、療育機関や小学校以降の学校教育に比べると、子どもが未分化で未発達ゆえの「多様性」が前提にあり、その中で「特別な配慮が必要な子ども」への専門的な対応を求められているのです。今後の発達障がい児支援、インクルーシブ保育において、保育者が担うべき役割は大きく、具体的な実践やシステムの構築が必須となっています。

(7) 特別支援教育における「自立活動」と「個別の指導計画」

　1999年の学習指導要領の改訂によって、それまでの「養護・訓練」の名称が「自立活動」に改められました。「養護・訓練」は、1971年の学習指導要領の改訂において、盲学校、聾学校及び養護学校に設けられた特別の指導領域であり、障害を改善・克服するための指導が行われていました。この指導領域が「自立活動」へと改称されたことで、その指導内容も従来の訓練的指導から自立を目指した主体的な取り組みを促す教育活動へと大きく転換されることになりました。

表1-10　自立活動の指導内容（文部科学省，2009）

健康の保持	生命を維持し、日常生活を行うために必要な身体の健康の維持・改善を図る観点から内容を示している。	(1)生活のリズムや生活習慣の形成に関すること (2)病気の状態の理解と生活管理に関すること (3)身体各部の状態の理解と養護に関すること (4)健康状態の維持・改善に関すること
心理的な安定	自分の気持ちや情緒をコントロールして変化する状況に適切に対応するとともに、障害による学習上又は生活上の困難を改善・克服する意欲の向上を図る観点から内容を示している。	(1)情緒の安定に関すること (2)状況の理解と変化への対応に関すること (3)障害による学習上又は生活上の困難を改善・克服する意欲に関すること
人間関係の形成	自他の理解を深め、対人関係を円滑にし、集団参加の基盤を培う観点から内容を示している。	(1)他者とのかかわりの基礎に関すること (2)他者の意図や感情の理解に関すること (3)自己の理解と行動の調整に関すること (4)集団への参加の基礎に関すること
環境の把握	感覚を有効に活用し、空間や時間などの概念を手掛かりとして、周囲の状況を把握したり、環境と自己との関係を理解したりして、的確に判断し、行動できるようにする観点から内容を示している。	(1)保有する感覚の活用に関すること (2)感覚や認知の特性への対応に関すること (3)感覚の補助及び代行手段の活用に関すること (4)感覚を総合的に活用した周囲の状況の把握に関すること (5)認知や行動の手掛かりとなる概念の形成に関すること
身体の動き	日常生活や作業に必要な基本動作を習得し、生活の中で適切な身体の動きができるようにする観点から内容を示している。	(1)姿勢と運動・動作の基本的技能に関すること (2)姿勢保持と運動・動作の補助的手段の活用に関すること (3)日常生活に必要な基本動作に関すること (4)身体の移動能力に関すること (5)作業に必要な動作と円滑な遂行に関すること
コミュニケーション	場や相手に応じて、コミュニケーションを円滑に行うことができるようにする観点から内容を示している。	(1)コミュニケーションの基礎的能力に関すること (2)言語の受容と表出に関すること (3)言語の形成と活用に関すること (4)コミュニケーション手段の選択と活用に関すること (5)状況に応じたコミュニケーションに関すること

自立活動の指導内容は、2008年に改訂された特別支援学校学習指導要領によって、6区分26項目に分けて示されています（表1-10）。これらを別々に指導するのではなく、対象児童が必要とする項目を6区分26項目から選定し、相互に関連づけて具体的な指導内容を設定する「個別の指導計画」を作成することが求められています。

（小林芳文、大橋さつき）

◆引用参考文献

髙橋三郎・大野裕・染矢俊幸 訳（2002）、『DSM-IV-TR　精神疾患の分類と診断の手引』、医学書院.

福島智（1991）「発達の保障」と「幸福の保障」、教育学研究、10、55-63.

郷間英世・郷間安美子・川越奈津子（2007）保育園に在籍している診断のついている障害児および診断はついていないが保育上困難を有する「気になる子ども」についての調査研究、発達・療育研究（京都国際社会福祉センター）、23、19-29.

飯村敦子（2003）『Clumsinessを呈する就学前児童の発達評価と支援に関する実証的研究』、多賀出版.

井澤信三（2007）8章　特別支援・発達障害、荒木紀幸 編『教育心理学の最先端―自尊感情の育成と学校生活の充実―』、あいり出版、183-198.

小林芳文（1989）『MSTB小林―フロスティッグ・ムーブメントスキルテストバッテリー手引き』、日本文化科学社.

小林芳文・當島茂登・安藤正紀（1989）小林―Kiphard BCTの開発、横浜国立大学教育紀要、25、350-365.

小林芳文（2001）『LD児・ADHA児が蘇る身体運動』、大修館書店.

小林芳文他（2004）障害乳幼児のPlay-Based Assessment の開発と家族支援（平成13年度、14年度、15年度科学研究費基盤研究C（2））研究成果報告.

是枝喜代治・小林芳文（2003）小学校でのClumsy Childrenの身体協応性に関する研究、横浜国立大学教育紀要、32、221-239.

是枝喜代治（2005）不器用な子どものアセスメントと教育的支援、発達障害研究、27（1）、37-45.

厚生労働省社会・援護局障害保健福祉部企画課（2007）「平成17年度知的障害児（者）基礎調査結果の概要」、http://www.mhlw.go.jp/toukei/saikin/hw/titeki/index.html

厚生労働省発達障害者施策検討会（2008）「発達障害者支援の推進に係る検討会報告書」、2008/8/29、http://www.mhlw.go.jp/shingi/2008/08/s0829-7.html.

厚生労働省社会・援護局障害保健福祉部障害福祉課（2012）「児童福祉法の一部改正の概要について」、http://www.mhlw.go.jp/bunya/shougaihoken/jiritsushien/dl/setdumeikai_0113_04.pdf

宮本信也（2000）注意欠陥・多動性障害、小児の精神と神経、40（4）、255-264.

文部科学省 特別支援教育の在り方に関する調査研究協力者会議（2003）今後の特別支援教育の在り方について（最終報告）、http://www.mext.go.jp/b_menu/shingi/chousa/shotou/018/toushin/030301.htm

文部科学省（2009）特別支援学校学習指導要領解説 自立活動編、文部科学省 中央教育審議会初等中等教育分科会（2012）共生社会の形成に向けたインクルーシブ教育システム構築のための特別支援教育の推進（報告）、http://www.mext.go.jp/b_menu/shingi/chukyo/chukyo3/044/attach/1321669.htm.

日本発達障害学会（2008）『発達障害基本用語事典』、金子書房.

日本精神神経学会（2014）DSM-5 病名・用語翻訳ガイドライン（初版）、精神神経学雑誌、116、429-457.

大橋さつき他（2002）障害児を対象としたムーブメント教室における試み―家族支援を目指した個別ファイルの活用を中心に―、和光大学人間関係学部紀要、7（2）、123-146.

岡田俊（2013）DSM-5導入のもたらす影響　Neurodevelopmental disorders としての発達障害、発達障害研究、35（3）、197-203.

太田昌孝（2001）自閉症の新たな理解、発達教育、20（7）、3-5.

太田昌孝（2013）DSM-ⅣからのDSM-5への主な改訂の概略、JL News、Sep. No. 91、1-4.
渡部昭男（2011）日本型インクルーシブ教育システムへの道、特別支援教育研究、650、7-10.
World Health Organization 編、融道男他 監訳（2005）『ICD-10　精神および行動の障害：臨床記述と診断ガイドライン 新訂版』、医学書院.

第1部　理論編

第2章 ムーブメント教育とはなにか

　第2章ではまず、ムーブメント教育の概要を説明します。そして、ムーブメント教育ではどのような発達を育むのか、いかにムーブメント教育を進めるのかという視点から、基礎理論と実践原理を学んでいきます。

1 ムーブメント教育の概要

　ムーブメント教育の概要を述べるに先立って、その生みの親であるフロスティッグの紹介から始めなくてはなりません。なぜなら、この人物の生涯を辿ることがムーブメント教育の基本理念を知ることになるからです。

(1) フロスティッグの生涯と業績

　マリアンヌ・フロスティッグ（Marianne Frostig）は、1906年にオーストリアのウィーンに生まれ、著名な発達心理学者のビューラー（Bühler）に師事し、さらにモンテッソーリ（Montessori）にも教えを受けました。1928年には精神神経学者であるピーター・フロスティッグ博士と結婚し、二人でワルシャワの近くに精神病院を設立します。ナチス・ドイツの足音が大きくなりつつあった1938年、夫ピーターの仕事の関係でアメリカに渡ります。彼女らの病院の職員や患者がナチス・ドイツによって殺害されたのはその直後のことでした。この悲劇の経験から、「弱い者の立場に立つ」という基本姿勢が彼女の中で確立していきます。

　渡米後にフロスティッグが最も希望したのは、モンテッソーリから学んだ実践理論とポーランドで会得した作業療法の経験を活かして、感覚運動による障がい児の療育を行うことでした。また、ニューヨークの大学に進学して1946年に学士号を取得した後、ロサンゼルスに移住し、公立学校の教師となった彼女は、両親の不仲や飲酒癖、就労の不安定、子どもの貧困や慢性的な栄養不足など、逆境の中で生きる多くの子どもたちに出会います。その体験が、子ども一人

写真2-2　障がい児の体育におけるムーブメント教育の実践研究者ウィニック

写真2-1　ムーブメント教育のパイオニア
（左から、ナビール、フロスティッグ、キパード）

ひとりのニーズに応える教育のあり方や信頼される教師の態度などについて考えるきっかけとなったと述べています。その後、クレアモント大学院で修士号を、南カリフォルニア大学で博士号を得て、「ムーブメント教育」の理論と実践研究に着手しました。フロスティッグは、ムーブメント教育によって障がい児を効果的に支援できると考えたのです。

　1947年にはフロスティッグ・センター（Marianne Frostig Center for Education Therapy）を設立し、ここを拠点として心理神経学アプローチによる新しい教育療法の研究成果を生み出すことで、世界に広く彼女の名が知られることとなりました。その成果は『フロスティッグ視知覚発達検査』『フロスティッグ視知覚能力促進法（初級用、中級用、上級用）』『ムーブメント教育』『ムーブメント教育MGLプログラム』『人間尊重の教育』『教室における個々に応じた指導』『ムーブメント・スキル・テストバッテリー：MSTB』といった著書に記されています（いずれも日本文化科学社によって日本語版が発刊されています）。

　フロスティッグの支援を求めて多くの子どもがセンターを訪れ、遠くはヨーロッパやオーストラリア、カナダから、またその障害も自閉症や情緒障害、学習障害、言語障害、運動障害、非行のほか、心の支援まで多岐に渡りました。彼女は、そうした子どもたちの事例を丁寧に整理して、数多く著書の中で報告しています。また、先駆的な実践を一目見ようとセンターに訪れた世界中の研究者たちは、その指導法もさることながら、家庭的で温かな雰囲気が醸し出され、情緒的な解放（笑い、喜びの表現）に満ち溢れた教育環境に深く感銘を覚えたと言われています。そこに、障がい児にとって最も魅力的な教室環境は、cozy（居心地がよい）やhomey（家庭的）という形容詞で特徴づけられる場である、と考えていた彼女の教育思想が表れていたと言えます。

　その後、フロスティッグ・センターは1969年にマウントセントメアリー大学の支部となる

ことで、教師を養成する専門的な教育が可能となり、彼女は教師を育てる夢が実現したとその喜びを語っています。1972年にセンター長の職を辞してから、子どもたちと過ごす時間を大切にしながら晩年を送っていた彼女は、ドイツのフルダでの講演旅行中に突然の心臓発作に襲われて、この世を去りました。1985年6月21日のことでした。

フロスティッグのムーブメント教育は、神経心理学者で創造的要素を高めた精神運動ムーブメントの実践者であるスイスのナビール（Naville）や不器用な動きの子どもたちのための「モトロジー（Motology）」というモデルを構築したドイツのキパード（Kiphard）、障がい児の体育におけるムーブメント法の実践研究者であるアメリカのウィニック（Winnick）、そして、日本の小林芳文らに引き継がれました。彼らは互いに交流を深めながら研究と臨床に取り組み、それぞれの国で普及発展に努めました。また、現在もフロスティッグ・センターでは彼女の遺志を継ぎ、LD児、ADHD児などの子どもたちの教育支援、相談、地域支援、研究活動が実践されています。また、ドイツのフルダにも国際フロスティッグ・センターがあり、毎年、研究交流が行われています。

(2)ムーブメント教育の基本理念

第二の故郷であるポーランドでの戦争を経験し、世界で最も豊かな国アメリカの片隅で貧困に苦しむ子どもたちと出会い、そして、障害のある子どもたちの教育研究に取り組む中で、フロスティッグは一貫して子どもたちの「健康と幸福感」を追求してきました。

そしてそのためには、当時の社会にはびこる戦争・飢餓・資源不足などの問題を解決し、人類の発展に貢献する人材の育成が必要で、それは「読み書き計算」の教育だけでは成し得ない、と自著『人間尊重の教育』の中で論じています。すなわち、すべての子どもたちが知的にも情緒的にも成熟し、自己の力を最大限に伸ばすことに加えて、「次の時代を築き上げるための倫理」を身につける必要があるというのです。

＊

教育には、子どもたちひとりひとりの可能性の開花を助けるという責任が伴っている。同時に、子どもたちに現代の問題を解決し、かつ彼らが活躍するつぎの時代を考えるための準備をしなければならない。また、彼らにはつぎのようなことを可能にしなければならない。すなわち、機械的というよりはむしろ創造的に、かつ思慮深く考え、行動することを最大限に学習するための意思伝達の技術を発展させること、地域社会よりもさらに大きな社会への意識をもたせること、個人の生活と価値ある人類の進歩が基礎づけられる感受性と共感性とを発達させることなどである。

（『人間尊重の教育』p.260より）

＊

そのため、フロスティッグは「読み書き計算」の習得だけにとどまらず、常に子どもの全面的な発達に目を向けました。特に、一人ひとりの「生」を充実していく教育を展開すること、そこに小さな生命が躍動する喜びを共有すること、そして、すべての人が仲間と共に手を取り合って新しい世界を築きあげていく英知を学ぶことが重要であると考えました。

フロスティッグの描いた教育理念は、障がい児のみに寄与するのではなく、すべての子どもたちの「健康と幸福感の達成」を視野に入れています。それゆえ、様々な子どもたちが共に学

ぶ機会や、地域・家族の人々と連携して子どもたちの教育にあたる体制が必要であると説いたのです。真の教育とは倫理や道徳を教えることにあると考え、人間尊重と人類全体の平和を基盤にした人間の育成を目指すことを重視していました。

(3)日本への導入と展開

　日本へムーブメント教育が導入される端緒は、1976年に遡ります。その年の8月、初めてフロスティッグ・センターを訪問した茂木茂八（日本文化科学社社長、当時）は、フロスティッグの共同研究者であるマズロー（Phylis Maslow）と対談しました。その際、フロスティッグとの共著『Learning Problems in the Classroom』(1973)を贈られた茂木は、これを1977年に日本で翻訳出版します（『教室における個々に応じた指導』）。そして同年夏、フロスティッグは初めて来日し、これを機に彼女の著書が次々と日本で翻訳出版されました。1978年には、『ムーブメント教育―理論と実際―』（原題はMovement Education: Theory and Practice ; 1970年刊）が、1981年には『人間尊重の教育―科学的理解と新しい指針―』（原題はEducation for Dignity ; 1976年刊）が出版されました。

　フロスティッグの初来日の翌年、著者（小林）はフロスティッグ・センターを訪れることができました。ムーブメント教育に感銘を受け、その喜びを次のように述べたことがあります。

＊

　私は、この学問に巡りあえ、障害を持った子どもたちに「楽しい身体運動で発達や教育軸をつくること」、「訓練でなく喜びが、笑顔や自発性を生むこと」、「魅力ある環境が、子どもの教育の良循環を生むこと」という理念を持つことができたように思います。　　　（小林，2004 ; pp. 32-34）

＊

　その後、筆者は1980年7月に行われた「ムーブメント教育米国研修セミナー」を通して、日本の障がい児支援におけるムーブメント教育の可能性を確信し、1983年5月に再びフロスティッグを日本に招き、東京と大阪で研修会を開催しました。フロスティッグに私淑し交流を深める中で、慈悲深い彼女の人間性に惹かれ、人間愛の哲学に基づいたムーブメント教育の理論と方法を学んでいきました。

　その後、私たちの研究グループは、日本各地の療育施設や保育所、親の会等と連携し、様々な障害の子どもとその保護者が参加する療育活動（親子ムーブメント教室）を30年以上にわたって継続しています。特に福井のたけのこ教室は、保育士・保育所が核となった地域療育ネットワークを実現した先駆的な取り組みとして注目を集めています（竹内，2012）。また、医療の現場では、長野県松本市のNHOまつもと医療センター中信松本病院において、安全で心地よい刺激を中心とした活動が、重症心身障がい児（者）の情緒や身体機能の改善、運動機能の発達を促す効果を確認しています。その他、各地の実践をもとに、重症心身障がい児（者）を対象とした研究報告もなされています（柳沢ら，2003；藤村，2003；大崎・諏訪，2008；古川・小林，2010；阿部，2009b）。

　さらにムーブメント教育は、障がい児を対象とした療育支援のみならず、保育や幼児教育の現場において発達の全体性を支えるプログラムとして早くから活用されるようになりました（小林ら，1988）。また、小学校体育においては、遊びの消失に伴う子どもの体力低下や運動

の二極化が問題視されていますが、ムーブメント教育は遊びの要素を取り入れたプログラムをもって、この問題の解決に貢献することができます（小林・是枝, 1993）。近年は、少子化対策や子育て支援においても、子どもの発達を支えながら、同時に親自身の主体性を引き出し、子育てを楽しむ力を向上させることが重要であるとする考え方が浸透して、ムーブメント教育への関心と実践が広まっています（佐藤・飯村, 2009；小林・大橋, 2010）。また、子どもだけでなく、高齢者のリハビリテーションや健康づくりの取り組みとして、シルバームーブメントの活動も盛んになってきました（金川, 2012）。

　対象の広がりに加え、音楽、ダンスの特性を活かした音楽ムーブメント（第7章参照）、ダンスムーブメント（第8章参照）、プールで行われる水中ムーブメント（第9章参照）など、応用的な発展も見られます。このように、フロスティッグが体系化したムーブメント教育は日本に紹介されて30年以上が過ぎ、障がい児の療育を中心に医療・福祉・教育の現場で適用され、互いに影響し合って日本独自の発展を遂げてきました（詳しくは、第3部で報告しています）。

(4) 発達障がい児の支援に向けたムーブメント教育の動向

　近年、日本においては、発達障害を中心に障がい児を取り巻く制度が大きく変化したことは、第1章で確認した通りです。そして、ムーブメント教育には、今日の特別支援教育の潮流を先取りした実践が蓄積されています。ここでは、ムーブメント教育の研究実践のうち、特に発達障がい児を対象としたものを紹介します。

　第1章で紹介したように、1999年の学習指導要領の改訂で「養護・訓練」が「自立活動」に変更されたことで、教育現場では従来の考え方から発想の転換を迫られました。ムーブメント教育は自立活動のすべての内容に対して具体的な方法論を有していると新たな注目を集めるようになりました（小林ら, 2001）。

　また、2007年度の特別支援教育の導入により、発達障がい児の指導が位置付けられたことから、LD、ADHD、高機能自閉症の子どもたちへの対応が必須の課題とされましたが、ムーブメント教育はそれらを先取りする形で発達障がい児の支援の新しいあり方を提唱してきたと言えるでしょう（小林, 2001；小林・是枝, 2005）。筆者らは、運動協応性の調査を通して発達障がい児が「不器用さ」や「ぎこちなさ」を呈することが多いことを指摘し、特に中枢神経の促通のための豊かな身体運動が必要であること、運動の楽しい経験が脳の機能を活性化すること、遊びの要素により家庭や教育の現場での継続実践が可能であることなどを強調してきました。さらに、ムーブメント活動を行った児童を対象に気分調査の結果をもとに、「こころの育ち」を支えるムーブメント教育の可能性について言及してきました（原田・小林, 2008）。また、「交流および共同学習」における適用性（伊藤ら, 2008）や、教科学習面（国語・算数など）の支援における具体策（小林・横浜国立附属特別支援学校, 2010）についても明らかになっています。筆者らはこれらの実践研究を通して、発達障がい児の育成・支援においてムーブメント教育による環境づくりが有効であることを確認してきました。

　また、2008年の指導要領改訂では、「個別の教育支援計画」が義務化されたことで、地域の関係機関や家族が連携するためのツールとして実効性のあるアセスメントが求められましたが、

ムーブメント教育においては、既に、1985年に独自のアセスメントが開発されており、あらためて関心が高まりました（第4章参照）。

発達障がい児の支援において、特に重要とされる親支援、家族支援においては、家庭での遊びのメニューが豊富になり家族で楽しむ機会が増えたり、親自身にポジティブな変容が生まれたりして、親のQOL（生活の質）の向上や子育て充足感の増加につながっているという報告がなされ、そのような親の変化が子どもの発達にも影響を与えると考えられています（小林・飯村，2006；阿部，2009a；飯村ら，2012）。

保育所・幼稚園では、ムーブメント教育が遊びを基軸とする活動であることから、保育者らの経験と実績を活かしながら、発達障がい児や「気になる子ども」への専門的な対応を可能にする具体的な実践として期待されています。特に、本人だけでなく周りの子どもに及ぼす効果や異年齢間で実施できる点に評価が高まっています。ムーブメント教育の活用がインクルーシブ保育の実現に結びつくと考えています（小林ら，2011）。

「強制的なきつい訓練では、子どもの心や活動に主体性のあるエネルギーを与えることは難しく、発達の良循環が作れない。しかし、遊びやファンタジーの要素を持った活動と自然な動きを誘う支援であれば、潜在する能力を引き出すことができる」（小林，2001）というムーブメント教育の一貫した主張が、発達障がい児を支援する場で評価されるようになったと言えるでしょう。

2 ムーブメント教育でどのような発達を育むのか

(1)遊びが原点

ムーブメント教育は、運動的「遊び」を原点としており、決して「訓練」ではありません。遊びは誰からも強制されない、自発的で自主的な活動であることに大きな意味があります。同じ活動でも誰かに強制されて嫌々やる運動は苦痛で長続きしませんが、遊びになれば自分から楽しんで取り組むことができます。

参加者が自主的に取り組み、「楽しい」と感じているかどうかが重要なポイントになるムーブメント教育では、他者から命令されたり、干渉されたりすることなく、自ら意思決定し、行動する場面を大事にします。「～させる」のではなく、「～したい」を引き出すアプローチが基本であり、参加者一人ひとりが楽しいと感じ、活動に没頭することを重視します。

そのためには、各々が自発的に動き、自主的に活動に参加できるための工夫や、「やりたい」と思ったときにいつでも参加できるような柔軟な環境、そして適切な働きかけが求められます。遊びの自主性・自発性をきっかけに生まれる、他者や環境への能動的な働きかけを活かして、良い循環を生み出せるかどうかがポイントになります。自主性・自発性を引き出すためには、活動をリーダー側が教示するだけでなく、子ども自身が選択したり決定したりして、自らの自由な発想を活かす場面を多く用意しておくことが大切です。

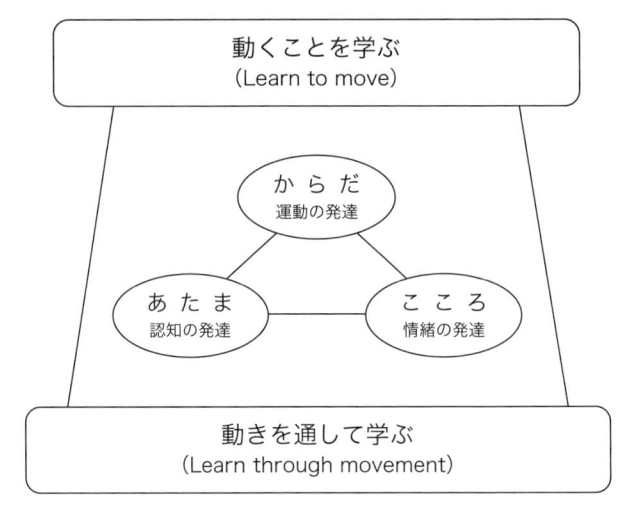

```
        動くことを学ぶ
       (Learn to move)

            からだ
           運動の発達

     あたま        こころ
    認知の発達      情緒の発達

       動きを通して学ぶ
    (Learn through movement)
```

図2-1　ムーブメント教育のねらい

(2)「からだ・あたま・こころ」の　全面的な発達を図る

　人が育つためには、「からだとあたまとこころ」の全体をいきいきと働かせることが必要で、楽しいムーブメント活動はそれを可能にします。すなわち、からだ＝動くこと、あたま＝考えること、こころ＝感じることの統合的な発達を企図しています。「からだ」に着目した活動では、様々な運動や感覚の刺激において、運動能力や身体能力を身につけます。「あたま」の活動では、言葉や数の概念など認知面での課題を用意します。「こころ」では、豊かな情緒を刺激したり、社会性を育むために他者とのかかわりを設定したりします。そして、これらを個別に取り上げて行うのではなく、「からだ・あたま・こころ」の全てをまるごと含んだ活動であることがムーブメント教育の特徴です。

　これを言い換えれば、ムーブメント教育は、「動くことを学ぶ」「動きを通して学ぶ」という2つのベクトルを持っていると考えることもできます。「動くことを学ぶ」とは、運動能力や身体能力を高めることであり、「動きを通して学ぶ」とは、運動を通して認知、情緒、社会性など心理的諸機能を高めることです。運動を活用しますが、命令や技能優先の教育・療法ではなく、課題の解決や他者との相互作用を通して創造性を高め、学習能力を支援するのが特徴です。

(3)ムーブメント教育の達成課題

　フロスティッグの掲げたムーブメント教育のねらいを整理すると、その基本的な達成課題は、
1)感覚運動機能を向上させる
2)身体意識を向上させる
3)時間・空間、その因果関係の意識を向上させる

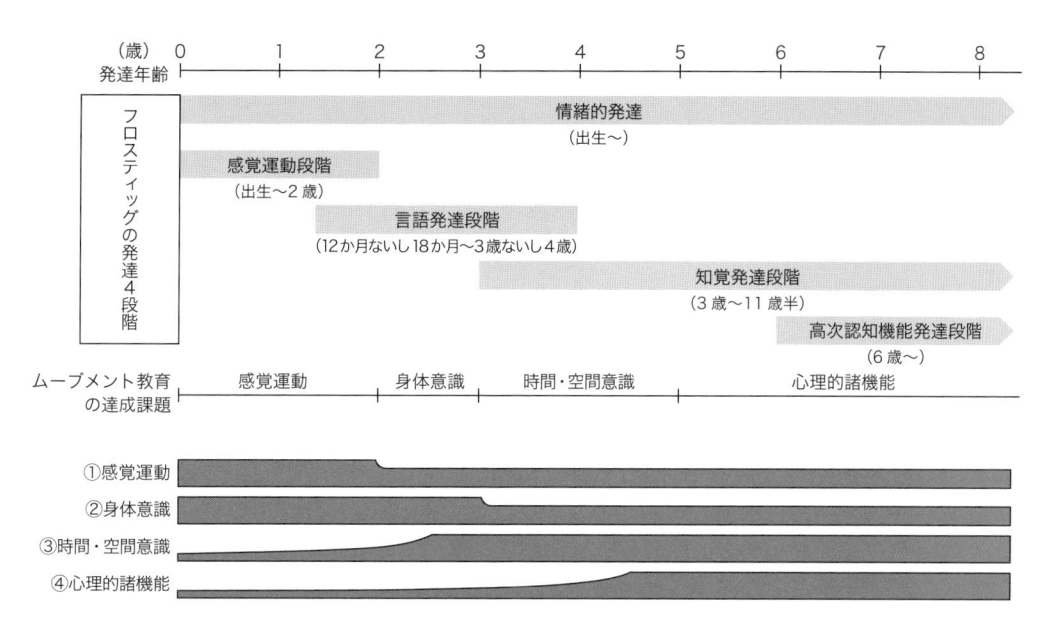

図2-2 フロスティッグの発達観とムーブメント教育の達成課題の関係

4) 心理的諸機能を向上させる

という4点にまとめることができます。これらの達成課題は、フロスティッグの発達観(発達の4段階)を使って次のように説明できます(図2-2)。すなわち、発達年齢が低い子どもには1)感覚運動の向上と2)身体意識の向上が中心課題となるプログラムが適しており、3歳ぐらいの発達レベルにある子どもには3)時間・空間、その因果関係の意識の形成、4〜6歳ぐらいの子どもには4)心理的諸機能を高めるための課題が大きな割合を占めるプログラムを提供します(ムーブメント教育の構造化)。

以下、4つの達成課題について詳しく説明します。

1) 感覚運動機能の向上

人間の発達初期において、感覚と運動とは相補的な関係にあります。視覚、聴覚、触覚、筋感覚などの様々な感覚の育成が言語や認知機能、連合能力(概念化)の発達につながっています。「いろいろな動きを身につける」ことや「動くことを学ぶ」ことは、すなわち感覚運動機能を育んでいくことであり、ムーブメント教育の最初の基本的な課題となります。このための実践方法としては、次のような運動のバリエーションを考え、様々なアプローチからプログラムを組むことが求められます。

①動きの量による支援:粗大運動、微細運動(手指運動)
②動きの方向性(エネルギー)による支援:垂直性、水平性、回転性の動き
③動きの質による支援:安定姿勢運動(座位、四つ這い位、立位、片足立ち等)、移動姿勢(四つ這い移動、つま先歩行、大股歩行、ホップ、ステップ、走行など)、操作性運動
④動きの属性による支援:協応性とリズム、敏捷性、柔軟性、筋力、速さ、平衡性(静的・動的・物的なバランス)、持久力

2) 身体意識の形成

　身体意識とは、自分自身の身体のイメージを持つということで、心身の発達にとって重要な役割を果たします。生後間もない頃から様々な経験を通して発達していきます。また、身体意識には、自己内の認識とともに周囲への認識も含まれています。自分自身が動くことで外界に触れて周囲を理解し、その経験を通して自己意識や他者意識が育っていきます。

　つまり、身体意識がなければ、自己の存在にも気づきませんし、自己意識も自我の形成も、また他者意識も成立しません。身体意識は、生後の様々な経験や学習により発達していくもので、活動が活発化すると飛躍的に発達します。これにより行動が自分のものとして意識体験のなかで収めることができ、社会的なつながりを展開するのです。

　ムーブメント教育では、身体意識を「身体像」「身体図式」「身体概念」の3つに分けてとらえています。

①身体像（ボディ・イメージ）

　例えば、自分の身体についてのイメージが形成されていなければ、人物画を描くことはできません。また、満腹感や空腹感など、身体の内部からくる感覚に気づくことは、健康にとって重要です。このように自分の身体について抱く感じやその感じ方、感じられるままの身体のことを身体像（ボディ・イメージ）といいます。身体像の発達には、「触感覚遊び」などによる身体表面からの刺激と、骨格筋や腱、関節の動きからくる固有感覚刺激、内臓からの刺激が重要です。

②身体図式（ボディ・シェマ）

　人や物にぶつからずに目的地へ移動したり、自分とおもちゃの位置関係を目で測って手を伸ばしたりするためには、対象物の位置関係を把握する力が必要になります。そのためには、身体図式（ボディ・シェマ）が形成されている必要があります。身体図式には、身体の左右性やラテラリティ（優位性）、方向性に関する能力も含まれます。移動したり、姿勢を確保したり、物体を操作したりする活動や、利き手や位置関係を意識した運動、バランス運動にかかわる体験を通して、身体図式が形成されていきます。

③身体概念（ボディ・コンセプト）

　「身体には頭が1つ、手が2本ある」「目は見るところ、足は歩いたり走ったりするところ」といった、身体の事実や機能についての知識を身体概念（ボディ・コンセプト）といいます。「足先を開いて、右膝を左手で触ってください」「友だちと右手で握手してごらん」というように、身体部位の認知や他者との身体の比較による活動を体験したり、身体の機能や働きに関する理解を深めたりすることで発達していきます。

3) 時間・空間意識、その因果関係の意識の形成

　身体意識との関係が深く、その延長線上に位置づけられているものが、時間・空間意識です。すべての事象は時間や空間の中で生じ、それらが因果関係を持って知覚されます。これらの意識は抽象的思考の基礎となります。

　時間意識は、事象の変化を通して経験されます。例えば、ADHD児のように、注意力や集中力が乏しく、ぼんやりと周囲を見ているような場合には、概して事象の変化はあまり知覚されません。また、机の上に置かれたコップは、椅子に座ったままで手を伸ばせば届くか、ある

いは上体を前に押しやってから手を伸ばさないと届かないかというような判断を一瞬のうちにやってのけるのは、空間意識を自分の身体の延長として知覚しているからです。

時間意識を育むムーブメントには、身体のリズム的運動（トランポリンでの律動的運動など）、動きの速さの変化を有する運動があります。音を活用して聴覚を刺激する活動も有効になります。また、空間意識を育むには、登ったり、飛び降りたり、ボールを投げたり受けたり、また、空中にぶら下がっているボールを叩いたりする活動が効果的です。つまり、視知覚によって得た情報によって、高さ、形の変化に適合するように、空間で自己の身体を操る活動が有効になります。

4) 心理的諸機能の向上

心理的諸機能とは、情緒、社会性機能を含め、言語機能、視覚化の機能（ものを見て、それを記憶する機能）、問題解決能力、概念化、連合の諸機能（見たり、聞いたりして動作すること）のことです。ムーブメント教育ではこれらの機能の伸長を図ります。

言語機能では、指示を聞いて動作に置き換えるための受容言語能力が発達しますし、動きをことばで表すことによってことばを発する表出言語能力も助長されます。

視覚化の機能は、視知覚経験に依存し記憶にとって必須であるばかりでなく、考える力としての思考過程にとっても必要なものです。このような機能は、模倣を取り入れた運動の中で特に高められます。

また、問題解決能力は、自発性と意欲に満ちた身体運動の中で発達します。可能な限り、子ども自身に挑戦させる運動を設定することが大事です。提示されたものを一方的に行うだけでなく、自ら考えて動くことを重視することで、問題解決の能力が芽生えます。

連合の機能は、いろいろな感覚器などの能力を同時に行使することで育むことができます。連合の諸過程には以下の3つの方法があります。

①知覚（入力）と運動反応（出力）の連合

視覚―運動の連合（ボール蹴りや島渡り）、聴覚―運動の連合（音楽に合わせて動く）を取り入れます。

②2つ以上の感覚器官からの知覚（入力）の連合

音楽の伴奏に合わせて他者と一緒にダンスをしたり、指示の声に合わせてボールをついたりする活動のように、視覚・聴覚・筋感覚的な運動を組み合わせます。

③存在する刺激と以前の経験との連合

過去に経験した運動や指示と関係づけるような場面をつくります。例えば、「昨日、みなさんは輪にしたロープを持って円状に座りました。ロープがあると仮定して、今日も同じように座ってみましょう」というような課題を提示します。

(4) 中心的なゴールは子どもの「健康と幸福感の達成」

障がい児は、障害に起因して身体運動の経験が乏しかったり限定されたりしています。このことが、感覚や知覚の能力、自己の動きや表現、概念形成、社会性などの発達に大きなつまずきの原因となっていると考えられています。そこでムーブメント教育では、子どもの発達に必要な身体運動の経験を豊かに耕すことを目的とします。

ただし、究極的な目標は子どもたちの「健康と幸福感の達成」であり、その原点は「楽しさ」にあります。したがって、身体運動を基軸にプログラムされていますが、単に運動スキルを習得するのではなく、人間発達の土台づくりとしてムーブメント活動を提示し、子どもの全面的な発達を図ることをめざします。そのためには、課題をスモール・ステップ化したり、集団の力を活かしながら個別に対応させたりすることが重視されます。また、他者との競争の場面はできるだけ排除しますが、各々がチャレンジしたい、できるようになりたいと感じる課題は大切にします。挑戦したいという想いは活動に没頭する経験につながり、その結果から得られる達成感は大きなものとなります。「すごいね！」「やったね！」と褒め合う場面が多く見られ、拍手や笑顔が溢れる活動では、大人も子どもも幸福な気持ちを共有できます。ムーブメント教育の究極的な目標は、これまでもこれからも子どもたちの「健康と幸福感の達成」です。

3 ムーブメント教育をいかに進めるのか

　ムーブメント教育の展開方向は、遊具や場所などの物理的環境、子どもの発育・発達の程度、そして、興味や能力などに応じて変わってきます。ムーブメント教育を展開する上で考慮すべき方法上の原則をまとめると次のようになります（Frostig, 1970）。

①喜びと自主性の重視

　「〜させる」ではなく「〜したい」を大事にして、子どもが主体的に参加できる運動課題を提示する必要があります。それが、結果的に情緒的な解放（笑顔や歓声）と運動技能習得の達成感（やった、できた！）に結びつき、かつ情動の発達を促すことになります。

②創造性の重視

　用意周到に計画されたプログラムを一方的に与えるだけでなく、子ども自身にその場で選ばせたり、考えさせたりして、より挑戦したいと思うような運動課題が設定される必要があります。これにより、自己意識や他者意識の形成が促されるだけでなく、知覚、記憶、感情、思考のレベルが統合され、認知発達が高まると考えられています。

③達成感の重視

　子どもが課題に主体的に取り組み、それを達成することによって達成感を得るためには、一人ひとりの興味や状態に即して、子どもが自ら主体的に取り組みたくなる楽しい遊び活動を準備することが大切であり、発達段階に適した達成課題をスモール・ステップで用意することが必要です。

④注意力・集中力の重視

　運動を正しく遂行するために、また、心理的諸機能の高揚を図るためには、注意力・集中力が育まれなければなりません。そのためには、活動の中にファンタジーの要素を取り入れたり、自発性に基づく創造的ムーブメントの場面を活用したりすることが有効です。

⑤継続の原則

　健康の促進や感覚運動機能の発達のためにも、毎日20〜30分継続して実施できるとよいでしょう。活動を維持継続するためには、以前に取り組んだ活動の復習や基本となる活動の反

復を大事にしながらも、常にいくつかの新しい要素を加えて変化・展開させることが大切です。
⑥制御の周期性の原則
　動的活動と静的活動とをバランスよく組み合わせることにより、適当な緊張を引き出すことができます。このことにより、子ども自身の自己制御が促進され、さらに時間的感覚の形成にも有効となります。身体運動を中心とした活動では、動的な活動に関心が向きがちですが、静的な活動も取り入れてリズムよく活動を展開していくことが大事です。
⑦競争の排除の原則
　特に障がい児や小さな子どもを支援する場合においては、個々人あるいはグループ間の競争はできるだけ排除することが望まれます。自分自身の取り組みに集中するためです。
⑧アプローチの柔軟性
　支援者が一方的に指示し命令するような活動は、子どもたちの能力や実態にもよりますが、必要最小限にすることが望まれます。ムーブメント教育は、子ども中心の活動であり、子どもの反応によって展開することが基本になりますから、柔軟なアプローチが必要です。
⑨環境と器具（遊具）の有効利用
　ムーブメント教育では、必ずしも器具や遊具を必要としませんが、大小の遊具や適切な音楽を活用することで、運動の属性や身体意識、創造性の発達を巧みに促すことができます。子どもと環境との出会いやかかわりをアレンジできる遊具の活用例は第5章で詳しく解説しています。

（小林芳文、大橋さつき）

■フロスティッグ・センター
　住所　971 N. Altadena Drive, Pasadena, CA 91107
　URL　http://frostig.org/

◆引用参考文献
阿部美穂子（2009a）親子ムーブメント活動が障害のある子どもの親に及ぼす効果、富山大学人間発達科学部紀要、4（1）、47-59.
阿部美穂子（2009b）重症心身障害児の呼びかけ行動の獲得に関する研究：感覚運動ムーブメント活動を用いて、日本重症心身障害学会誌、34（1）、197-202.
Frostig, M. & Horne, D. (1964) Frostig Program for the Development of Visual Perception, Chicago: Follett Publishing Company／日本心理適性研究所 訳（1977）『フロスティッグ視知覚能力促進法』、日本文化科学社.
Frostig, M. (1969) Frostig MGL: move-grow-learn; movement education activities, Follett Educational Corp／小林芳文 訳（1984）『ムーブメント教育MGLプログラム』、日本文化科学社.
Frostig, M. (1970) Movement Education: Theory and Practice, Follett Publishing Company／小林芳文 訳（2007）『フロスティッグのムーブメント教育・療法』、日本文化科学社.
Frostig, M. & Maslow, P. (1973) Learning Problems in the Classroom, Grune & Statton, Inc／茂木茂八・安富利光 訳（1977）『教室における個々に応じた指導』、日本文化科学社.
Frostig, M. (1976) Education for Dignity. Grune & Stratton, Inc／伊藤隆二・茂木茂八・稲浪正充 訳（1981）『人間尊重の教育―科学的理解と新しい指針―』、日本文化科学社.

藤村元邦（2003）重症心身障害児（者）へのムーブメントセラピー、仁志田博司監修『医療スタッフのためのムーブメントセラピー』、メディカ出版、219-222．

古川広大・小林芳文（2010）ムーブメント教育・療法による重度重複障害児の健康支援に関する研究―遊び時における心拍数の分析より、児童研究、89、21-28．

原田知佳子・小林芳文（2008）子どもの運動遊びとこころの育ち―ムーブメント教育・療法による心の支援、こども環境学研究、3（3）、95-92．

飯村敦子・小林芳文・竹内麗子他（2012）障害乳幼児と家族への支援に活かすムーブメント教育の実践分析に関する研究、保育科学研究、2、116-124．

伊藤紗由実・原田知佳子・小林芳文（2008）小学校での交流教育におけるムーブメント教育の実践―その効果と問題点について、横浜国立大学教育相談・支援総合センター研究論集、8、103-114．

金川朋子（2012）遊びの要素を取り入れたシルバームーブメント療法―からだ・あたま・こころ　みんなで笑って楽しい健康づくり、体育の科学、62（6）、425-429．

小林芳文他（1988）『幼児のためのムーブメント教育実践プログラム』（全7巻）、コレール社．

小林芳文・是枝喜代治 著（1993）『子どものためのムーブメント教育プログラム―新しい体育への挑戦』、大修館書店．

小林芳文 著（2001）『LD児・ADHA児が蘇る身体運動』、大修館書店．

小林芳文他 著（2001）『障害児教育の新領域　自立支援活動の計画と展開』（全4巻）、明治図書出版．

小林芳文（2004）健康と幸福感を支える「ムーブメント教育学」を立ち上げて、発達教育2月号、32-33．

小林芳文・是枝喜代治 編著（2005）『楽しい遊びの動的環境によるLD・ADHD・高機能自閉症児のコミュニケーション支援』、明治図書出版．

小林芳文・飯村敦子 著（2006）『障害児乳幼児の早期治療に向けた家族支援計画（IFSP）―Play-Based Assessmentの取り組みと展開―』、青山社．

小林芳文・大橋さつき 著（2010）『遊びの場づくりに役立つムーブメント教育・療法―笑顔が笑顔をよぶ好循環を活かした子ども・子育て支援』、明治図書出版．

小林芳文 監修、横浜国立附属特別支援学校 編（2010）『発達の遅れが気になる子どものためのムーブメントプログラム』、学習研究社．

小林芳文・飯村敦子・竹内麗子他（2011）包括的保育に結びつけたムーブメント教育の実践分析に関する研究、保育科学研究、1、82-94．

大崎英誉・諏訪敬祐（2008）重度障害者のムーブメント教育・療法における無線加速度センサノードの適用による抗重力運動の可視化、情報処理学会研究報告、2008（18）、157-164．

佐藤麻美・飯村敦子（2009）子育て支援へのムーブメント教育の活用―母子支援教室の実践を通して―、児童学研究、88、31-42．

竹内麗子（2012）「地域のつながりの中で広がる遊び『輪』～保育所を核とした地域療育ネットワークづくり『たけのこ教室』30年の実践」、和光大学総合文化研究所年報　東西南北、198-204．

柳沢美恵子他（2003）超重度障害児（者）への療育活動としてのムーブメント教育・療法の活用、日本重症心身障害学会誌、28（1）、45-49．

Winnick, J. (1979) Early Movement Experiences and Development: Habilitation and Remediation／小林芳文・永松裕希・七木田敦・宮原資英訳（1992）『子どもの発達と運動教育―ムーブメント活動による発達促進と障害児の体育』、大修館書店

第1部　理論編

第3章 なぜ、発達障がい児の育成・支援に有効なのか

　この章では、ムーブメント教育の基本理念を5つのキーワードで解説します。「身体性」「発達性」「環境性」「関係性」「遊び性」の5つのキーワード（図3-1）を手がかりにして、発達障がい児に対するムーブメント教育の有効性を論じていきます。

1　活動の基盤となる「身体性」

(1) 身体運動面での支援の必要性

　これまで発達障がい児の支援の現場では、身体運動面からのアプローチよりも、むしろ教室場面での学習や多動、対人関係をめぐる問題に注目が集まったため、他者や集団に迷惑をかける行動を減らすための対策に力が注がれる向きがありました。発達の土台に関わる感覚機能や知覚機能などを取り入れた身体運動面に目を向けた支援や研究が少なかったのです。

　しかし、発達障がい児への支援は単に教室場面に限られるものではなく、身体運動面にも目を向ける必要があることがわかってきました。例えば、著者らが1992年に行った横浜市の小学校を対象とした実態調査によれば、LD児が健常児に比べて運動面であきらかに困難を抱えていること、特に鉄棒やボール遊びなどの全身を使用した「粗大運動」および手先の不器用さなどの「微細運動」の困難さ、整列、行進から外れやすいなどの自分と周囲との位置関係や方向性の認識の困難さ（身体意識の未熟さ）などが明らかになりました。

　また、ADHD児の中には、ボール運動のような目と手、目と足を使った知覚運動に遅れのある子がいることが以前から指摘されており、感覚運動機能を促す支援が求められてきました。さらに、ADHD児は、大勢が関わる身体活動を嫌う傾向もあります。そのため、参加できる身体運動の場面が限定され、個人指導による支援が主流となってきました。しかし、個人指導だけでは、仲間関係や集団での学び合いの機会を奪い、活動への興味や意欲を失うことになり

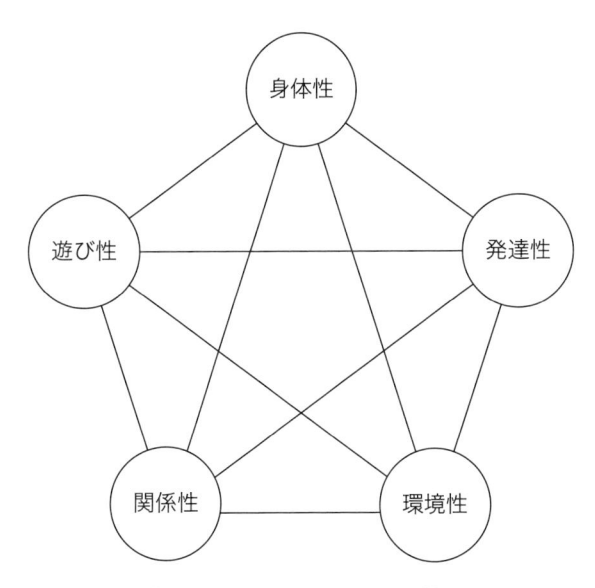

図3-1 ムーブメント教育の5つのキーワード

かねません。

　主に対人関係面や社会性の面で課題を抱えているASD（自閉症スペクトラム障害）児の中には、感覚の過敏さを持ち合わせているため、感覚刺激の防衛反応として、他者の身体に触れたり騒がしい音を聴いたりすることを極端に避け、集団活動に参加することを躊躇して、他者と関わる機会を得られないままでいる子も多数います。

　感覚運動面に現れるこのような特徴は、年齢の上昇や運動機能の発達とともに少しずつ軽減していくこともありますが、しかし幼少期における運動の失敗経験や他者からの叱責などが積み重なることで、自尊心や仲間意識の低下、不登校、緘黙などの二次障害が引き起こされていきます。

　成人した発達障がい者の「運動が不器用で体育の時間が苦痛であった」「劣等感を味わってやる気をなくしてしまうことが多かった」「体育の時間はみじめな思いをするのが嫌で授業をさぼって教室や更衣室に隠れていた」といった苦い思い出がその深刻さを表しています（東條ら，2004）。身体運動面を軸とした支援は、発達障がい児の二次障害を防いでいく意味でも、決しておろそかにできません。ここにムーブメント教育の意義があると言えるのです。

(2) 人は動くことにより自分を知り、世界を知る

　精神と身体を切り分けて考える心身二元論をルーツとする西欧近代的な知識観・科学観のもとでは、身体は物理的・化学的法則によって支配される機械であり、機械に指示を出すのは精神（脳）であるとして、身体を精神よりも一段低く見てきました。そうした知識観・科学観によって急速に、高度に発展してきた現代社会においては、人々の身体感覚の乏しさや身体を媒体とした直接的な関わりの減少に危機感が高まっています。そのような問題状況を背景として、

```
        時間・空間意識
        他者意識

          自己意識の形成

        身体意識の形成
      身体像 身体図式 身体概念

            動くこと
```

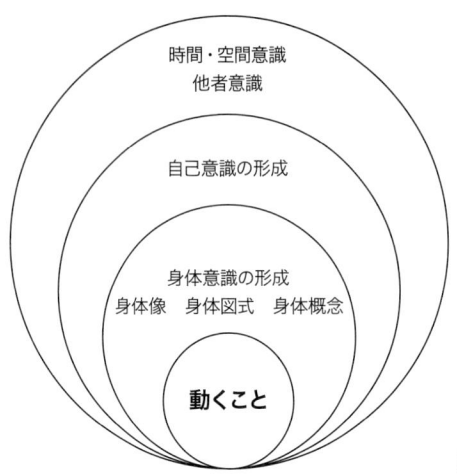

図3-2　人は動くことによって自分を知り、世界を知る

　身体で感じ、身体で考え、身体で動き、そして、身体で交流することに価値を置く心身一元論が重要視されています。動くことが生きることの源であり、動くことが生命や意識・知覚の創発に本質的な役割を果たすという視点から、「身体」への関心が高まっているのです。

　ムーブメント教育では、身体は感じること、表現することの媒体であり、空間のできごとを経験する基盤であると捉えています。動くということは、人が外界と関わり交渉を持つことであり、動くことにより身体意識や自己意識が形成され、時間・空間意識、他者意識が生まれると考えます。そして、私たちが環境との対話を通じて、自身の身体で可能な動きを探求し、環境の価値に対面し、実現された行動とその結果は、また新たな探索の契機をもたらし、発達を促すことになるのです。すなわち、知覚と行為は循環しており、「私たちは動くために知覚しなければならないが、しかしまた知覚するために動かなければならない」のです（Gibson, 1979）。

　ムーブメント教育は、楽しく身体を動かすことで、感覚運動技能の習得から身体意識の形成、自己意識の形成、時間・空間意識や他者意識の形成を育むことを企図しています（図3-2）。すなわち、ムーブメント教育で取り組む最初の課題は感覚運動を発達させることですが、これを軸に諸機能の発達をめざします。

2　個性を育む「発達性」へのアプローチ

(1)発達の主体としての子ども

　子どもの能力を平均的な発達の指標と照らし合わせて発達の「遅れ」を捉え、いかにすればその「遅れ」を取り戻すことができるかという、「発達促進」の支援が従来からの主流です。しかし近年では、当事者の語りから、我慢や精進を強要される訓練の日々が自己否定を生み、生きづらさにつながるという事実も明らかにされています（綾屋・熊谷，2008）。

鯨岡（2002）は、障がい児の教育や療育の場が、一方的な「能力向上」「障害の軽減」を目指して、「ひたすら『できること』を追い求め、ひたすら『させる』働きかけ」をして発達促進を目指している実態を嘆いています。「教え込んで力をつける」ことに傾いてしまった場の歪みは、子どもの主体性をそぎ落とし、自信に乏しく、意欲を欠き、楽しむことを知らずに「させられる」ことだけ黙々とする生き方に繋がってしまうと危惧しています。短期的な成果に目が奪われやすい昨今の療育や教育の現場では、「させる」ことを強いる働きかけに偏りがちですが、残念ながらそれでは主体性を育むことが困難な状況にあるといえます。

　フロスティッグは「子どもは『なすこと』によって、『自分の力』で学ぶ」と説いています。すなわち、子どもの発達は子どものために配慮された状況の中での「経験」によってもたらされるものだという考え方を重視しました（Frostig, 1976）。このようにムーブメント教育では、発達の主体は子ども自身であるという視点に立って、子どもが自ら育つ力を支えることを基本と考えます。子どもの「発達の可能性」は、他者や遊具などの環境や共同体との関わりの中にあると考え、発達の主体である子ども自身が遊びの場で得るできごとや体験こそが子どもの発達に最も適した課題であり、子どもが自らの課題に出会う可能性の高い環境を整えることがムーブメント教育における発達支援の方法であるといえるでしょう。

⑵発達の全体性

　発達障がい児は、身体運動や認知の課題、そしてコミュニケーションの阻害から生じる情緒や社会性の問題などいくつかの困難を抱えています。しかし、ともすれば支援者は、これらの問題が相互に影響する関係であることを見失い、部分的で対症療法的な支援に陥りがちです。それだけでは、困難さの相互関係から生まれる悪循環を断ち切ることは難しいのです。

　例えば、読み書き計算に困難を示す子どもに問題に対して、一般的に実施されているドリル的な学習法は有効な手立ての一つではありますが、それだけで子どもが抱える課題の本質的な改善につながるわけではありません。なぜなら、ひらがなを書けるようになってもカタカナ、漢字と課題が続くように、学年が上がるにつれて学習の進度も速くなり、課題に追いつくことができなくなるからです。不得意な意識が重なるうちに情緒面において二次障害へ発展していくケースも少なくありません。

　一方、読み書き計算のできない子どもの多くが、基本的な身体運動能力にも問題を抱えていることが明らかになってきています。ドリルをさせるより、身体図式や視覚と手指の動きの協応性を育てて、そうした力の基礎の部分を支援していくことが重要なのです。また逆に、発達障がい児の感覚や運動面だけに力点を置いた指導では、基本的な感覚処理や運動能力を高める効果はありますが、そうした指導がマンツーマンの訓練的な取り組みになってしまえば、自己実現に向けたさらなる意欲や主体的な育ちを支えることができません。

　第2章で述べたように、ムーブメント教育の基本は、「からだ（身体運動）・あたま（認知）・こころ（情緒・社会性）」の全面的な発達を支えることにあります。繰り返しますが、集団遊び的な活動の中で身体運動能力の発達を促進し、同時に様々な能力（知覚機能、記憶力や集中力、連合能力、問題解決能力など）を高めていくことを企図します。加えて、一人ひとりが大事にされる環境の中で意欲や自信を高め、他者への興味や関わることの喜び、集団生活に必要

な自己コントロールの力が育ち、情緒や社会性の発達が促進されていきます。

(3)発達の個別性と連続性

　子どもが自ら「～したい」と感じて学べる課題は、子どもにとって努力が必要なものであり、簡単すぎても難しすぎても適さず、「適量の新しい学習が与えられるべきであるが、発達的に準備がととのっていない課題ではいけない」と言われています（Frostig, 1976）。子どもが主体的に学ぶためには、子どもが挑戦したいと感じる課題が必要であり、そのためには、一人ひとりの発達に適した活動が提示される必要があります。そして、最も適した課題を提示するためには、一人ひとりの発達の様相を詳しく把握する必要があります。

　人間の発達は、そのスピードや程度に個人差がありますが、一定の決まった順序や方向性を持って進行していくことが明らかになっています。フロスティッグは、発達は連続的であり、共通の段階を踏んでいくという事実をより詳しく知り、子どもたちの支援に活用していくために、子どもの発達段階を視知覚、聴知覚、運動技能、認知、言語などの面から正しく把握することを重視し、そのための様々な評価尺度・方法（アセスメント）の開発に精力的に取り組みました。

　筆者らは、これらの研究を引き継いで発展させ、人間の身体運動面、認知面、情緒面における発達の「広がり」と「流れ（連続性）」を捉える独自のアセスメントツールを開発しています。それは、子どもをラベリングするためのものではなく、その全体的な発達の様相をより細かに把握し、主体的な育ちの促進に最も適するムーブメント活動の環境を提示するためなのです（詳細は、第4章を参照してください）。

　ムーブメント教育は、一人ひとりの子どもの実生活や特性を無視して、標準的な発達段階の基準から想定されるゴールをめざす、「マイナスを埋めようとするアプローチ」ではありません。子ども一人ひとりを尊重し、子どもの主体的な育ちを支えるために、発達理論に基づいた具体的なアプローチを展開します。

3 「環境性」に目を向ける

(1)環境との相互作用関係

　第1章12頁で紹介したWHOの国際生活機能分類（ICF）の普及によって、最近では、子どもと環境は相互に影響するものであり、環境を十分に整え活用することで、子どもの学習する力、考える力、行動する気持ちが高められていくという考え方に基づいた支援が、発達障がい児を対象とした取り組みの中でも重視されるようになってきました。

　同様にムーブメント教育では、子どもの興味を駆り立てる環境としてムーブメント遊具を活用しています。例えば、「うちの子は自閉症なので集団活動に参加できません」という保護者からの報告があったとします。ムーブメントのリーダーは、その訴えを「これまで、その子が参加したいと思う魅力ある環境としての集団活動に出会ったことがない」と捉えます。そして、

自閉症という障害も含めたその子の個性に配慮し、好きなこと、興味あることなどのプラス面（強み）を活かしながら、様々な環境をアレンジし、「活動」「参加」の充実に向けて魅力的なプログラムを考えていくのです。

　さらに、環境の力を最大限に活用して「循環型システム」を生み出そうとします。例えば、目の前に風船が出てくれば、ついつい手を伸ばしてしまうように、私たちは自分を取り巻く環境から様々な情報を獲得して、同時に環境に対して積極的に自らを発信して関わっています。つまり、様々な遊具や音楽や集団活動などの環境を取り込み、空間の特徴を有効に活用して、子どもが自ら「動きたい」「触りたい」「関わりたい」と思う環境をアレンジし、環境との対話の中で自然な動きの拡大を図ります。それは、従来の能力開発を目的とした対症療法的な訓練法（支援法）と比較すると、「個人への介入ではなく、環境をデザインし関係性をアレンジする」という考え方が根底にあり、「課題は一方的に与えるのではなく機会として提供し、子どもが主体的に体験することで成立する」というアプローチを重視します。

(2)アフォーダンス理論の活用

　ムーブメント教育の環境づくりの視点とつながる考え方に、「アフォーダンス」という理論があります。アフォーダンスとは、【afford】（〜を与える、〜ができる）という語を元にする、生態心理学者ギブソン（Gibson）による造語で、環境が人や動物に与える「行為の可能性」を意味しています（佐々木，1994）。様々な遊び活動を生み出すムーブメント遊具に共通した特長は、このアフォーダンスの豊富さにあると言ってもいいかもしれません。また、屋外のムーブメントでは、屋内のプログラムとはひと味違った活動（土手を滑ったり、芝生の上を転がったりする）も楽しまれていますが、これも自然環境が私たちに与える「行為の可能性」を活かしているのです。プールで実践されている水中ムーブメントの活動の豊富さを知ると、「水」という環境が私たちに「浮く」こと以外にも多くの行為を与えてくれているのがよくわかります（第9章参照）。

　さらには、同じ環境でも、人によって異なるアフォーダンスが知覚されるのだという視点も大事です。例えば、ゾウとアリでは、一本の木から知覚するアフォーダンスが大きく異なるように、人間も一人ひとりの存在（身体）はそれぞれ異なっており、ピックアップされるアフォーダンスが違ってくるのです。また、同じ人間でも、日々変化・発達しています。例えば、赤ん坊が寝返りをするようになり、お座りができ、立って、歩くようになって、ついには跳んだり走り回ったり転がったりするようになってきた過程を振り返ると、環境との関わりが子どもに様々な行為の機会を与え、その動きが身体発達をもたらし、そしてまた、動きや行為が変わると、それまでとは違う環境の発見があり、新たに発見された環境が新たな行為の機会を与えていくという、発達と環境の相互的で循環的な関係を理解することができるのです。

　こう考えてくると、一人ひとりの発達障がい児に合わせて環境をアレンジし、環境との対話を促し、循環型のシステムを構築することが重視されているムーブメント教育の有効性に理解が至ります。言い換えれば、優れた支援者は、様々な環境が有するアフォーダンスについての知識を経験的に多数知っており、その上でプログラムに適したアフォーダンスを選択し、環境をアレンジできる力を有しているといえます。ムーブメント教育では、遊具や音楽を含めて一

人ひとりの身体を取り巻く全てのモノを「環境」と捉え、それらとの関係性をアレンジすることで活動を発展させることができると考えています。

(3) 人も環境として捉える

　ムーブメント教育では、人も環境として活用します。具体的には、親子で、家族で、大人も子どももみんなで活動の場をつくることを大事にしています。遊具や音楽や施設と同様に、その場に集う「人」を重要な環境として捉え、活動の充実につなげようとします。子どもたちは周囲の子の動きを見ているだけで新しい刺激を受けます。お母さんの優しい歌声で安心してパラシュートに乗ることができたり、お父さんのパワーでアクティブな活動が展開できたりします。みんなの拍手や声援は子どもたちに勇気を与え、ある人の笑顔が違う誰かの笑顔を誘います。私たちはそこに「いる」だけで、お互いにとって環境であり、影響を与え合っている存在なのです。

　とりわけ、教師（大人）は、子どもにとって最も影響力のある環境であり、子どもたちが自ら積極的に、幸せに学ぶための重要な「モデル」となります（Frostig, 1976）。ムーブメントの実践において、支援者が自身の声の大きさ、抑揚、表情、服装にまで気を配り、時にはピエロのように演出するのは、自分自身がまず、子どもたちに影響を与える重要な環境であるという自覚があるからです。

　発達障がい児が抱えている様々な困難は、家族や友人など身近な人たちとの人間関係によって変化します。発達障がい児の支援や生活に関わる人たちが、ムーブメント教育による活動を通して、互いに影響を与え合っている環境なのだということに気づき、その意識を高め続けることは、これまで日本で取り組まれている他の支援法にはほとんど見られないだけに、大変重要であるといえるのです。

4 「関係性」の中での発達支援

(1) 集団の中で個を活かす、個の支援に集団を活かす

　一人ひとりの発達に合わせた個別の対応はもちろん大切ですが、同時に、様々な発達段階の子どもがともに活動する中で学ぶことも重要であり、そのための学習環境のあり方を考える必要があります。筆者らは、ムーブメント教育は「集団の力（他人がいる状況下）で成立する学習」であり、「集団の力と自分の力で学習していく」と主張してきました。

　このような考え方は、最近、あらためて注目を集めているヴィゴツキー（Vygotsky）の「発達の最近接領域」に通じるものです。ヴィゴツキーは、「一人で到達できる段階」と「他者や道具の援助によって到達できる段階」の間を「発達の最近接領域」と呼び、教育はこれに合わせて行うべきであると主張しました（ヴィゴツキー，2003）。また、遊びはそれ自体が「発達の最近接領域」を創造すると述べ、「遊びの中では、子どもは常に平均的な年齢や、日頃の行

動よりも勝っている。遊びの中では、子どもは自分より頭ひとつ分、身の丈が高いのである」と論じています（ヴィゴツキー，1989）。これは、発達障がい児支援における集団遊びの必要性について、時代を超えて大きな示唆を与えるものといえるでしょう。ヴィゴツキーの理論をおし広げて説明すれば、子どもの発達水準を見る際に、現時点でその子が「できる・できない」で判断するのではなく、他者や環境との関係性の中に現れる発達の可能性を見極めることが重要になります。

　近年、学習概念の研究においても、学習を個人の知識獲得として捉えず、社会や共同体、また、そこでの人々の営み、活動のありよう、絶えざる相互作用の結果として理解する考え方が支持を集めています。子どもを孤立させ、社会的・文化的実践から隔絶してしまう発達障がい児支援のあり方を批判的に検証する基礎を提示していると言えるでしょう。

(2) ミラーニューロンが示唆する関係発達の可能性

　このような考え方が、最近の脳科学研究の成果によって裏付けられました。大脳皮質の前頭葉で見つかった「ミラーニューロン」は、その名前が示唆するように、自分が行動する時と、他人が行動するのを見ている時の両方で活動電位を発生させる神経細胞です。他人が手を伸ばして何かをつかもうとしている動作を見て、自分が同じ行為をするように反応することから名付けられました。つまり、他人の行動に対して、まるで自身が同じ行動をしているかのように共感するのです。そして、そのようなニューロンの活動は、新たな運動や行為を学習する際に役立つと考えられます（リゾラッティ，2007；イアコボーニ，2009）。

　さらにミラーニューロンが注目されるのは、この神経細胞が「他者の感情を読み取る」という、脳の大切な機能を支えていると推測されている点です。悲しい映画を見て、主人公に自己を投影させて泣いてしまった、という経験は誰しもあることでしょう。このように、相手の行動に自分の行動を重ね、その行動に相当する心理的状態を読み取る土台として、ミラーニューロンが働いているというのです。私たちが他人の行動の意味を理解したり、感情移入したり、他人と柔軟にコミュニケーションできるのは、子どもの頃からミラーニューロンを使うことでその神経が発達しているからだと考えられているのです。

　ムーブメント教育の活動に取り組んでいると、最初は集団プログラムにすぐに馴染むことができず、怖がったり、興味を示さなかったりしていたのに、他の子どもたちが楽しそうに活動している姿に触発されて、場に吸い寄せられるように自然に活動に入っていくことがあります。また、全く活動に参加していなかった（参加していないように見えていた）子どもが、数ヵ月後、突然集団の輪の中に入ってきて、あたかもこれまで一緒に活動していたかのような姿を見せてくれることもあります。小さい子が年上の子の動きをじっと観察していて、同じようにやり始めることもあります。ですから、たとえ部屋の片隅でも、少し離れていたとしても、その子が集団の活動を見たり聞いたりして感じ取ることのできる場にいたのならばそれだけで意味がある、場にいること自体がまず集団活動への参加であり重要な経験である、と言えるのです。

(3) 関わりの中で
　関わりたいという欲求を育む

　発達障がい児のコミュニケーション支援においては、障害そのものを「固定的」に捉えた研究実践が多く、学習や生活のスキルをドリル学習で教えることや、社会適応に向けて「特異」と見なされる行動だけを直接的に取り除くための対症療法的なアプローチに力点が置かれてきました。しかし、発達障がい児の対人関係やコミュニケーション上の問題は、それ自体が障害に固有で不変的なものではなく、加齢や発達過程の中で変容していくこと、認知発達レベルや対人関係と関連してその質を変えていくことが追求されるようになってきました。

　また、対症療法的な「訓練技法」の偏重は、社会性を「個人のスキル」のみに限定し、個人と環境の相互作用を重視してこなかったことに原因があるという指摘もあります。社会的な状況から切り離した状態で、社会性を形成しようとすることは、水の外で泳ぎ方を教えるのと同じようなものです。コミュニケーションスキルを教えることだけに重点を置くと、スキルの獲得が最終的な目標になり、社会的な関係を築くことの重要性が薄れてしまうのではないかと懸念されています。

　ムーブメント教育では、コミュニケーションスキルだけを取り出して直接的に指導するのではなく、安心して参加できる活動で、相互的で相補的な他者関係の体験の積み重ねを通して、結果的に他者とのやりとりの方法を理解したり、問題行動とされる行為パターンの修正を行ったりします。発達障がい児が孤独感や疎外感を感じることなく、自ら発信したコミュニケーション行為が他者に受容される経験を積み重ね、他者と関わることは楽しいことなんだ、必要なことなんだという実感を深めていくことが、結果として社会的スキルを身につけさせるだけでなく、他者と関わることに対する「自信」を芽生えさせ、社会適応力を高めていくことに通じるのです。

5 「遊び性」の本質に視点を置く

(1) 遊びを活用した発達支援

　発達障がい児の支援に限らず、遊びを教育に活用しようと考えるとき、教育目標を達成するためにどう役立つのかという視点から取り組まれることがもっぱらでした。例えば、外遊びで体力が高まる、集団遊びで対人スキルが向上する、伝承遊びで器用さが得られるという具合です。しかし、このような見方は大人の価値観に基づくものであり、子ども自身は遊びたいから遊ぶのであって、その結果として体力が高まったり社会性が育ったりするのです。遊びのもたらす結果と目的の関係を取り違え、拙速に成果を求める態度は慎む必要があります。

　ムーブメント教育は遊びを原点とする発達支援法です。遊びは子どもに快をもたらす活動であり、あらゆる側面の発達を刺激し人間全体の発達を支えるのだという考えが根底にあります。しかし、その究極の目的は子どもたちの「幸せ」にありますので、遊びから受ける発達的利益

を視野に入れつつも、本人が喜びや楽しみを感じ主体的に参加することに意義を見出すのです。ですから、「～させる」のではなく、「～したい」を引き出すアプローチが基本で、子どもが「楽しい」と感じ、活動に没頭することを重視して、発達を支援します。

また、障がい児の支援においては、いわゆる普通の環境条件で「遊び」が生まれるまで待つというのではなく、その子どもにとって遊びが生じやすい環境を求めて最良の条件を整えていくことを考えます。「やりたい」と思ったときに、いつでも参加できるような柔軟な環境を整え、適切な働きかけをするのです。つまり、一方的に遊びを指導して「させる」のではなく、子どもの遊びが発展していくゆとりのある環境を提示して、関わりをアレンジし続けることこそが支援者の役割なのです。

(2) ストレングスを活かす

その子が何を面白いと思うのか、その子にとって何が遊びになり得るのかを見極めるためには、子どもの発達段階の様相を踏まえながら、その子の得意（強さ）―不得意（弱さ）、好き―嫌いといった「特性や好み」を理解することが欠かせません。

ムーブメント教育では、一人ひとりの得意なこと・好きなこと（ストレングス）をどんどん伸ばし、それらを活かして活動を発展させることで全体的な力が向上し、結果的に苦手で弱い面、未発達な部分の支援にもつながると考えています。子どもは自分が得意なこと、好きなことを活かした遊びならば、自発的に楽しく取り組めます。遊びに全力で没頭し、集中力も持続します。子どもが自ら進んで楽しむ活動では、関わる大人の喜びも増し、好循環が生まれます。逆に、子どもの短所を浮き上がらせ弱点を克服する訓練的な活動では、子どもから笑顔が消えてしまいます。涙する子どもを見て大人も心を鬼にする……そのような辛い訓練は続かないのです。

ストレングスを活かした事例として、例えば、6歳以後にことばを獲得した自閉症児（藤井・小林, 2005）や成人後に坐位や歩行が可能になった重度重複障がい者の取り組みがあります（大崎・新井, 2008）。発達には、ある時期を過ぎるとある行動の学習が成立しなくなるという限界の時期（発達の臨界期）の存在が指摘されていますが、これらの事例は「楽しい遊びの動的環境」がゆっくりと神経を促通させ続け、感覚運動の統合をもたらしたと考えられ、臨界期説の問い直しを迫るものです。

また、小・中・高と一貫してムーブメント教育を取り入れている特別支援学校を対象に行った、知的障がい児の粗大運動発達に関する縦断的な調査によれば、健常児の運動発達における臨界期の年齢を超えて、十代後半までゆっくり伸び続ける姿が確認されました。つまり、障がい児が思春期や青年期まで楽しく継続的に取り組める身体運動活動の必要性が示唆されています（是枝ら, 2007）。さらに、家族参加の余暇活動に幼少期から20年以上継続して参加することで、いまでは中心メンバーの一人として活躍している者もおり、障がい者の成人後の健康維持と自己実現、家族力・地域力の向上に成果をあげています（第10章実践報告13参照）。

発達には個人差があり、特にゆっくりと発達を支援するためには、活動の継続が重要です。発達障がい児支援においては、生涯を通じた一貫性のある支援が求められていますが、実際には母子保健、子育て支援、障がい者福祉、医療・療育機関、学校、NPO等の地域活動団体と、

それぞれのライフステージに関わる機関や団体が独自に施策を講じているため断片的な支援にならざるを得ないという問題があります。発達障がい児が生涯を通じて主体的に継続でき、本人はもちろん、家族やスタッフなど全ての人たちにとって楽しく、様々な機関の条件に合わせて無理なく続けられる支援法として、ムーブメント教育が役立つと筆者らは考えます。

(3) ともに遊びの場をつくる

　遊びの場には、子どもだけでなくその場を構成する者同士の関係によって生まれる「遊び心」に焦点を当てた展開が大切です。支援者には、発達障がい児に遊びを指導しようという態度ではなく、ともに遊ぶ仲間という立場に立って、常に遊びの発展の方向を探る姿勢が求められています。どのような活動であれ、充実したムーブメントの場が実現しているときには、「教育する側―される側」「支援する側―される側」「サービスを提供する側―受ける側」といった従属関係が見えなくなっているという共通点が挙げられます。支援者→子ども・保護者といった一方向の図式ではなく、様々な立場の人たちがそれぞれ主体性をもって活動に参加し、互いに育てたり育てられたりする「育ち合う」関係が成立しているのです。

　子どもは、一個の主体として受け止められてこそ、主体的に育っていきます。保護者に対しても同様で、支援者が「親を指導する」「教えてやる」という傲慢な態度、また、「してあげる」「救ってあげる」といった過度に恩恵的な態度では、信頼関係を築いて協力し合うことはできません。一方的な支援は、保護者の主体性をつぶして単なるサービスの受け手に貶め、依存的な関係を固定させてしまう恐れがあります。

　ムーブメント教育による遊びの場では、親子での参加、家族での参加を基本としています。そこでは、子どもも親も兄弟姉妹もリーダーもスタッフも、それぞれ立場は違っても遊びの場をともに構成している存在であることに気づかされます。一個の「主体」として生きていることを相互に受け止め合い、その多様なありようを認め合うことで、安心して場に居ることができます。「みんなで楽しい遊びの場をつくろう！」という共通の願いのもと、「笑顔が笑顔を呼ぶ好循環」が生まれます（小林・大橋, 2010）。

　遊び場とは、本来、子どもたちが勝手に遊びたいと思った場所であり、そこは大人の介入がない世界であり、子どもたちが主人公になって自由に遊びが発展する場です。しかし、遊びの場が消えたと指摘されて久しい現代社会においては、遊びの活動によって子どもの育ちを支援する仕組みや子どもが能動的に参加する遊び環境を人為的に提供する必要があります。ムーブメント教育による活動は、遊びの場をともにつくる体験であるともいえるでしょう。

（小林芳文、大橋さつき）

◆引用参考文献

綾屋紗月・熊谷晋一郎 著（2008）『発達障害当事者研究―ゆっくりていねいにつながりたい―』、医学書院.

Frostig, M. (1976) Education for Dignity. Grune & Stratton, Inc／伊藤隆二・茂木茂八・稲浪正充 訳（1981）『人間尊重の教育―科学的理解と新しい指針―』、日本文化科学社.

藤井由布子・小林芳文他（2005）ムーブメント教育理念を用いた自閉症児の家族支援―2歳児から6年間の縦断的な関わりによるコミュニケーション能力の変化、児童研究、84、3-14.

Gibson, J. J. (1979) The ecological approach to visual perception, Boston: Houghton Mifflin／古崎敬他

訳（1985）『生態学的視覚論―ヒトの知覚世界を探る』、サイエンス社.

イアコボーニ 著、塩原通緒 訳（2009）『ミラーニューロンの発見：「物まね細胞」が明かす驚きの脳科学』、早川書房.

小林芳文・大橋さつき 著（2010）『遊びの場づくりに役立つムーブメント教育・療法―笑顔が笑顔をよぶ子ども・子育て支援』、明治図書出版.

是枝喜代治・大橋さつき・小林芳文（2007）知的障害児の粗大運動発達に関する縦断的研究―災害時の避難移動に関連する運動能力と空間認知能力に視点を当てて―、児童研究、86、33-42.

鯨岡峻（2002）〈共に生きる場〉の発達臨床、鯨岡峻 編著『〈共に生きる場〉の発達臨床』、ミネルヴァ書房、1-28.

大崎恵子・新井良保（2008）家庭支援に生かしたムーブメント法の活用事例―17年間に渡るMEPA-Ⅱの記録を通して、児童研究、87、21-29.

リゾラッティ・シニガリア 著、茂木健一郎 監修（2007）『ミラーニューロン』、紀伊國屋書店.

佐々木正人（1994）『アフォーダンス：新しい認知の理論』、岩波科学ライブラリー.

東條吉邦他 編（2004）『ADHD・高機能自閉症の子どもたちへの適切な対応―成人当事者たちからの提言集』、独立行政法人国立特殊教育総合研究所.

ヴィゴツキー他 著、神谷栄司 訳（1989）『ごっこ遊びの世界―虚構場面の創造と乳幼児の発達』法政出版、2-34.

ヴィゴツキー 著、土井捷三・神谷栄司 訳（2003）『「発達の最近接領域」の理論―教授・学習過程における子どもの発達』、三学出版.

第2部 方法・実践編

第4章　アセスメントを活用する

第5章　発達を支えるムーブメント遊具の活用

第6章　発達障がい児のエンパワメントを支える

第7章　音楽ムーブメントを活用する

第8章　ダンスムーブメントを活用する

第9章　水中ムーブメントを活用する

第2部　方法・実践編

第4章 アセスメントを活用する

　アセスメントとは、一人ひとりの障がい児に合った支援のあり方を明らかにするために、子どもについての情報を集めて実態を把握したり、必要な支援を考えたり、支援の成果を振り返ったりすることです。本章では、個性や発達に寄り添うプログラムづくりに活用されている様々なアセスメントを取り上げ、その理論的背景と具体的な活用法を解説します。

1 なぜアセスメントが必要なのか

(1) 障がい児を抱える家族の支援を

　現在、日本の特別支援計画で実施されている「個別の教育支援計画」は、3歳から21歳までを対象とした米国の個別教育計画（IEP）を参考に考えられています。その米国では、さらに3歳未満の乳幼児とその家族を対象とした支援の指針が個別家族支援計画（IFSP）にまとめられています。

　以前から筆者らは、アメリカのIFSPの取り組みに関心を寄せてきました。これは障がい児を抱える家族が、子どもを施設や療育センターなどの専門機関で支えてもらうだけでなく、あるいはそこに任せておくだけでもなく、自分たちの環境で支援するという「家族力」を支援の枠組みに導引するものです。このような家族を中心とした支援が1990年の個別障がい児教育法（IDEA）によって、アメリカでは公法上規定されています。

　これは障がい児や家族のQOLにとって大変意義深いものです。家族ができることは、日頃の遊びを中心とした支援であり、従来から行われていた施設や訓練センターの支援とは違って、その子にとっても家族にとっても楽しく自然な活動になります。家族の持つ優しさと、柔軟で楽しい多くの感覚刺激や身体運動に接することで、全体的な発達を一層支援することができます。日本では、就学前の個別支援が整備されていませんが、特別支援教育への転換によって乳

幼児期からの支援の必要性が認識されるようになり、幼稚園や保育所などでも早期療育の取り組みが各地で始まりました。特に乳幼児に関しては、生活する地域で家族単位の支援を受けることが重要であり、そのための制度や方法の整備が望まれています。筆者（小林）は、家族支援に向けたプログラムとして、以下に示すムーブメント教育プログラムアセスメント（MEPA）とそのプログラムを作成したところ、幸いにも多くの保護者に活用していただいています。

(2) アセスメントの考え方

子ども一人ひとりに適合した支援のプログラムを用意するためには、子どもの発達段階を感覚、知覚、運動技能、認知、言語など多面的に把握する精緻なアセスメントが求められます（Frostig & Horne, 1964 ; Frostig, 1969）。しかし、それが障がい児に対する「ラベル付け」や「カテゴリー化」になってしまっては意味がありません。包括的に全体を見るということは、「曖昧」に捉えるということではなく、「個人の尊重」のために子ども一人ひとりを「個別化」し、その上で全体を把握すると考えます。

障がい児支援において乳幼児期は、家族が積極的に子どもの個性を受け止め、愛着形成と相互作用を行う上できわめて重要な時期です。そのためにも、アセスメントの段階から支援プログラムの作成に至るまでの過程において、家族が参加できるようにする必要があります。アセスメントを活用したムーブメント教育の実践事例から、対象児の発達支援に向けて家族が楽しく参加できるプログラムが実施されることにより、「家族力」を最大限に活かした支援が可能になることも報告されています（藤井・小林, 2005）。

(3) ムーブメント教育のアセスメントはどのように有効なのか

1) 支援プログラムと「一体型」のシステムである

ムーブメント教育で用いるアセスメントは、診断に基づく具体的な活動案と支援プログラムを作成し、その子に適した支援の流れをつくるところまでを射程に収めています。それは、「アセスメント→目標の設定→支援プログラムの考案→実践→アセスメント……」というPDCAサイクルで展開されます。つまり、アセスメントの項目内容は、子どもの育ちの状態を把握するための「評定」であるとともに、今日から取り組む支援の「活動案」でもあり、プログラムの適性を振り返り、改善の方向を知る「手がかり」でもあるのです。

2) 発達の「広がり」と「流れ」を把握して、ストレングスを活かす

子どもの発達の様相を詳しく知るためには、身体運動面、認知面、情緒面などの発達の全体的な「広がり」を捉える必要があります。また、発達には一定の決まった順序や方向性があるという事実をより詳しく知ることで、発達の「流れ」（連続性）を踏まえた支援が可能になります。ムーブメント教育におけるアセスメントは、このように発達様相の多面的な把握と、発達の連続性に沿った活動的な環境の提示によって、子どものストレングス（得意なこと、好きなこと）を活かした支援を視野に入れます。それは、子どもの実生活や特性を無視して、発達段階の標準的な基準から想定されるゴールをめざしてマイナスを埋めようとするアプローチではありません。

3）生活の中に見える育ちの芽生えを大切にする

　アセスメントの各項目は、学校や保育園で簡単に実施できたり、日常生活や家庭の遊びを通して自然に確認できたりする内容を目指して開発されています。アセスメントの検査を専門家だけに限定せず、最も近くで子どもの育ちに関わっている人々にこそ活用してもらいたいと考えているからです。環境の変化から様々な影響を受けやすい発達障がい児にとって、慣れない場所で初対面の人を前にした検査で本来の力を発揮できない様子は容易に想像できます。発達の様相をきめ細かに理解し、主体性や積極性として現れるストレングスを把握するためにも、アセスメントは子どもが安心してのびのび活動できる環境の中で実施される必要があります。そして、その結果を最も知るべきなのは、子どもの支援に直接活かすことができる保護者や教師、保育士などの支援者なのです。

　例えばMEPA-Rでは、子どもがもう少しでできそうなもの、やりたがっているができないもの、一人ではできないが誰かと一緒だとできるもの、親の前ではやるが他人の前ではやらないものなど、子どもの発達の「芽生え」を発見しようとします。この発達の「芽生え」を見出す作業には、きめ細かな観察と信頼関係の構築が必要であり、多くの時間をともにしている家族や継続して親密に関わる支援者だからこそできると考えているのです。これは、評定者によって結果が変わる可能性を含んでいることから、アセスメントとしての「客観性」についての疑義を指摘されることもあります。しかし、誰のために、何のためにアセスメントを行うのでしょうか。具体的な支援に活かす情報を得るためにアセスメントはあるのです。また、支援者や保護者がともに理解できる項目があることで、支援の現場と家庭の間での共通理解や協力体制が促進され、連携が深まっていくのです。

2　アセスメント①── MEPA-R

(1) MEPA-R の概要

　MEPA-R（Movement Education Program Assessment - Revised）の前身のMEPA（通称メパ）は、子どもの運動スキルや身体意識、心理的諸機能、また情緒・社会性がどこまで発達しているかを把握し、ムーブメント教育の手がかりを得るためのアセスメントとして、1985年に筆者（小林）によって開発されたものです。2005年には、改良版のMEPA-Rが開発されました。また、アセスメントのプログラムガイドとして、「ステップガイド」（小林ら，2006）もあります。なお、18ヶ月までの重症心身障がい児、重度重複障がい児を対象としたMEPA-ⅡRも開発されています（小林ら，2014）。

(2) MEPA-R の構成と内容

　MEPA-Rは、3分野（運動・感覚、言語、社会性・情緒）、6領域（姿勢、移動、技巧、受容言語、表出言語、社会性・情緒）で構成されており、分野・領域ごとの発達のステージを捉えようとします。

表4-1 MEPA-Rの構成要素（分野・領域・内容）

分野	領域	内容
運動・感覚	姿勢	非移動、主に静的な活動
	移動	物を媒介としない主に動的な活動
	技巧	物を媒介とする操作性
言語	受容言語	語彙、関係用語、比較用語、指示の理解等
	表出言語	語彙、関係用語、比較用語の表出等
社会性（情緒を含む）		主に対人的な反応や対人関係

(3) 運動発達の段階と MEPA-R のステージ

1) 運動の「発達の節」

　人間の発達には、それぞれの時期に区切りがあり、これを「発達の節」と呼んでいます。MEPA-Rによる運動の発達の節は、身体の優位性機能の発達水準と結びついており、中枢神経系の統合状態を表しています。

　運動発達は、まず反射機能によってその土台がつくられます。そして、身体運動の刺激で感覚の統合が進み、次の区切りの両側性運動段階に入ります。これによって目的的な運動機能が少しずつできるようになるものの、まだ粗大な運動にとどまっています。優位性運動の段階に入ると、上下肢運動や左右側運動が分化し、物を投げるなどの操作運動が可能になります。そして、ランニングやボール投げのように、上肢と下肢を巧みに交叉させた交叉性運動の段階に進みます。運動の協応性は一段と高まり、両手を使った運動や平均台歩きなど、バランス運動が拡大します。これまでの発達の節を乗り越えてきた結果として、運動機能の発達の高い段階に至ります。それは、運動、知覚、認知が複雑に連合して生まれる運動であり、例えば自転車乗りのような目と手と足が複雑に関わる複合性運動ができるようになることは、学校での体育に躊躇なく参加できることにつながります。

2) MEPA-R に取り入れられた発達の節

　MEPA-Rは、月齢で0〜72ヶ月までの範囲で項目を系統化し、表4-2のような7つのステージの各段階でアセスメントを行うようになっており、日常の行動で把握できる項目をチェックすることで、対象児がどの段階に位置するのかを知ることができます。

　MEPA-Rでの運動発達の第1ステージは、「原始反射」が支配する運動です。これは、首の据わり（定頸）と寝返りの状態で見極められます。第2ステージは、「歩行の準備」の機能であり、これは子どもの座位姿勢と四つ這い位、そして腹這い移動、起き上がりなどの平衡反応、水平・垂直移動が可能かどうかがポイントになります。第3ステージは、「歩行」の機能が確立しているかどうかで、これは立位での立ち直りと身体支持機構で見極められます。第4ステージは、「粗大な運動」の機能が発揮されているかどうかで、歩く、走る、越える、跳ぶなどの簡単な運動で見極められ、両側運動機能の段階です。第5ステージは、「調整運動」が発揮できる段階であり、それは粗大運動から微細運動の発達に入っていることを示す段階です。爪先で立てるか、片足立ちバランスの運動ができるかなどが見極めのポイントになります。第6ス

表4-2　MEPA-Rの運動発達ステージと発達課題

ステージ	月齢	発達課題
第1ステージ （反射支配ステージ）	0～6ヶ月	反射性成熟と抑制、首の据わり、定頸の促進、寝返りの促進
第2ステージ （前歩行ステージ）	7～12ヶ月	立ち直り反射、平衡反応の誘発と促進（座位・四つ這い位） 水平移動促進（腹這い・手這い） 垂直運動促進（起き上がり・つかまり立ち）
第3ステージ （歩行確立ステージ）	13～18ヶ月	立位での平衡反応の促進、一人立ちの促進、一人歩きの促進 ローガード歩行の促進、抗重力運動の促進
第4ステージ （粗大運動確立ステージ）	19～36ヶ月	多様な姿勢・動作変化の促進 初歩的な統合運動の促進、片側性運動の促進
第5ステージ （調整運動ステージ）	37～48ヶ月	調整力の促進、手操作運動の促進 足指運動の促進、優位性運動の促進
第6ステージ （知覚運動ステージ）	49～60ヶ月	微細運動（指対立運動）の促進、連合運動の促進 創造的運動の促進、課題意識運動の促進
第7ステージ （複合応用運動ステージ）	61～72ヶ月	複雑な創造的運動の促進、複雑な連合運動の促進 複雑な両側性運動の促進

テージでは「知覚運動」が可能となり、感覚と運動が連合できるかどうかでその発達を見極めます。この段階の子どもは様々な遊具で遊んだり、簡単な音楽のリズムに合わせて動いたりすることができます。第7ステージは、「複合応用運動」の機能が発揮できる段階で、これは創造的運動や細かな運動、高度なバランス運動などができるかどうかが見極めのポイントとなります。

(4) 評定の方法

　図4-1の評定表をご覧ください。まず、対象児の暦年齢に相当すると思われるステージから始め、そのステージの全項目を評定します。暦年齢とは、生まれた日を起点として、こよみの上で数えた年齢のことです。各項目についての評定の基準は、反応や行動が明らかに観察できた場合は（+）、反応や行動が見られない場合は（-）とします。また、芽生え反応として、その反応や行動がもう少しでできそうな場合や時々できる場合は（±）とします。（+）が多ければ上のステージに進み、（-）が多ければ下のステージに進みます。多くの場合、重点的に評定するステージと、その上下のステージの計3ステージを評定すればよいでしょう。（+）、（±）、（-）のマークを評定欄に記入する以外に、特記すべき事項は各ステージ下の特記事項の欄に記入しておきます。

　評定が終わったら、図4-2のプロフィール表に評定の結果を転記します。できた項目の欄は塗りつぶし、できなかった項目は空欄、芽生え反応の項目は、◢に塗ります。結果はプロフィール表で表すことができ、2回分の評定を比較して記入することができるようになっているので、支援前後の対象児の変化を確認することができます。

第4章 アセスメントを活用する

MEPA-R 評定表

第1ステージ　0〜6ヵ月発達レベル

分野・領域		内　　容	評定(1)	評定(2)
運動	姿勢（主として静的な）	P-1. 1. 膝ばいから頭を上げる。（首のすわり…1） 2. あおむきから両肩を引きおこしたとき頭が上がる。（首のすわり…2） 3. 肩を支えてやると体幹が膝の近くまで伸びる。(上座位…1) 4. 長座位をとらせると手を前につき、ひとりで座っている。(長座位…2)		
	移動（主として動的な）	Lo-1. 1. リズムよく体を動かす。 2. 手・足をバタバタ動かす。 3. あおむきから横にねかえる。(ねがえり…1) 4. あおむきから腹ばいにねかえる。(ねがえり…2)		
感覚	技巧	M-1. 1. 手をぎゅっとにぎり、開いたりできる。 2. 手を出す、さぐる。 3. 向手を近づけてふれあわせつかんだりする。 4. おもちゃ（ガラガラなど）をつかみ口に持っていく。		
特記事項				
言語	受容言語	L-1. 1. 音によって反応が見られる。（聴覚による反応） 2. 音を音や光の方にむける。 3. 動くものを目で追う。（注視反応） 4. 注意を向けてじっと見る。（注視反応）		
	表出言語	Le-1. 1. きげんのよい時は、アーウーエー（喉音）の声を出す。 2. 自ら声を出して笑う。 3. 人に対してブーブー、ヴーヴー等の声かけをする。 4. パ・カ・ガ・マ等の唇子音を出す。		
特記事項				
社会性	対人関係	S-1. 1. あやすとほほえむ。 2. 顔をじっと見る。 3. 動く人を目で追う。 4. 鏡の中の自分の像を見て反応する。		
特記事項				

図4-1　MEPA-R 評定表

MEPA-R プロフィール表

Profile for Movement Education and Therapy Program Assessment-Revised

No.

ステージ	月齢 \ 分野	姿勢	移動	技巧	受容	表出	対人関係
		(1)(2)	(1)(2)	(1)(2)	(1)(2)	(1)(2)	(1)(2)
1	0-6	1–5	1–5	1–5	1–5	1–5	1–5
2	7-12	6–10	6–10	6–10	6–10	6–10	6–10
3	13-18	11–15	11–15	11–15	11–15	11–15	11–15
4	19-36	16–20	16–20	16–20	16–20	16–20	16–20
5	37-48	21–25	21–25	21–25	21–25	21–25	21–25
6	49-60	26–30	26–30	26–30	26–30	26–30	26–30
7	61-72						

各項目(+)：■　(±)の場合：■　(−)の場合：□

氏名			男・女	生年月日	年　月　日生
第1回評定	(1)	年　月　日	年齢		歳　ヵ月
第2回評定	(2)	年　月　日	年齢		歳　ヵ月

図4-2　MEPA-R プロフィール表

※MEPA-Rの評定表およびプロフィール表は日本文化科学社の許可を得て転載します。MEPA-Rのプロフィール表および評定表の活用にあたっては、『MEPA-Rムーブメント教育・療法プログラムアセスメント』（日本文化科学社発行）に基づいて適切に進めてください。

(5) プロフィール表からみる支援の方向性

　MEPA-Rのプロフィール表から支援の方向性を考えるとき、以下のA～Eの5つのパターンを軸に、プログラムの流れをつくることができます。このようなパターン分類の意義は、子どもの「ストレングス」（得意なこと、好きなこと）を伸ばし、ストレングスを活かしながら弱い面や未発達な部分を援助するための視点を得ることにあります。

■ Aパターン：全体的に第3ステージ＝18ヶ月程度の発達に位置する（図4-3）

　主に重度重複障害児が示すパターンです。このパターンの子どもは、運動・感覚分野では「もう少しで、一人歩きができる」、言語分野では「簡単な指示言語が理解できる」や「意味のあることばが数個話せる」、社会性分野では「友だちと手をつなぐことができる」という状態にあります。基礎的な感覚運動と身体意識を助長するようなプログラムを取り入れることが推奨されます。

■ Bパターン：ほぼ第4ステージ＝38ヶ月程度の発達に位置する（図4-4）

　主に中度発達遅滞児が示すパターンです。このパターンの子どもは、運動・感覚分野では、「開眼片足立ちが一瞬できる」や「両足でぴょんぴょん跳ぶ」「6個の積み木を積み上げる」、言語

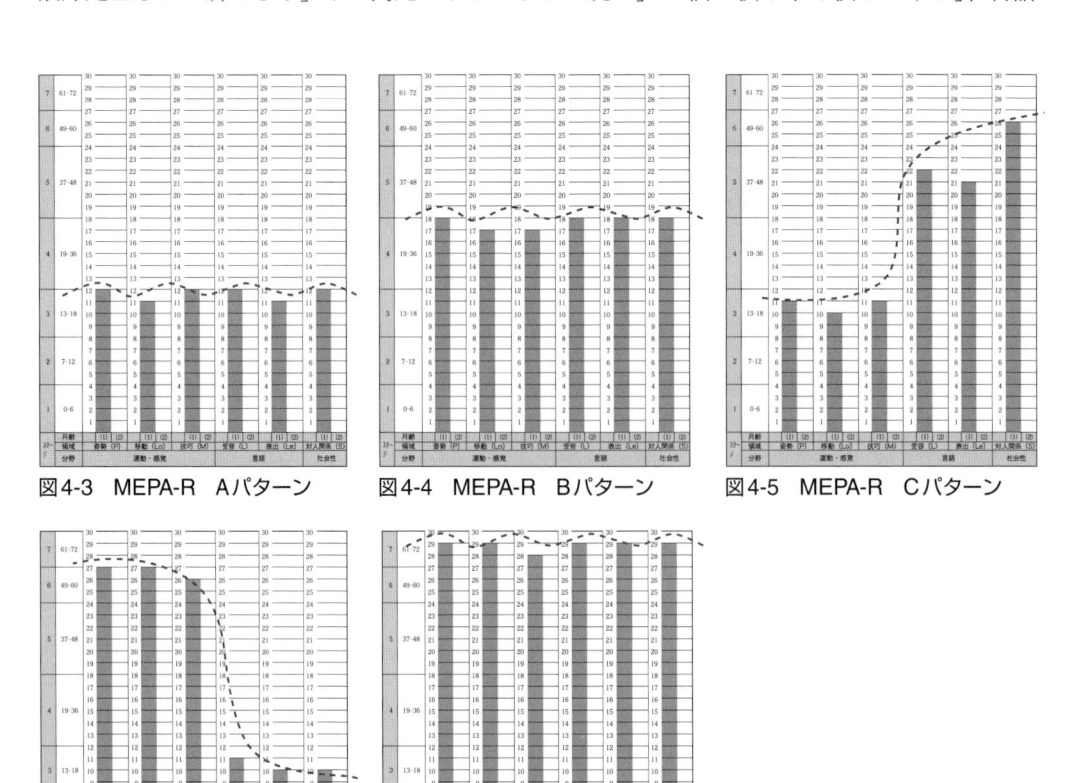

図4-3　MEPA-R　Aパターン

図4-4　MEPA-R　Bパターン

図4-5　MEPA-R　Cパターン

図4-6　MEPA-R　Dパターン

図4-7　MEPA-R　Eパターン

分野では、「大きい、小さいがわかる」「簡単な3語文を話すことができる」、社会性分野では「ままごとの役割を演じることができる」という状態にあります。視覚、聴覚、触覚を刺激する知覚運動とバランス運動など身体図式の発達に関わるものを中心としたプログラムが適しています。

■ Cパターン：運動・感覚分野の発達が低い＝18ヶ月以下だか、言語・社会性分野の発達は高い＝第5ステージに位置する（図4-5）

　主に肢体不自由児にこのパターンが多く、個々の運動活動というよりは、グループでの活動を設定するとよいでしょう。集団とのかかわりの中で、認知的・社会的・情緒的な面での参加をより促すことにより、結果的には運動への意欲も駆り立てることができます。

■ Dパターン：運動・感覚分野の発達は高い＝第5・第6ステージに位置するが、言語・社会性分野が特に低い（図4-6）

　Cパターンとは対照的な発達で、主に自閉症児がこのパターンを示します。言語や社会性の発達の低さを無理に克服しようとせずに、まずは、優れている感覚運動分野を中心に活動内容を考えるのが効果的です。つまり、楽しい動的な環境の中で、少しずつ集団意識や社会性を促すスキルを拡大していき、認知や言語の発達を支えていく方向性が大切です。

■ Eパターン：全体的に第7ステージに位置する（図4-7）

　軽度発達遅滞児にこのパターンを示す場合が多く、創造的運動を中心に多様な運動プログラムを提供するとよいでしょう。遊具や音楽など様々な環境の力を活用して、変化のある繰り返しの中で発展性のあるプログラムを準備する必要があります。可能な限り、課題を子どもたち自身に解決させながら、高次な認知機能や表現能力の発達を支えることが大切です。

(6) 家族支援におけるMEPA-Rの活用
——自閉症児を対象とした縦断的な研究から

　ここでは、MEPA-Rの具体的な活用例として、継続的に活動に取り組んだ自閉症児とその家族の変化を追跡した報告を紹介します（藤井・小林，2005）。なお、この研究は、MEPA-Rを開発する前のものであり、改良前のMEPAを用いたことをお断りしておきます。

　対象児は、3歳以降、中度精神遅滞を伴う自閉症と診断された女児で、月に一度のムーブメント教育による集団プログラムには、父母と2歳上の兄と家族4人で参加していました。4歳8ヶ月から7歳8ヶ月まで、母親自身がMEPAを用いたアセスメントを継続的に行い（図4-8）、発達の変化の様相を家族と支援者で共有してきました。4歳時では、運動・感覚面に比べて言語面が低い典型的な自閉症児の特徴（Dパターン）を示しており、受容言語は「動くものを目で追う」、表出言語は「自ら声を出して笑う」「おしっこをしたくなると、どうにか教える」のみが通過している状態でした。

　その後、家族でムーブメント活動に継続的に取り組み、7歳時のアセスメントでは全ての分野で著しく発達の伸びが見られ、特に言語分野では第1ステージから第6ステージへと飛躍的な発達がありました。受容言語では「目・耳・鼻・口のない絵の部分がわかる」、表出言語では「ひらがなで書かれた自分の名前が読める」という項目を通過しています。社会性でも第4ステージまでの伸びが見られ、例えば「ボール遊びの順番を待つことができる」の項目が埋ま

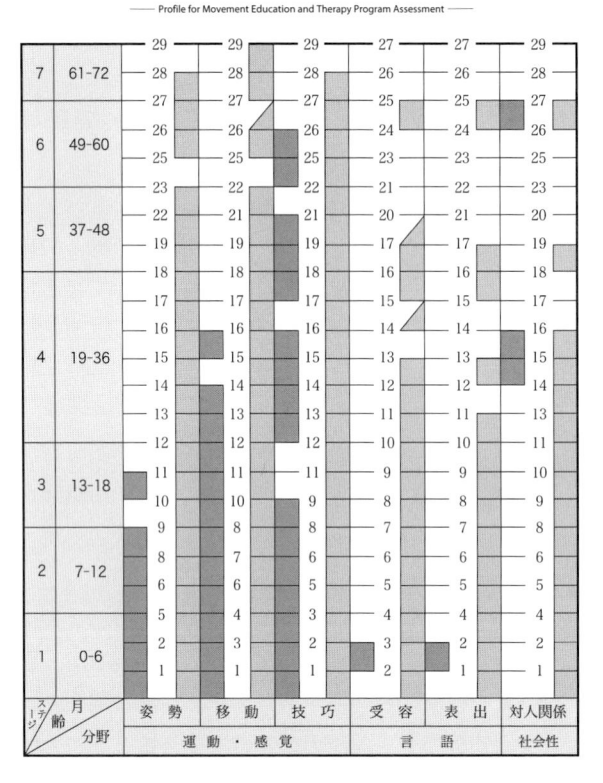

図4-8　MEPAプロフィール表でみたコミュニケーションの発達に顕著な伸びを示した自閉症児（藤井・小林，2005）

　り、ムーブメントの集団プログラムの中でも順番を待って活動に参加する様子が観察されました。

　両親への聞き取りからは、「月に一度でもムーブメント教室に参加して父親が子どもの面倒を見れば、母親に自由な時間ができるのではないか」という気持ちで初めは参加したこと、また、通い始めて最初の半年間、対象児は集団の活動に全く参加せず、トランポリンや遊具で一人遊びを続けたり、大きな声をあげて部屋の周りを走り回ったりすることが多く見られたので、通い続けることに関しても迷いがあったことなどが明らかになりました。

　しかし、先輩の親からのアドバイスやリーダーの話を聞いたり、笑顔で参加する他の家族の様子に触れたりするうちに、少しずつ「家族で楽しんでみよう」という気持ちが芽生えたそうです。そして、元来動くことが大好きで、毎回楽しそうに参加していた兄がムードメーカー的な存在になり、家族で一緒に活動に取り組む機会が増えていきます。7歳を迎える頃には、家庭では両親や兄と一緒に遊びたがるようになり、学校では周りを気にしたり、自分の役割をこ

なしたりする姿も見られるようになり、社会性の発達も確認されました。

　また、両親の話によれば、病院などで受ける診断では言語面での解釈に重きが置かれており、本当はもっとできるのに低く評価されているように感じてきたが、MEPAではコミュニケーション能力の発達について親が感じてきたことが確認でき、納得できるとのこと。実際、コミュニケーションというと言語による受け答えが想定されがちですが、ムーブメント教育では「動きのことば」（ムーブメントランゲージ）という見方を大切にしており、様々な動きの体験を通してことばを引き出すという方法を用います。

　この家族も遊びの中でムーブメントランゲージという考え方を知り、動くことが大好きな子どもにさらにたくさんの動きを体験させ、家族で関わりながらともに活動することを楽しく続けることができ、その結果、認知と社会性の面でも伸長を実感することができたと話しています。

　コミュニケーション能力を「ことばを話す」ということに限定して、そこを補強しようと考えてしまうと、この女児の場合は一番弱いところを突かれることになります。子どもの短所を浮かび上がらせ弱点を克服する訓練的な活動では、子どもから笑顔は消え、むしろ嫌がり涙し、そうしたわが子の姿を見て大人も辛くなってしまいます。ムーブメント教育では、そのような訓練ではなく、一人ひとりの子どものストレングスをどんどん伸ばし、それらを活かして活動を発展させることにより、全体的な力が向上し、結果的に苦手だったことや弱い面、未発達な部分の支援にもつながるのです。

　この事例にあるように、MEPA-Rの意義は、親がそれまで見落としていた子どもの変化や発達の伸びに細かく気づき、客観的に把握することでより成長を実感することができる点にあります。そして、家族で活動に継続的に参加することを促して子どものプラス面に目を向けること、家族で楽しめるようになること、その結果、家庭での取り組みも充実して、家族全体の力が向上し、好循環が生まれると考えられます。

3　アセスメント②——MSTB

(1) MSTBの概要

　MSTB（Movement Skills Test Battery）検査は、フロスティッグによって発案され、オーペット（Orpet, R. E.）によって開発されたもので、日本語版は1989年に筆者（小林）によって標準化されました（小林, 1989）。このMSTBは、健常な6〜12歳までの発達段階にある児童の運動能力（運動属性）を評価することができ、発達障がい児の子どもにも適用できるように作成されています。微細な運動能力を評価するA型検査と、粗大な運動能力を評価するB型検査に別れており、A型検査は4課題、B型検査は8課題で構成されています（表4-3）。年齢・性別ごとに各課題の粗点を評価点（Scaled Score）に換算することで相対的な評価が可能です。また、0点がない評価のため、運動スキルが低い児童にも適用できる検査となっています。

表4-3　MSTB検査項目（ねらいとする運動属性）とその方法および評価

A-1	ビーズの糸通し〈両側性の目と手の協応〉	用具：穴のあいたビーズ（1.3cm立方）18個、丸い靴ひも 方法：30秒間で糸に通したビーズの数を粗点とする。
A-2	握りこぶし・へり・ひら手〈連続した動きを伴う片側の手の協応〉	用具：特になし 方法：テーブルの上に片手を置く。合図で「握りこぶし」「へり」「ひら手」の連続動作を、片手につき20秒間行う。それぞれの手のサイクルの合計を粗点とする。
A-3	積み木うつし〈正中線交叉での目と手の協応〉	用具：2.5cm立方の木製積み木18個、木製積み木18個が入る配列板1枚 方法：テーブルの上に左側に木製積み木、75cm離れた右側に配列板を置き、30秒間で配列板に移し終えた積み木の数を粗点とする。
A-4	お手玉投げ〈正確さを伴う目と運動の協応〉	用具：お手玉（170g）15個、的（28cm四方） 方法：約3m離れた場所から、壁に掛かっている的に向かって、お手玉を投げる。的の真ん中に当たれば3点、さらに当たる個所で2点、1点、0点と点数をつける。
B-1	座位・前屈・リーチ〈柔軟性〉	用具：1m物差しつきシート 方法：坐った状態でどれだけ前屈できるか、踵のところに30cmの目盛りがくるように両足の間にシートを置く。前屈で手が踵より外に出れば30cmより多くなる。これを粗点とする。
B-2	立ち幅跳び〈足の筋力〉	用具：物差し 方法：立っていた場所からの距離を測る。これを粗点とする。
B-3	往復走〈スピードと体の位置の転換能力〉	用具：3個のお手玉 方法：6m離れた2つの円の一方のなかにお手玉を置き、何も置いていないもう一方の円に、3個のお手玉を移すのに要した時間を粗点とする。
B-4	身体の位置変換〈スピードと柔軟性〉	用具：マット、カーペット、ストップウォッチ 方法：立位からスタートの合図でうつ伏せになり、顔もマットにつける。20秒間に何サイクルできるか。それを粗点とする。
B-5	起き上がり〈腹筋力〉	用具：マット、カーペット、ストップウォッチ 方法：仰向けで床に寝て、膝を90度に曲げた状態から、30秒間で何回起き上がれるか。起き上がった回数を粗点とする。
B-6	歩行板〈動的バランスの維持能力〉	用具：腕木で支えた長さ3.6m（幅5×10cm）の角材 方法：課題Aでは、幅の広い方を歩行面、課題Bでは狭い方を歩行面にする。被験者は、踵—爪先—踵—爪先でその上を歩く。12歩で満点とし、2回行う。幅の広い方と狭い方での歩数の合計を粗点とする。
B-7a 7b	片足バランス〈バランス能力〉	用具：ストップウォッチ 方法：a.開眼状態で片足バランスをとる（30秒間）。b.閉眼状態で片足バランスをとる（20秒間）。倒れた時間を粗点とする。満点をaは30点、bは20点とする。
B-8	椅子での腕立て伏せ〈腕と肩の筋力〉	用具：高さ40cmくらいの椅子、ストップウォッチ 方法：20秒間に何回腕立て伏せが出来たか。その数を粗点とする。

A-1　ビーズの糸通し 　　A-2　握りこぶし・へり・ひら手 　　A-3　積み木うつし 　　A-4　お手玉投げ 　　B-1　座位・前屈・リーチ 　　B-2　立ち幅跳び

B-3　往復走 　　B-4　身体の位置変換 　　B-5　起き上がり 　　B-6　歩行板 　　B-7　片足バランス 　　B-8　椅子での腕立て伏せ

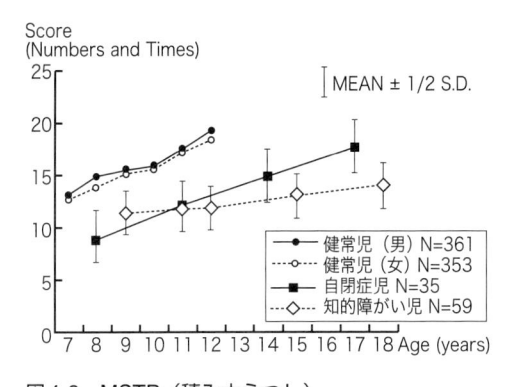

図4-9　MSTB（積み木うつし）
（是枝・小林，2001）

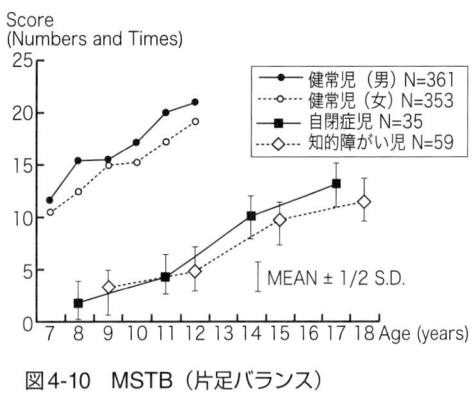

図4-10　MSTB（片足バランス）
（是枝・小林，2002a）

(2) MSTBを用いた自閉症児の身体運動発達の特性に関する調査から

　自閉症児の身体運動発達の特性について、MSTB検査の結果をもとに、知的障がい児と比較しながら縦断的に調査したことがあります。その結果、自閉症児は微細運動の中でも特にA型検査の「積み木うつし」のような物的操作を伴う課題や、両側の統合能力が関わる正中線交叉の課題で困難性が高いことが推察されました（是枝・小林，2001；2002a）。

　また、B型検査の全身性の粗大運動では、柔軟性を除いて、年齢の経過に伴う発達傾向が示され、エネルギー系の課題（体の位置変換、起き上がり、椅子での腕立て伏せ）では思春期以降に運動発達が促され、サイバネティックス系の課題（歩行板、片足バランス）では児童期から思春期前期にかけて運動発達が促される傾向にあることが明らかとなりました。そして、柔軟性の課題以外は、健常児ではプラトー域に達する思春期以降の段階でも、自閉症児群では経年的な発達の経過が示されました。

(3) MGLの活用──MSTB検査後の支援プログラムとして

　MSTBの結果から子どもの発達の様相や特性が明らかになった後、支援プログラムの作成にあたっては、『ムーブメント教育MGLプログラム』（Frostig，1969；小林訳，1984）を活用することができます。『小林─フロスティッグ・ムーブメントスキルテストバッテリー手引き』（小林，1989）では、MSTBの各検査項目に適応する支援プログラムが紹介されています。例えば、「A-2　握りこぶし・へり・ひら手」の結果が低く、敏捷性や協応性の発達が不十分であると判断された場合には「貝がら集め」（活動案1、写真4-1）が推奨されます。また、「B-6　歩行板」に現れる動的バランスの維持能力が低いと評価された場合には「きりん歩き」（活動案2、写真4-2）、「B-8　椅子での腕立て伏せ」で肩と腕の筋力の発達に遅れがあった場合には「サーカスのオットセイ」（活動案3、写真4-3）などの活動が推奨されています。

■活動案1──貝がら集め

　浜辺で貝を見つけて拾うイメージで動きます。1歩進むごとに膝を曲げて（中腰の姿勢で）前方へ進みます。前に出した足と反対の手で貝がらを拾うまねをして、安定したリズムに乗っ

写真4-1　貝がらを集めるように動く　　写真4-2　きりん歩き　　写真4-3　サーカスのオットセイになって動く

て、動作を繰り返して前に進みます。前に出した足と同じ側の手を使うやり方でも同じように行います。拍手やタンバリンの音に合わせてスキップで移動して合図でしゃがんだり、合図なしで自由に動いたりして展開します。

■活動案2──きりん歩き

　腕を頭上に伸ばし、両手を握り合わせて、キリンの頭と首の形をつくります。両腕を伸ばし、膝を固くしてつま先で歩き、きりんの動作をまねて歩きます。常に上を向いているようにことばがけをすると姿勢を保つことができます。

■活動案3──サーカスのオットセイ

　うつ伏せに寝て、肩の付近に手を置いて、腕を伸ばして上半身を持ち上げます。手だけ動かして、足はまっすぐそろえたままにして引きずりながら前進します。サーカスのオットセイになったつもりで、頭にビーンズバッグを載せて運んだり、魚を投げられたときのように上半身を空中に持ち上げたりして楽しみながら動きます。

4　アセスメント③──BCT

(1) BCTの概要

　BCT（Body Coordination Test）検査は、ドイツのキパードとシリング（Schilling）によって1974年に開発され、日本版は1989年に筆者（小林）らにより標準化されました。この検査は、日常の動作では観察されないような身体全体を使った「身体協応性」の発達を見ることに特徴があります。その第一の目的は、5〜12歳の児童の中から発達支援を必要としている子ども（clumsy children）を見出すことにあり、第二の目的は、身体協応性の支援後の変化を客観的に評価することです。

　この検査は、子どもの日常動作とは異なる運動状況が要求されることから、検査は後ろ歩き

表4-4　BCT検査の課題と評価方法

①Task-1	後ろ歩き（Balancing Backwards）
検査器具	歩行板（長さ300cm、高さ5cm、幅6cm・4.5cm・3cm） スタート用の台（25cm×25cm、厚さ1.5cmのプレートに高さ3.5cmの脚をつける）
検査方法	3種類の歩行板の上を後ろ向きに歩き、落ちるまでの歩数を数える。 1試行につき8歩を満点とし、6cm、4.5cm、3cm　それぞれ3試行ずつ計9試行行う。 満点、は8（歩）×3（試行）×3（種類）で72点となる。
②Task-2	横跳び（Jumping Sideways）
検査器具	横跳び用のプレート（60cm×100cm、厚さ0.8cmの板の中央に60cm×4cm×2cmの桟をつける） 横滑り防止用マット、ストップウォッチ
検査方法	横跳び用のプレートの中央の桟を左右へ越えるように両足を揃えて横跳びする。 2試行（1試行15秒）で跳んだ回数が得点となる。
③Task-3	横移動（Sitting Platforms on Sidewise）
検査器具	横移動台（25cm×25cm、厚さ1.5cmのプレートに高さ3.5cmの脚をつける） ストップウォッチ
検査方法	移動台を2台並べ左右どちらかに乗り、片方の台を両手で持って反対側に置き、それに乗り移る。20秒間に乗り移れた回数が得点（両足を乗せれば2点）となる。

Task-1　後ろ歩き 　　Task-2　横跳び 　　Task-3　横移動

（バランス因子）、横跳び（力動的エネルギー因子）、横移動（動作の連続性の因子）の3タスクで構成されています（表4-4）。

　BCT検査では、各課題の粗点を運動指数（MQ：Motor Quotient）値に換算し、MQ値の総和であるTotal-MQ値によって、身体協応性の発達レベルを5段階で評価します（表4-5）。

　BCTの利点としては、総合的な身体運動の神経機能を評価することができる、短時間（10～15分程度）で実施できる、テスト項目が少ない、スポーツテストとは異なる運動課題であるため練習効果を除外できる、などがあげられます。

表4-5　Total-MQ値での身体協応性の発達レベル

MQ値	発達レベル
0～70	協応性の障害の疑いあり
71～85	協応性の異常あり
86～115	標　準
116～130	優れている
131～	大変優れている

(2)小学校における調査と支援プログラムの実践

是枝・小林（1992）は、神奈川県川崎市の小学校1〜6年生の全校児童を対象に、BCTによる実態調査を行い、調査に基づいた教育プログラムの開発・実践を行いました。児童のうち、1年あまりにわたって追跡できたのは537人（男子280人、女子257人）です。

BCT検査の結果、特に支援を必要としている、MQ値70以下の「協応性の障害の疑いあり」の子どもが14人（2.6％）、MQ値71〜85の「協応性の異常あり」の子どもが68人（12.7％）見出されました。この2群の子どもたちに1年間、ほぼ毎回の体育授業でムーブメント教育プログラムを実践しました。その結果、MQ値70以下の重い不器用児には、学校で行う身体運動の範囲では変化は見られなかったものの、MQ値71〜85の子どもたちの68人中43人（63.2％）が標準あるいはそれ以上の段階へと移行し、統計的に有意な差でMQ値が伸びていることが示されました。つまり、軽い不器用児の場合は、学校の体育の活動を工夫することでぎこちなさを十分に克服することができ、発達の伸びが期待できることがわかったのです。

また、支援を必要する子どもたちは、低学年（6〜9歳）に比べて、高学年（10〜12歳）に多い傾向であることが示され、経年変化の結果から考え合わせ、神経系の最も発達する小学校低学年の段階からの発達支援が必要であることも示唆されました。

(3)幼児用BCTの開発と調査

就学前の不器用な動きの子どもを支援するために、幼児用に改良したBCTとMQの基準値も作成されています（飯村, 2003）。飯村は、幼児用BCTを使って、長年ムーブメント教育を保育に取り入れているA園（対照群）と、都市部のB園（統制群）の幼児の実態を調査しています（表4-6）。MQ値85以下の「協応性の異常あり」「協応性の障害の疑いあり」を合わせた割合は、A園で10.0％、B園では24.5％と統計的に有意な差が現れ、都市部の幼児に身体運動面での歪みが見られました。幼児期の発達を支える環境のあり方について考慮する必要性が確認されたのです。

A園の児童のうち、MQ値71〜85で「協応性の異常あり」と評価された4〜5歳児7名の追跡調査によれば、1年4ヶ月後の2度目のBCT検査の結果から、彼らの身体協応性の発達の伸びが確認されました。さらに、ムーブメント教育に基づいて、様々な遊具を取れ入れて粗大

表4-6 地方（A園）と都市部（B園）におけるクラムジー児の比較（BCT検査でスクリーニングのMQ値分布）

MQ値	70以下 協応性の障害の疑いあり	71〜85 協応性の異常あり	86〜115 標準	116〜130 優れている	131以上 大変優れている
対照群 （A園） （N=211人）	1人 (0.5％)	20 (9.5)	138 (65.4)	42 (19.9)	10 (4.7)
統制群 （B園） （N=261人）	6人 (2.3％)	58 (22.2)	182 (69.7)	15 (5.7)	0 (0)
CRによる検査	n.s	4.30**	2.46**	3.58**	3.16**

Total Numbers=472、＊P＜.05、＊＊P＜.01 　　　　　　　　　　　　　　　（飯村, 2003）

運動を中心とした多様な動的経験が可能な環境を保障することが、不器用さを呈する就学前児童の発達支援環境として有効であることが明らかになりました。

(4) CCSTとの相関性から

1991年、筆者らは横浜市でLD児支援プロジェクト「学習上特別な配慮を要する児童の実態調査」に着手しました。これは、文部省のLD協力者会議（1992）に先駆けて始まった世界に類のない大がかりな実態調査です（対象75,000人）。調査の結果を踏まえ、LD児の早期発見と発達支援のためのスクリーニングテストとして、CCST（Clumsy Children Screening Test）が開発されました（小林ら，1994；是枝ら，1997）。項目内容は、「文章の内容理解が困難」「形の似ている文字を読み違える」「繰り上げ、繰り下げのある計算を間違える」などの教科学習に関する10項目、「人物の絵を描くことが苦手である」「整列・行進からはずれやすい」「はさみの使い方がへたである」などの運動面に関する20項目、「注意がそれやすい」「ささいなことで喧嘩をする」「かんしゃくを起こしやすい」などの社会性や生活面に関する10項目で構成され、学年の平均を基に5段階の評価が行われます。

CCSTはLD児と健常児を識別する検査ですが、CCSTによってスクリーニングされた子どもの全てがLDやADHDに直結するわけではありません。しかし、通常学級の中でも困難を抱えている子どもの実態をある程度明らかにできます。また、身体協応性の発達を測定するBCT検査はCCSTの運動面の項目との相関関係も高いことが確認されました。要配慮児の二次的な検査としてBCTは十分に活用できることが推察できます。

両方の検査を利用した事例として、富山県の小学校1～3年生175名を対象に調査した報告があります（是枝ら，2000）。まず、各学級担任がCCSTを用いて評価した結果、配慮が必要として挙げられた児童は10名（5.7%）で、グレーゾーン（目をかける必要がある子）として挙げられた児童は22名（12.6%）でした。加えて、BCTでも同様に困難を示す児童が確認され、CCSTの運動面の項目とBCTとの相関が明らかになりました。このことから、運動面で配慮が必要な児童の一次的な検査として、CCSTを用いることの有効性が推察されました。

5　アセスメント④——ムーブメント-IESA

(1) ムーブメント-IESAの概要

CCSTを発展させた、運動学習配慮児のアセスメントである「ムーブメント-IESA（Movement Individualized Education Support Assessment）」（岩羽・小林，2013）を紹介します（資料4-1参照）。

ムーブメント-IESAは、「不器用さの因子」に比重を置いて、CCSTの40項目から精選した30項目で構成されています。ムーブメント-IESAは、運動能力の低い子ども、多動な子ども、あるいは協調運動障害の子どもに特化してアセスメントすることで、そのような子どもの状態像に合ったムーブメント教育の支援プログラムの提供を目指しています。30項目は、A、Bの

資料4-1　運動学習配慮児のムーブメント個別支援アセスメント ―低学年向け―
ムーブメント-IESA（Movement Individualized Education Support Assessment）（岩羽・小林，2013）

記入日　　年　月　日

氏名　　　　　　　　　学年　　組　　番

〈いずれかに「○」をつけて下さい〉

A　身体運動（協応性）面の配慮項目（20項目）			該当する	ある程度該当する	該当しない
身体意識	1	人の絵を描くことが苦手である			
	2	整列や行進が苦手である			
	3	慣れたところでも場所や位置を間違える			
	4	マット運動が苦手である			
粗大運動操作	5	ボール投げが苦手である			
	6	ボールの受け取りが苦手である			
	7	動いているボールのキックが苦手である			
	8	ドリブルが苦手である			
	9	ボールゲームが苦手である			
力動的エネルギー（リズム）	10	鉄棒運動が苦手である			
	11	跳び箱運動が苦手である			
	12	なわとび運動が苦手である			
	13	すばやい動きが苦手である			
	14	手を振ってスムースに走ることが苦手である			
バランス	15	片足立ちが苦手である			
	16	幅の狭い線上を歩くことが苦手である			
	17	つまずかずに歩くことが苦手である			
微細運動	18	手先を使うことが苦手である			
	19	はさみの使い方が苦手である			
	20	ボタンかけが苦手である			

〈いずれかに「○」をつけて下さい〉

B　生活・行動面の配慮項目（10項目）			該当する	ある程度該当する	該当しない
固執性	21	いったん「いやだ」といったら絶対に応じない			
	22	固執的な行動をよくする			
注意力	23	話を聞く場面で注意がそれやすい			
	24	落ちつきがなく，じっとしていられない			
状況に合わせた行動	25	遠足・運動会などで特に目立った行動をする			
	26	周囲の様子におかまいなく自己主張する			
	27	自分の役割を果たそうとしない			
	28	自分の非を認めず，他人の注意を聞かない			
情緒の不安定さ	29	ささいなことで喧嘩をする			
	30	かんしゃくを起こしやすい			

表4-7　通常学級2、3年生と特別支援学級のムーブメント-IESAのスコア別人数

	低該当率群 (平均−1/2 SD)	中間群	高該当率群 (平均＋1/2 SD)
2年生 (N=351)	32点以下 153人 (43.6%)	33〜38点 116人 (33.0%)	39点以上 82人 (23.4%)
3年生 (N=124)	最小値30点 82人 (66.1%)	31〜37点 23人 (18.5%)	38点以上 19人 (15.3%)
特別支援学級 (N=70)	50点以下 23人 (32.9%)	51〜65点 22人 (31.4%)	66点以上 25人 (35.7%)

(伊藤・小林，2009)

2つの領域に分けて設定されており、「A　身体運動（協応性）面の配慮項目」は「身体意識」「粗大運動操作」「力動的エネルギー（リズム）」「バランス」「微細運動」の5つのカテゴリーで構成され、「B　生活・行動面の配慮項目」は「固執性」「注意力」「状況に合わせた行動」「情緒の不安定さ」の4つのカテゴリーで構成されています。これらの項目は、小学校の通常学級低学年、特別支援学級の子どもの一般的な身体運動面、生活行動面に結びつく簡易な内容で、日常的に児童と接する担任もしくは保護者が無理なく評価を行えるチェック項目になっています。

各項目は、「該当する」（3点）、「ある程度該当する」（2点）、「該当しない」（1点）として計算し、それぞれの項目のスコアから、「平均＋1/2 SD」を高該当率群、「平均−1/2 SD」を低該当率群、それ以外を中間群とし、高該当率群にある子どもは不器用さを示す、最も教育的配慮を必要とする子どもとします。また、中間群も、何らかの配慮を必要とするグレーゾーンの子どもとして捉えます。

(2)ムーブメント-IESA による実態調査から

ムーブメント-IESAを使った調査が神奈川県の複数の小学校の協力で実施されました（伊藤・小林，2009）。この調査によると、通常学級の2、3年生と特別支援学級のスコア別の人数は表4-7のようになり、不器用さを示す最も教育的配慮が必要な子どもは、通常学級では15〜24%程度いることが明らかになりました。

また、2年生は3年生と比べてグレーゾーンにいる子どもの割合が高いことから、不器用さを示す子どもに対応できる教育がとくに必要であるということが示唆されます。特別支援学級の子どもたちは、通常学級に比べて全体のスコアが高いことは明白でしたが、さらに項目別の詳しい分析から、不器用さを示す傾向は様々で一人ひとりの教育的ニーズを見極め支援する必要性が示されました。

(3)小学校におけるムーブメント-IESA を活用した体育実践から

ムーブメント-IESAを活用した子どもの実態把握により、小学校通常学級の低学年および特

表4-8　ムーブメント-IESAによる運動学習配慮児の割合スコア別人数分布状況

N=23

	低該当率群 (mean−1/2 SD)	中間群	高該当率群 (mean＋1/2 SD)
ムーブメント-IESA全体項目	32点以下 17人 (74.0%)	33〜38点 3人 (13.0%)	39点以上 3人 (13.0%)
A　身体運動(協応性)面の配慮項目	21点以下 19人 (82.6%)	22〜26点 2人 (8.7%)	27点以上 2人 (8.7%)
B　生活・行動面の配慮項目	最小値10点 21人 (95.4%)	11〜13点 1人 (4.3%)	14点以上 1人 (4.3%)

　別支援学級に運動面における配慮児が多数いることがわかり、また、身体運動面に不器用さを示す子どもは、生活行動面にも困難を抱えている場合が多いことがわかりました。そのため、不器用な子どもの体育においては心理面や行動面にも配慮する必要があり、動きの不器用さや協応性の低さが目立ってしまうような訓練的な運動指導ではなく、楽しみながら自分のペースで参加し、成功体験を重視できるようなムーブメント活動が求められます。と同時に、集団活動の中でコミュニケーションや社会性の育ちまで配慮した活動が必要とされます（伊藤ら、2008）。

　通常学級に在籍する児童を対象に、ムーブメント教育による心理的な影響をみるために気分調査を実施した結果、ムーブメント活動前後で、「緊張─不安」「混乱」「疲労」の3尺度で有意な差をもって気分が向上することが示されました（原田・小林、2008）。なお、「混乱」に関しては、得点の低い児童（低該当率群）ほど休み時間によく遊んでいることが明らかとなりました。このことは、学校の体育の授業形態としてムーブメント活動に取り組むこと、また、休み時間をより充実させることで、日常生活においても児童の心の健康状態を維持できる可能性を示唆しています。

　この章のまとめに代えて、小学校の通常学級2年生23人に対して、ムーブメント-IESAを活用したアセスメントを行い、その結果に基づきムーブメントプログラムを作成し実践した体育授業を紹介します。

　表4-8にムーブメント-IESAの調査結果を示します。配慮項目のA、B全体で高該当率群の子どもは13.0%、中間群の子どもは13.0%、合わせて3割弱の子どもが身体運動面を軸とした教育的配慮を要する状況にあること、特に、「身体意識」「力動的エネルギー（リズム）」において配慮を必要とする子どもの存在が明らかになりました。

　ムーブメントプログラムでは、どこの小学校にもある跳び箱や平均台、ボールなどの器具・用具に加えて、ムーブメント遊具（トランポリン、スクーターボード、ビーンズバッグ、パラシュートなど）を使用しました。小学校で使用されている運動器具・用具には、その種類に限りがあります。そこで、ムーブメント遊具を組み合わせて、いろいろな運動ができる場面を工

①回旋系遊具　　　　②平均台と跳び箱　　　③マットと跳び箱

④平均台とマット　　⑤スクーターボード　　⑥パラシュート

写真4-4　ムーブメント-IESAの活用による不器用な子どものための体育授業の様子

夫します。それらをサーキット状に配置し、器具の組み合わせに変化をもたせて、この一連の流れの中で、動きの楽しい活動が経験できるように工夫しました（写真4-4）。

　このようなサーキットのムーブメント活動に楽しく取り組んでいくうちに、子どもたちの中に徐々に新しい動きが現れ、走る・跳ぶ・転がる動きの幅が確実に広がっていく様子が観察されました。また、子どもが自ら多様な動きや変化のある動きを考えたり、友だちと協力して体育館にある用具を組み合わせたりして、「創造的ムーブメント」のプログラムで次々にイメージを広げていく様子がみられました。

　とどまることなく積極的に活動に取り組む様子も数多く観察されました。「できそうだな」「やってみたいな」という気持ちを大切にし、自ら進んで活動に取り組む中で、確かな成就感や満足感を味わうことができたのです。

　限られた運動だけでなく、全身に渡る多様な身体運動の機会があること、自分のペースで様々な活動に参加できる活動を準備することなど、どの子どもでも楽しみながら活動できる環境を設定すること、それは子どもを全体的に捉え、子どもを取り巻く遊具などの魅力ある環境から働きかけていくことと言い換えることもできます。楽しみながら、多くの成功体験のできる活動の実践が望まれます。

（小林芳文、大橋さつき、岩羽紗由実）

◆引用参考文献

Frostig, M. & Horne, D. (1964) Frostig Program for the Development of Visual Perception, Chicago: Follett Publishing Company. ／日本心理適性研究所 訳（1977）『フロスティッグ視知覚能力促進法』、日本文化科学社.

Frostig, M (1969) Frostig MGL: move-grow-learn; movement education activities, Follett Educational

Corp./小林芳文 訳（1984）『ムーブメント教育MGLプログラム』、日本文化科学社.

原田知佳子・小林芳文（2008）ムーブメント教育による心の健康増進を目指した実証的研究、日本特殊教育学会第46回大会発表論文集、350.

飯村敦子 著（2003）『Clumsinessを呈する就学前児童の発達評価と支援に関する実証的研究』、多賀出版.

伊藤紗由実・原田知佳子・小林芳文（2008）小学校での交流教育におけるムーブメント教育の実践―その効果と問題点について―、横浜国立大学教育相談・支援総合センター研究論集第8号、障害児発達支援研究、103-114.

伊藤紗由実・小林芳文（2009）身体運動面に不器用を示す子どものためのIESA（Individualized Education Support Assessment）の開発と適用、横浜国立大学教育人間科学部紀要Ⅰ（教育科学）、11、21-36.

岩羽紗由実・小林芳文（2013）身体運動配慮児の教育支援アセスメント―低学年向け―ムーブメントIESA（Movement Individualized Education Support Assessment）の開発、日本特殊教育学会第51回大会発表論文集.

小林芳文 著（1989）『MSTB小林-フロスティッグ・ムーブメントスキルテストバッテリー手引き』、日本文化科学社.

小林芳文・當島茂登・安藤正紀他（1981）小林-Kiphard BCT（The Body Coordination Test）の開発、横浜国立大学教育紀要、25、350-365.

小林芳文他（1991）学童児の身体協応性テスト（The Body Coordination Test）の開発と適用、学校保健研究、33（8）、377-383.

小林芳文他（1994）学習困難児のためのスクリーニングテストの試作、横浜国立大学教育紀要、34、33-47.

小林芳文 著（2005）『MEPA-Rムーブメント教育・療法プログラムアセスメント（Movement Education and Therapy Program Assessment-Revised)』、日本文化科学社.

小林芳文・飯村敦子（2001）Clumsy Child Syndromesの発達支援に関する実証的研究、平成11年度、12年度 科学研究費補助金研究成果報告書（課題番号11610251）.

小林芳文・是枝喜代治 著（2005）『楽しい遊びの動的環境によるLD・ADHD・高機能自閉症児のコミュニケーション支援』、明治図書出版.

小林芳文 編（2006）『ムーブメント教育・療法による発達支援ステップガイド―MEPA-R実践プログラム―』、日本文化科学社.

小林芳文他 著（2014）『MEPA-ⅡR重症児（者）・重度重複障がい児のムーブメント教育・療法プログラムアセスメント』、文教資料協会.

是枝喜代治・小林芳文（1992）小学校でのClumsy Childrenの身体協応性に関する研究、横浜国立大学教育紀要、32、221-239.

是枝喜代治・永松裕希・安藤正紀・小林芳文（1997）Clumsy Childrenスクリーニングテスト（CCST）の試作（1）―質問項目の設定―、発達障害研究、19（1）、41-53.

是枝喜代治・飯村敦子・小林芳文・鈴木路子（2000）小学校低学年児童における身体協応能力の特性―CCSTおよびBCTによる分析―、日本学校保健学会第47回大会論文集、586-587.

是枝喜代治・小林芳文（2001）自閉症児の微細運動発達の諸相：MSTB-A型検査によるクラムジネスの評価を通して、学校教育学研究論集、4、89-97.

是枝喜代治・小林芳文（2002a）自閉症児の粗大運動発達に関する追跡的研究：MSTB-B型検査を指標として、学校教育学研究論集、5、61-75.

是枝喜代治・小林芳文（2002b）自閉症児の身体協応性発達に関する縦断的研究―The Body Coordination Test（BCT）を指標として、小児の精神と神経、42（2）、91-101.

藤井由布子・小林芳文（2005）ムーブメント教育理念を用いた自閉症児の家族支援―2歳児から6年間の縦断的な関わりによるコミュニケーション能力の変化、児童研究、84、3-14.

永松裕希・是枝喜代治・飯村敦子・小林芳文（1996）小学校におけるClumsy Childrenの分布とその運動面での特徴に関する研究、小児の精神と神経、36（3）、255-263．

第2部　方法・実践編

第5章 発達を支える ムーブメント遊具の活用

発達を支える環境づくりの具体的な方法として、ムーブメント遊具は欠かせません。本章ではその活用の視点と方法を解説します。

1 遊具でムーブメントの「環境」を作るためのポイント

　ムーブメント教育において、遊具は大きな役割を持っています。遊具は、活動の環境を作り出す有効なツールであり、遊具との「関わり」の中で様々な展開が生まれていきます。遊具の活用の目的は、参加者が自然と「動きたくなる環境」「触りたくなる環境」「関わりたくなる環境」を作り出すことです。

　子どもの心が動く遊具の要素にはどんなものがあるでしょうか。素材、形、色、感触、重さ、軽さ、大きさ、堅さ、柔らかさ、高さ等々、いろいろな要素が考えられます。同じ遊具でも、数が増えるとどうでしょうか。色が増えるとどうでしょう。数や文字が入るとどうでしょうか……。遊具と遊具を組み合わせるとさらに活動が広がります。

　支援者は、まずは実際に遊具に触れ、この遊具で何ができるだろうか、どんな動きを引き出してくれるだろうかと問いながら動いてみることで、自分の身体と遊具との関わりから遊具の特性について知るとよいでしょう。そして、他者との関わり、他の遊具との関わり、音楽との関わり、イメージとの関わりなど、関わる環境を増やしてみましょう。この章では、たくさんのムーブメント遊具の活用例を紹介していますが、それらが全てではありません。工夫次第で遊具の活用法は無限に広がります。また、ムーブメント遊具の活用法を知ることで、支援者は「モノ」を環境として活用する力を高め、身近にあるボール、風船、新聞紙、段ボール、タオル、シーツ、ビニール袋なども工夫次第で環境づくりに役立つ遊具となることに気づくでしょう。

　他者の身体と遊具との関わりを想像してみるのも大事なポイントです。第3章39頁で確認

したように、環境からピックアップする情報は一人ひとり異なっています。同じ遊具でも大人と子どもでは捉え方が違いますし、同じ子どもでも日々の変化・発達によって異なってきます。充実したプログラムを展開するためには、発達段階に合わせた遊具の活用法について把握していくことが重要です。

　ムーブメント遊具は、ムーブメント教育の考え方を実現するために開発された有効なツールです。しかし、あくまでもツールであって、遊具を使うこと自体が目的ではありません。支援者は常に、誰のために（対象）、何のために（目的）遊具を使うのかを見失うことがないように心がけて活用してください。遊具のもつ魅力や特性をつかみ、子どもの発達段階や個性に応じて、「どの遊具」を「どう使うか」を考えながら、「動きたくなる環境」「触りたくなる環境」「関わりたくなる環境」を提示することで、活動をより充実させることができるでしょう。

2　発達段階に合わせたムーブメント遊具の活用

　ムーブメント教育では、社会との調和や適応の基礎になる感覚、知覚、精神機能の発達に向けて、身体運動を軸とした遊び活動を展開します。すなわち、全ての発達段階に身体運動を位置づけることで、子どもの育ちを促し、社会的調和・適応の支援ができると考えています。遊具は、このような発達段階に応じて活用することが重要になります。

(1) 感覚運動機能を支える遊具の活用

　感覚運動の感覚と運動の機能は、本来分けて考えられない不可分の相補的関係にあります。感覚の機能は、身体の運動と結びついていくことで、より統合化が図られるのです。特に①体性感覚、②固有感覚、③前庭感覚の3つは、発達初期に支えたい大切な感覚です。発達障がい

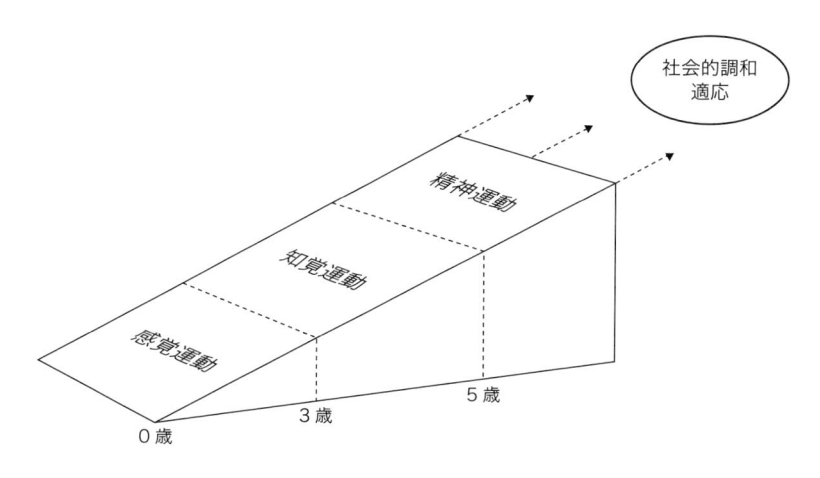

図5-1　人間の発達と運動ステージの流れ

図5-2　前庭感覚刺激のエネルギーモデル

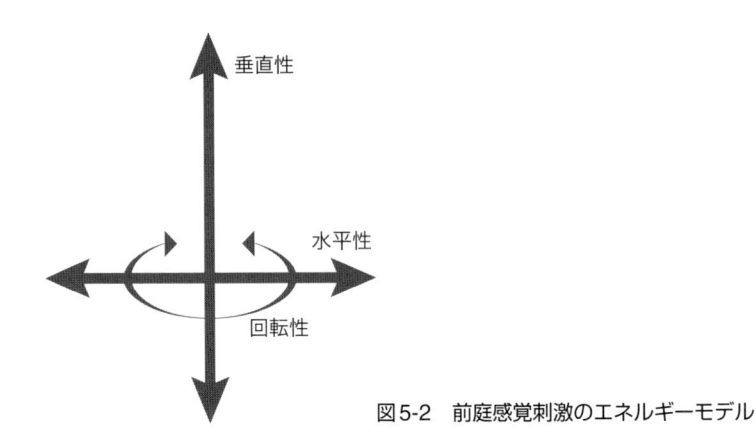

児の多くは、これらの感覚に何らかのトラブルを抱えていることが生活上の困難さにつながっているといわれています。ムーブメント教育では、これらの感覚刺激が中枢神経（脳幹）を活性化し発達の土台を育てることにつながると考えています。

体性感覚には、皮膚感覚（触覚、温覚等）と深部感覚（深部圧覚、振動感覚等）が含まれており、身体全体に分布しています。この感覚刺激の重要な点は、皮膚を通して刺激されることで身体末梢の血流が促されるだけでなく、触り、触られることによる「快い感覚」が情緒を安定させることにあります。ムーブメント遊具の様々な素材の違いは皮膚感覚の刺激に活かすことができます。また、第9章で紹介する水中ムーブメントは、水（プール）という環境によって気持ちのよい皮膚刺激を与えます。触知覚の代表的な場を活用した実践といえるでしょう。

また、固有感覚とは、筋肉や腱、関節からの感覚で、自己受容器とも呼ばれています。身体や腕、足を動かす（動かされる）時に生じる関節や筋肉等の感覚が、実際の動きの中で必要な位置感覚、運動感覚、抵抗感覚として働くのです。この受容器からの情報は、変化に富む運動時の身体や姿勢の意識（身体意識の調節）に役立っています。本書では、様々な姿勢や動きを自然に拡大し自分の身体への気づきを高めていくための遊具の活用法を説明しています。子どもは遊びの中で、筋肉や関節の動かし方や動作コントロールについて体験的に知り、固有感覚を刺激していくことができるのです。

前庭感覚は、重力方向や加速度に対する感覚です。その受容器は内耳に位置していて、子どもは不安定な姿勢に対して絶えず平衡を保ち、また身体の位置感覚を抗重力姿勢に保とうとしています。日々の生活において、姿勢と運動を制御しているのです。つまり、前庭感覚の刺激は、動きに伴う「揺れ」の感覚刺激であり、この刺激が自然に体験できた時に身体の「快反応」が引き出されるのです。この揺れの刺激は、図5-2に示すように、垂直性、水平性、そして回転性の3つのパターンに分類することができます。本書では、この揺れ感覚を支える遊具の代表例として、ユランコ、パラシュートを取り上げています。その他、トランポリンやスクーターボード、吊り遊具、公園にあるブランコなど、子どもに人気のある他の多くの遊具にも揺れの刺激が備わっています。

このような感覚運動機能を支える活動のポイントは、①抗重力姿勢での感覚運動の経験、②豊かな身体の揺れ感覚の経験、③身体意識、特に身体像の形成、④多様な運動による感覚運動の統合です。こうした感覚刺激を重視した関わりは、従来の訓練型とは異なり、子どもの主体性を大事にした遊び活動の中で培われます。そのためにも遊具を積極的に活用することが望まれます。

(2) 知覚運動機能を支える遊具の活用

一般的に人間の知覚機能には、①視知覚、②聴知覚、③筋知覚、④触知覚、⑤前庭感覚があることが知られていますが、特に③、④、⑤を包含したものをハプティック（haptic）知覚と呼んでいます。ハプティック知覚が活発に機能することで、子どもの認識は促進され、知的発達が導かれていきます。そこに身体運動が大きく寄与しているのです。

知覚の情報と運動の情報は密接に関わっており、相互に依存する関係にありますが、幼児期の発達においては、どちらかというと運動の方が知覚をリードし、発達が進むにつれてその関係は逆転します。特に知覚やハプティック知覚に関わる機能を支える感覚は、身体運動により高められていきます。知覚機能による情報が豊かであればあるほど、運動の情報も豊かになり、豊富な運動活動ができる子どもになります。つまり、知覚機能と運動機能は発達の大事なファクターなのです。ですから、知覚機能を取り込んだ魅力的な環境が必要となります。

例えば、視知覚に関わる活動においては、色・形・大きさの違う遊具を豊富にそろえることで、物の属性を判断する要素を取り入れることができます。本書では、知覚運動に関わる主な遊具としては、ビーンズバッグ、ピッタンコセット、形板等を取り上げています。聴知覚のためには、音の出る身近なものや楽器などを含め、多様な音の種類やリズムを取り入れていく必要があります。第7章では、聴知覚運動の発展として、音楽ムーブメントにおける環境のあり方や実践について詳しく紹介しています。

筋知覚、触知覚、前庭感覚を含むハプティック知覚は、視知覚や聴知覚とは違い、動くことに伴って生ずる機能と考えられています。例えば、大型遊具に登ったり、エアトランポリンの上で移動したりするとき、最初は動きがぎこちない子どもも次第にスムーズに動けるようになるのには、このハプティック知覚の機能が関係しています。登り降りできる肋木やジャングルジム、不安定な揺れを与えるトランポリン等の大型の遊具が有効ですが、様々なムーブメント遊具や人間の身体の組み合わせでも魅力的な環境を作り出すことが可能です。

また、このような知覚の機能は単独で働く場面もありますが、その大半はいくつかの知覚機能の組み合せで行われます。ですから、ムーブメント遊具を活用して、「触って、見て、聴いて、動いて……」と様々な知覚機能が参加する活動を展開することが大事になってきます。

(3) 精神運動機能を支える遊具の活用

高次な認知機能が関わる精神運動は、これまでの感覚運動や知覚運動とは異なった発達をもたらします。ムーブメント教育では、「創造的ムーブメント」を豊富に経験することで、精神機能を育むことができると考えられます。フロスティッグは、「創造的ムーブメントには、あらゆる身体操作能力、調整力が含まれており、各ムーブメントスキルの応用であり、目的でも

ある」と説いています。その実践においては、一方的な指示に従うのではなく、子どもたちが自己選択や自己決定、自己表現、問題解決等を含む課題に意欲的に挑戦し、ステップ・バイ・ステップで進めることが重要であると述べています。すなわち、ムーブメント教育における精神運動機能の支援は、子どもが自分のイメージや考えに基づいて活動を実施する力を育むことにあります。

精神運動機能を支える活動のポイントとしては、①子どものイメージを発展させる、②運動課題の独特な解き方を発見させる、③子どもの自由な動きの流れを生み出させる、④自分と環境との関係を意識させる、⑤感情と動きで表現させる等があげられます。

本書で紹介しているムーブメント遊具の中でも、特に精神運動機能を支える活動に有効なものとしては、ムーブメントスカーフやコクーン、パラシュートがあげられます。スカーフやシーツの活動案を参考に、シーツをかぶったり、風呂敷を身体に巻き付けたりしていろいろなもので変身したり、ファンタジーの世界を楽しんだり、みんなでパフォーマンスすることもできます。イメージや発想を喚起するためには、身近な布やビニール袋、段ボールや新聞紙も効果的です。各運動のスキルを精神機能と結びつけ応用する活動に展開させていくのです。第8章で紹介するダンスムーブメントの実践も、精神運動機能に関わる活動を多く含んでいます。

3 ムーブメント遊具の活用法

ここでは、市販されているムーブメント遊具の中から13種類のものを取り上げ、代表的な活用法を紹介します。

(1)カラーロープ

ロープは携帯にも便利で使いやすく、ムーブメント教育の活動の中で最もシンプルな遊具です。しかも、基礎的な動きづくりから身体意識の教育、知覚運動、集団での活動、そして創造的活動まで様々な課題活動の展開ができます。一般には、縄跳びで使われる白いシンプルなロープが多いですが、ムーブメント遊具の「カラーロープ」は、赤、黄、青、緑の色鮮やかな4色で知覚の要素を備えています。また、長さも10m程度の長いロープと3m程度の短いロープがあります。

■活動案4──2人でロープを持って(写真5-1)

短ロープを床にまっすぐに伸ばして2人で端を持ち、手首をリズミカルに動かします。横に動かすと、ロープが蛇のようにうねり横波ができます。ロープを持った手首が縦(床に垂直)に速く動くと、縦波ができることも発見させます。強さや速さを変えたり、回転させたりして、いろいろなロープの波を作って楽しみます。細かな横波、大きな縦波はどのようにしたらできるのか、いろいろと試しながら手の動かし方を覚えます。

床に打ちつけるようにすると音が出ますので、音楽に合わせて、2拍子、3拍子とリズムをきざみ、速さや強さを調整しながら活動を楽しむと聴覚との連合機能を高める課題に発展しま

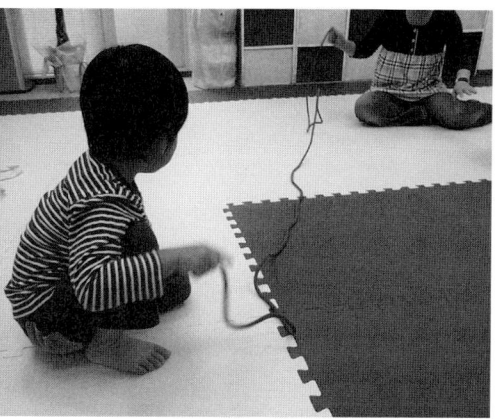

写真5-1　ロープで波を作って遊ぼう 　　写真5-2　みんなでロープの輪につながって

す。

■活動案5──ロープを輪にしてみんなで動かす（写真5-2）
　長いロープの端と端をつないで大きな輪にして、それを持って全員で手を動かします。座位でも立位でも行うことができます。ロープを持ち上げたり、様々な方向に引っ張ったりして身体の曲げ伸ばしや手（腕）の運動を体験することができます。
　ロープに鈴を付けて「1、2、1、2」や「トントン前」など、リズムを取りながら動かし、その動きによって生じる音を楽しんだり、音楽に合わせて様々な速度で右に左にロープを回したりすると、聴覚と運動の連合能力を刺激します。また、輪の内側を子どもが回る動きに合わせて、ロープを高く上げてウェーブを作ると、集団と個の関わりを生む楽しい活動になります。
　みんなで輪になって行うロープムーブメントは、特に手指の操作性を高めながら、身体の柔軟性やボディイメージを育て、同時に社会性や協調性を高める活動になります。

■活動案6──床に置いたロープに沿って移動する
　ロープを床に置いて様々なラインを作り、その空間を活用して歩くことで様々な活動に発展します。
①2本のロープで作った道を歩く（写真5-3）
　ロープの幅に変化をつけたり、前歩き、後ろ歩き、横歩きなど歩き方や速度を変えたりして、活動を発展します。
②1本のロープの上を歩く（写真5-4）
　ロープの上をバランスを取りながら歩きます。また、複数のロープを複雑に交差させて床に置き、指定された色や好きな色のロープを選んでその上を歩くという課題に発展させ

写真5-3　2本のロープで作った道を歩く

写真5-4　1本のロープの上を歩く。特定の色のロープを選んで歩く

写真5-5　ロープを踏まないように歩く

ると、色の弁別能力を刺激することができます。

③ロープを踏まないように歩く（写真5-5）

　1本のロープを踏まないように、足を交差させながら歩きます。また、交差して置かれた複数のロープの隙間を歩くこともできます。空間認識、バランス能力、集中力を促す活動になります。

④ロープの川を飛び越える

　長いロープを使って適当な幅の川を作って、川に落ちないように飛び越えます。子ども一人ひとりに合わせて川幅を調整できるのも魅力です。飛び越すことができると思う幅の川を子ども自身に作らせてみるのもよいでしょう。

■活動案7──ロープをまたぐ・くぐる（写真5-6）

　ロープを様々な高さに設置し、またいだりくぐったりする活動を通して、自分の身体を意識して上手く動かす力を育むことができます。ロープを複数使って交差させたり高さを変えたりして変化をつけると、またぐ方がよいかくぐる方がよいか、自分で判断しながら進む高度な課題に発展させることができます。

　また、持ち手側がロープで波を作ることによって、よりリズムカルな動きを引き出すことができます。ロープの波を見ると、子どもはそれを飛び越そうとして走ってまたいだり、ジャンプしたりします。ロープで波を作る役割と飛び越える役割を交替して遊ぶと仲間意識も高まります。

写真5-6　波のロープをまたいだり飛び越えたりして進む

■活動案8──ロープでいろいろな形を作る（写真5-7）

　床にロープで絵を描くことで、形に対する

写真5-7　ロープでお絵描きを楽しむ。床に描いた絵の上を歩く

認知能力や創造性を育む活動になります。数名で協力して取り組むと社会性や集団意識を育てることができます。床にロープで描いた形をもとに、ロープの上や間を歩く基本の活動につなげていくと、子どもたちは自らが作り出した環境で活き活きと動く喜びを感じるでしょう。

(2) 伸縮ロープ

　伸縮ロープは、輪っか状になっていて伸縮性があり、筋感覚刺激を通して自分の手足の働きを発見するのに効果的な遊具です。ムーブメント遊具として市販されている伸縮ロープは、直径5mmのつかみやすい太さで、ゴムの弾力が強すぎないので、子どもの力でも伸ばしやすくなっています。大きな動きのための3.5mの長いロープと、小さな動きのための2mの短いロープがあります。また、それぞれ4色（赤、青、黄、白）あるので、色を使って変化のある活動を楽しむこともできます。

■活動案9──伸縮ロープを2人で持ってお舟はギッチラコ（写真5-8）
　短い伸縮ロープを2人で持って向き合って座り、「お舟はギッチラコ」を歌いながら上体の前屈を交互に繰り返して遊びます。力加減やスピードを変化させて楽しむことができます。

■活動案10──伸縮ロープを輪にして伸ばす・縮める
　長い伸縮ロープをみんなで持って輪になって遊びます。最初はゆっくり引っ張ってみて、次に緩めます。子どもたちは、自分の腕をどのように動かせば伸縮ロープが伸びたり縮んだりするのか、体験的に理解していきます。「後ろ」と言いながら腕を曲げて引っ張れば、ロープが伸びて大きな円形に

写真5-8　伸縮ロープを持ってお舟遊び

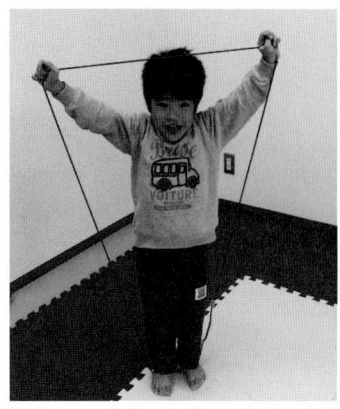

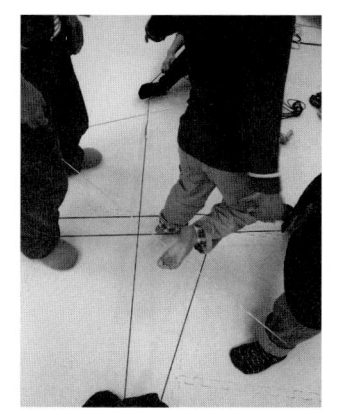

写真5-9　自分の身体で三角や四角を作る

写真5-10　伸縮ロープで作った形の中を歩く

なることが確認できます。「もっと大きな丸（円形）にするには、どうしたらいいかな」と子どもたちに問いかけて、さらに大きな動きを引き出してみるとよいでしょう。

■活動案11——伸縮ロープを身体に引っかけて伸ばす（写真5-9）
　短いロープを使って一人ひとりで伸び縮みの面白さを味わうことができます。手で持つだけでなく、様々な身体の部位に引っかけてとピーンと張って伸ばすことを促します。床に寝そべった状態や立位、座位の姿勢で、両足に伸縮ロープをかけたり、両手でロープを引っ張ったりして、身体の広がりの形を作ることができます。また、ロープの伸ばし方により三角や四角などいろいろな形ができることを身体で発見するのも楽しい活動になります。

■活動案12——伸縮ロープで作った形の中を歩く（写真5-10）
　みんなで4色の長いロープを床の上で伸ばして、いろいろな形の枠を作ります。長い三角、細長い四角形などが重なり合うことで、1つのロープではできない形がたくさん生まれます。いろいろな形があることをみんなで確認し合い、ロープを踏んで形を崩さないように注意しながら、端の方から足を踏み入れて移動していく活動を楽しみます。小さな形の所にはつま先立ちで入らなければならなかったり、大きな形の所には安心して足全体を入れることができたりする体験を通して、「目と足の視知覚運動」の協応性の動きを高めることができます。

(3) プレーバンド

　ムーブメント遊具として市販されているプレーバンドは、柔らかく伸び縮みする2.5cm幅のバンド（帯）で、子どもの小さな手でもつかみやすくなっています。長さは170cmで両サイドに手首（足首）が入る輪が付いています。手足を動かすと自由に伸びていろいろな広がりのある空間を作ることができます。また、輪を利用して簡単に複数のバンドを連結させたり、他の遊具に付けたりすることができます。カラーバリエーションは、赤、黄、青、緑があるため、感覚運動のプログラムだけでなく、知覚運動のプログラムにも活用できます。

写真5-11　プレーバンドの蜘蛛の巣を通り抜ける

写真5-12　身体の部位を使ってプレーバンドを伸ばしてみよう

■活動案13──プレーバンドの伸びを楽しむ

　プレーバンドのサイドについている輪の一方を大人が持って、もう一方の輪を子どもが持ち、そのバンドを好きなように伸ばしてみます。いろいろな方向に伸ばしてみることで、自然に身体意識における方向性を学習していくことができます。

■活動案14──プレーバンドの蜘蛛の巣をくぐる（写真5-11）

　プレーバンドを複数組み合わせて蜘蛛の巣のような空間を作ると、子どもが通り抜けて遊ぶことができます。ロープでも同じような活動ができますが、プレーバンドの方が太く伸縮性がある柔らかい素材なので、「またぐ・くぐる」の動きをより丁寧に支援したい場合に適しています。持ち手側が一人ひとりに応じて高さを変えることもできます。また、スタッフが少ないときは、端の輪を椅子や机の脚に固定することで環境づくりを工夫することもできます。

■活動案15──身体を使ってプレーバンドを伸ばす（写真5-12）

　両手で持ったプレーバンドにさらに片足をかけたり、頭をかけたりして、伸ばしてみます。イスに座って行う、床に寝て行うなど、自身の姿勢と使う身体部位の違いでいろいろなバンドの伸び方があることを発見できます。関節可動域を広げ、バランス能力や筋力を刺激する活動であり、同時に形のイメージ感覚や創造性を刺激します。

■活動案16──プレーバンドを輪にして揺らす

　複数のバンドをつなげて大きな輪を作ります。長いバンドのゆったりとした伸び具合を楽しみながら、みんなで輪になって揺らしたり引っ張ったりして動かします。

■活動案17──1本のプレーバンドをフープにつなげて

　フープに1本のプレーバンドをつけます。もう一方の端を大人が持って固定します。子どもはフープの中に入り、フープを持って前に進もうとしますが、バンドの力で大人の方へ引き戻されそうになります。遠くに離れれば離れるほど、その力が強くなることを体感することがで

写真5-13 フープとプレーバンドを組み合わせて

きます。

■活動案18──複数のプレーバンドをフープにつなげて（写真5-13）
　フープに複数のプレーバンドを放射線状につけて、太陽のような形を作ります。プレーバンドの端を持ち輪になって座り、協力して真ん中のフープを揺らします。フープに鈴をつけると音も出てさらに楽しい活動になるでしょう。
　また、真ん中のフープを大人が持ち上げると傘状になります。この環境を利用してプレーバンドの隙間をすり抜けるように移動して遊んだり、音楽に合わせてプレーバンドを伸ばしたり揺らしたりして楽しみます。

(4)ビーンズバッグ

　ビーンズバッグは、日本で馴染みのあるお手玉に近い操作運動遊具です。一般には、袋の中に豆が入ったややこぶりの物が使われていますが、ビーンズバッグでは衛生面等を考慮してプラスティック球を用いています。また、色（赤・青・黄・緑・白）や形（丸・四角・三角）、重さの違いなどを利用して、様々な活動に取り入れることができます。また、附属品として、ビーンズバッグ投げの目標となる布製の的があり市販されています。ビーンズバッグがくっつくようにマジックテープが縫い付けられてあり、数字がついています。

■活動案19──ビーンズバッグに親しむ：触る・つかむ・放す（写真5-14）
　準備した様々な色、形、重さのビーンズバッグを床に散りばめれば、子どもたちは自由に触ったり、つかんだり、投げたりします。両手でもんだり、なでたりして、様々な感触を楽しみます。床を滑らせて受け渡しを楽しんだり、箱やかごやバケツなどに投げ入れたりして遊ぶことができます。2人組で一方がビーンズバッグを投げ、もう一方がかごでキャッチする活動は役割を交替して楽しみます。

写真5-14　ビーンズバッグを投げ入れる 　　写真5-15　ビーンズバッグを手で持たないで運ぶ

写真5-16　ビーンズバッグの的あて遊び 　　写真5-17　見本と同じように置けるかな

■活動案20──ビーンズバッグを運ぶ（写真5-15）

　身体の一部にビーンズバッグを載せて運び、身体部位を意識させることができます。大人が指示した部位や大人のやり方を模倣することから始め、「ビーンズバッグを手で持たずに運んでごらん」と課題を提示して、子どもが発見した運び方を楽しみながら、自己の身体に気づかせることができます。同時に物的バランス能力を高めます。

■活動案21──ビーンズバッグを的に投げる・的から取る（写真5-16）

　ビーンズバッグがくっつきやすくなっている的を活用して、的に投げたり、取ったりして目と手の協応能力を養います。的に上手にくっつけたり、取り外したりできるようになったら、大人が的を揺らしたり、的を持って移動したりすることで動くものを目標にした高度な課題となり、変化のある繰り返しの中で活動が発展していきます。

■活動案22──ビーンズバッグを的に並べる（写真5-17）

　的についているマジックテープの色の違いを利用して、マジックテープと同じ色のビーンズバッグをつける活動を楽しみます。また、色や形、そして的のラインとの位置関係を工夫すると何通りもの置き方が表現できるので、その特性を活かして、見本の通りに並べる課題に挑戦

してみましょう。

(5)ピッタンコセット

　ピッタンコ遊具は、足型、知覚型（三角、四角、丸）のラインテープを着脱式のマットに自由に付けたり並べたりして、形づくりをする遊具です。ピタッと型がマットに着くので、上に乗って歩いても型が崩れないという特徴を持っています。知覚運動やいろいろな形に貼りつける精神運動、造形活動に活用することができます。

■活動案23──ピッタンコセットを貼る・はがす
　子どもたちの興味に合わせて自由に並べたり、形を作ったりします。貼る・はがすといった活動を楽しみながら、手指の動きを育てます。
　自由に貼ったりはがしたりする活動を楽しんだら、形や色に注目して仲間分けをしたり並べていったり、様々な図形を作ったりすることで、数や図形の基礎につながる知覚学習の課題に発展させることもできます。

■活動案24──ピッタンコセットをタッチ
　マットの前に座り、マットに貼ってある型に手や足を伸ばしてタッチしてみましょう。方向性を意識して課題を複雑にしたり、距離を少しずつ伸ばして身体の部位をストレッチしたりすると、身体意識を刺激することができます。

■活動案25──ピッタンコセットでバランス遊び（写真5-18）
　左右の足型と右手・左手を示す知覚型を決め、マットの上に貼って、それにしたがってポーズを取ります。ことばによる指示や視覚的な提示で身体を支える部位を決めます。例えば、「右足と左手をついて」ということばがけを受けて2点で身体を支えたり、右の足型が貼ってあるシートを見て右足で片足立ちをしたりしてバランス遊びを楽しみます。型の位置を変えることで、4点保持、3点保持などの様々な姿勢を体験することができ、身体意識能力、バランス能力を養うことができます。

写真5-18　身体を3点で支えてみよう　　　写真5-19　足型に沿って歩く

■活動案26──ピッタンコセットの型に沿って歩く(写真5-19)

　たくさんの足型を左右交互に並べてマットに貼り、足型の上を歩きます。歩く速度を変えたり、歩幅を変えたり、正中線交差の動き（身体の中心軸を交差する手足の動き）を取り入れたりすることで活動を発展させます。また、音楽やリズムに合わせて歩いたり、「10歩でゴールしましょう」と課題を出して歩いたり、子ども自身に歩数を決めさせたりして、数の学習につなげることもできます。足型と知覚型を組み合わせることで、三角の上に来たら手を叩く、片足でポーズを取るという具合に変化のある繰り返しの中で活動を発展させます。

(6) ムーブメントスカーフ

　ムーブメントスカーフは、薄くて柔らかいナイロン製の布で作られた遊具です。とても軽いのでふわっと舞い上がり、滞空時間が長く目で追いやすいのが特徴です。また、ボールよりも簡単に空中に投げ上げたり、パスし合ったりできます。さらに、丸めたり、結んだりして活用できます。カラーバリエーションは赤・黄・青・緑・ピンクの5色展開で、ファンタジックな環境づくりに役立ちます。

■活動案27──ムーブメントスカーフの色や肌触りを楽しむ(写真5-20)

　2人組でスカーフの両端を持ってトンネルを作り、やわらかく上下に揺らします。その下を通ったり、スカーフを寝ている子どもに近づけていったりするだけで、スカーフの色や肌触りによって感覚が刺激されます。

■活動案28──ムーブメントスカーフを投げる・受け取る(写真5-21)

　スカーフを投げたり、受けたりする活動を通して、身体意識や目と手の協応能力を高めます。スカーフを広げたまま使うと柔らかな動きが生まれるので、手だけで上手にキャッチできなくても全身で受け止めることができます。また、小さく丸めればボールに近い動きになり、課題を発展させていくこともできます。当たっても痛くないので投捕の活動の導入に適しており、他者とのやりとりの機会を促します。

写真5-20　ムーブメントスカーフの景色を楽しむ 　　写真5-21　ムーブメントスカーフを丸めてキャッチボール

写真5-22　2人でスカーフを持って揺らす 　　写真5-23　スカーフでソリ遊びを楽しむ

■活動案29 ──ムーブメントスカーフを2人で持って（写真5-22）
　2人組で向かい合ってスカーフの両端を持ち、上下に大きく動かしたり、小さな波を作ったり、引っ張って放してみたりして楽しみます。
　手首を細かく動かして小さい波を作ります。「ヨーイドン！」で波を作り「止まれ！」で止めます。その際、両手を大きく広げて引っ張る動作を推奨すると、スカーフをしっかりと握る力が必要になります。スカーフを引っ張って止めたら「イチ、ニ、サン」と数えたり、スカーフを引っ張ったままで身体を左右に傾けたりします。さらに、スカーフを上下に大きく動かして、「いち、にの、さーん！」でタイミングを合わせて手を放します。スカーフはふんわりと宙に舞い、落ちてきます。少し難しくなりますが、床に落ちる前にスカーフをつかむのも楽しい活動です。
　また、風船やビーンズバッグを載せると、落ちないように運んだり、跳ね上げたりする活動にも発展させることができます。

■活動案30 ──ムーブメントスカーフでソリ遊びを楽しむ（写真5-23）
　ムーブメントスカーフはとても薄い布ですが、伸縮性のある丈夫な素材でできていますので、子ども1人なら上に乗せてソリのように引っ張って遊ぶことができます。ソリ遊びでは座位を保とうしますので、バランス能力を育むことができます。

■活動案31 ──ムーブメントスカーフをつなげて輪にする（写真5-24）
　異なる色のスカーフの端をつなげて輪になって座ります。ロープの活動と同じように、スカーフを揺らしたり、右に左に送って回したり、円の中央で動く人の動きに合わせて鮮やかなウェーブを作ったりして、みんなで楽しみます。

■活動案32 ──ムーブメントスカーフを見立てて遊ぶ（写真5-25）
　「熱い焼き芋」に見立てて「アッチチチ！」と隣の人に手渡して遊んだり、身体にまとって忍者やお姫様に変身したりして楽しむことができます。また、風の動きを表現したり、みんなで木になったりして、創造的なムーブメントの活動に取り組みます。

■活動案 33──ムーブメントスカーフで洗濯ごっこを楽しむ（写真 5-26）

　スカーフを洗濯しようと促して、「ゴシ、ゴシ、ゴシ……」と言いながらスカーフを両手で揉んだり、「ギュッ、キュッ、ギュッ……」と言いながら小さく丸めたり絞ったりして手首の運動を行います。また、「ゴシ、ゴシ、ギュッ、ギュッ。ゴシ、ゴシ、ギュッ、ギュッ……」のように、動きを組み合わせるのもよいでしょう。動きのリズムに合う音楽が加わると、より楽しく活動することができます。

　スカーフを揉んだり丸めたりして洗った後は、それを干す活動につなげます。長いロープを張って「物干し場」を作り、洗ったスカーフを広げてかけます。色とりどりのスカーフがロープに掛けられ、美しい風景ができます。次に、この洗濯物（スカーフ）の間をくぐります。「用意、スタート！」で同じ方向に走り抜けたり、スカーフとスカーフの間をジグザグにすり抜けたりすると楽しめます。

　最後に、スカーフをロープから外して片付けます。「洗濯物をたたみましょう」といって、スカーフの端をつまみ、1/2→1/4→1/8……と小さくたたみます。スカーフはナイロン製の素材で崩れやすいので、たたむ動作に注意を払う必要があります。スカーフをつまんで操作する手指の機能が必要な目と手の協応動作です。最後は、たたんだスカーフの数を確認したり、色別に集めたりすることで、数や色を意識する活動につなげます。

写真5-24　スカーフをつないで輪にしてみんなで揺らす

写真5-25　スカーフで変身をして楽しむ

写真5-26　スカーフを洗ったり、干したり、たたんだりして遊ぶ

(7)形　板

　形板を用いた活動では、特に、色や形の概念化の学習や数の学習の基本的スキルを育むことができます。ムーブメント遊具として市販されている形板は、発泡ポリエチレン製のソフトな素材を用いた四角形と三角形で、厚さは12mm、一辺25cmの正方形とその半分の直角三角形です。色は黄・青・ピンクがあり、0～9までの数字が片面に印刷されています。形板は段ボールなどでも簡単に自作することができます。

■活動案34──形板を拾う・集める
　床に散りばめた形板の中から指示した色や形のものを拾う活動には、色や形の識別、数の概念に関わる基礎を育むことができます。「黄色で三角」「青の3」など色、形、数字の組み合わせでバリエーションを増やすことができます。高度な数の概念の課題として、「足して5になるように」と2枚以上の形板の組み合わせを考えさせたりすると、算数ムーブメントの活動に発展していきます。

■活動案35──形板を身体に乗せる・形板で身体をたたく（写真5-27）
　柔らかくて軽い形板の素材を活かして、形板を頭や肩や背中に載せてポーズをとったり歩いたり、身体部位を軽くパッティングする活動を通して身体意識を高めることができます。身体部位を自分で選んだり、たたき方を工夫したりして、主体的で創造的な活動に取り組むこともできます。また、形板にある数の分だけ数えながらポーズをとったり、数字の回数分叩いたりすることで、数の概念の課題にもつながります。

■活動案36──形板の上に乗る（写真5-28）
　音が鳴ったら（止まったら）、形板の上に乗るというシンプルな活動（聴覚・視覚の連合運動）です。たとえば、形板の色や形を指定したり、片足で乗ったり、お尻で乗ったり、友だちと2人で乗ったりすることで、身体を支える課題を中心に、知覚やバランス能力など様々な力を育む課題に発展していきます。

写真5-27　形板を頭に載せて10数えよう。形板でお尻を優しく5回たたいてみよう

写真5-28　音が止まったら形板の上に乗ろう。次はお尻で乗ってみよう

写真5-29　形板の道を歩こう。形板の島を渡っていこう

写真5-30　形板の上で数を学ぼう

写真5-31　形板で拡大・縮小の概念を学ぶ。立体的な形作りにも挑戦

■活動案 37 ── 形板の上を移動する（写真 5-29）
　床に形板を並べて道を作り、子どもたちにその道を渡って歩くことを促します。形板に沿って移動するシンプルな課題から、床に散りばめた形板を島に見立てて落ちないように渡る課題に発展させることができます。さらに、色や形の識別課題と組み合わせて楽しむことができます。例えば、「四角の島だけ渡っていこう」と形板の形を指定したり、「スタートからゴールまでの間に7つの島を通っていこう」という課題を設定したりすると、移動の能力を育みながら、数の概念や空間意識、推測力を高める活動に発展します。

■活動案 38 ── 形板の上で数を学ぶ（写真 5-30）
　太鼓の数を聞いてその数の分だけ前に進むという活動では、足し算や引き算の基本を遊びの中で学ぶことができます。例えば、1度目に2回、続いて3回太鼓を叩くと、5つの形板を進みながら「2＋3＝5」を知ることができます。

■活動案 39 ── 形板を組み合わせて形を作る（写真 5-31）
　形板を組み合わせて、大きな三角や四角、家や船の形などを作ったり、立体的に積み上げて

いったりします。図形の概念や手指の操作性や創造性が高められます。

(8) ユランコ

ユランコは、様々な揺れの活動を通して、子どもの前庭感覚刺激の活動を容易に作ることができる遊具です。保育室や家庭など狭い場所でも使え、ハンモックのような活動とソリ遊びの両方を体験することができます。ユランコを用いることで、揺れの3パターン（垂直性、水平性、回転性）を体験できます。

市販されているユランコ（大型）は、布のエッジに持ち手が14個ついている大型シート（120×180㎝）のため、大人でも安全に乗ることができます。また、ソリ遊びに活用しやすいように、裏面は床やジュータンの上でも滑りやすいナイロン素材を使用しています。取り外し可能な牽引ベルトも付いていて、用途に応じて様々な遊びが展開できるようになっています。また、80×100㎝の小型ユランコもあります。

■活動案40 ――ユランコに乗って揺れを楽しむ
①床の上を滑らせながら（写真5-32）

ユランコは触り心地の良い布でできていることから、子どもはその感触に安心感を覚えます。ユランコに子どもを寝かせて床の上を滑らせて揺らすと、前庭感覚や触感覚、筋感覚の刺激を与えることができ、身体意識の向上と体幹などの立ち直りの動きのコントロールスキルを育みます。また、カラーボールを敷き詰めた床の上や芝生の上で行うと、床で行う場合より強い刺激を楽しむことができます。最初は背臥位で行い、慣れてきたら伏臥位でも行います。姿勢が安定しない子どもの場合は、胸腹部に三角マットを入れて安全を確かめながら行います。また、大人に抱かれたまま乗ることも可能なので、子どもは安心して参加でき、母親も自然と笑顔になります。

②持ち上げて揺らす（写真5-33）

数人の大人でユランコを持ち上げ、ハンモックのように揺らしてみましょう。リズムに合わせて持ち上げたり下ろしたりすれば、垂直の揺れの刺激を楽しむことができます。前後左右に

写真5-32　ユランコに乗せて床の上を滑らせて揺らす

写真5-33　ユランコに乗せて持ち上げて揺らす

写真5-34　ユランコでソリ遊び

動かす加速度運動で、ハンモックのような横揺れを楽しむことができます。さらに、右回り、左回りに動かすことで回転性の揺れを作り出すこともできます。子どもの表情を確かめながら、揺れの強さを加減します。一緒に数を数えたり歌を歌ったりしながら活動すると一層楽しめるでしょう。床に下ろした時にケガをしたりしないように、マットを敷くなど安全面に十分配慮します。

■活動案41──ユランコでソリ遊びを楽しむ（写真5-34）

　ユランコでソリ遊びをします。座位のとれない子どもの場合は、マットなどを利用して安全なポジションを確保します。一人ひとりの子どもの実態に応じたスピードで行います。子どもたちのソリのスピードに合わせてバランスをコントロールし、平衡を維持する能力を育みます。

　大勢の子どもたちが一緒に乗ることもできます。小さい子どもを支えてあげたり、子ども同士で引っ張る役と乗る役を交替したりすると、子ども同士の関わりも育みます。乗り物遊びの要素を加えるとさらに創造的な集団遊びの活動に発展します。

(9) パラシュート

　パラシュートは、床に広げて置くだけで子どもをファンタジーの世界に誘います。子どもの積極的な活動参加の意欲を掻き立て、集団での取り組みを促進する優れた遊具です。そこには競争がなく、上手や下手もなく、成功と達成感をともに分かち合う喜びに溢れています。パラシュートには、強力タイプとソフトタイプの2種類があります。活動場所や人数、課題に応じて種類や大きさを使い分けるとよいでしょう。

　強力タイプのパラシュートは、小型（直径3m）、中型（直径5m）、大型（直径7m）の3種類があります。子どもを乗せても破れることがないように丈夫な布でできており、また、力の弱い子どもでもつかみやすいように縁どりがしてあります。小型は少人数で狭い室内でも楽しめます。中型は幼児20〜30人が楽しめる大きさで、遊戯室などの広い場所で使用することが多く、大型は大人30人でも参加でき、屋外の広い場所で楽しむことができます。

　ソフトパラシュートは、直径が5m、透けるタイプの軽い布でできています。パラシュートの天蓋の下から優しい風や肌触りを楽しんだり、風船や紙吹雪を上に載せてファンタジックな風景を楽しんだりすることができます。

　ここでは、主に強力タイプのパラシュート遊具での活動を紹介します。

■活動案42──パラシュートをみんなで持って

　みんなでパラシュートを持ち、ピンと引っ張って保持したり、揺らしたりする活動です。「うえ〜、した〜」と声をかけながら、大きく揺らしたり、音楽に合わせて小刻みに揺らしたりして楽しみます。また、輪にしたロープと同じように横に送ることができ、「みぎ〜……」「ひだり〜……」とことばがけをしながら、パラシュートを移動させて楽しみます。

　パラシュートの色を利用して、「青いところを持っている人は場所を入れ替ろう」などの問いかけで、パラシュートの下をくぐって移動する活動に発展させることもできます。

■活動案43——パラシュートを下から楽しむ(写真5-35)

　パラシュートを上下させたり、回転させたり、揺らしたりしているときに下にもぐることで、パラシュート内部の色鮮やかな空間を視覚的に楽しんだり、風圧を感じたりできます。パラシュートの下に風船を入れると、風圧で風船が舞い上がり、ファンタジックな空間が生まれます。大きく上下して風圧が強いと感じるときは、中央に大人が入り、子どもに強い風圧がかからないように支えとなると安心です。

■活動案44——パラシュートでドームを作る
①ドームを作る・つぶす（写真5-36）
　パラシュートを広げて床に置きます。全員がその縁の周りに座って両手で持ち、一斉に「うえー、したー、うえー、したー」の合図に合わせてゆっくり上下に動かして膨らませます。「したー」の時に膨らみができるので、パラシュート内部の空気が漏れないように床の上でパラシュートを押さえます。すると、パラシュートがドーム（マッシュルーム）のような形になります。みんなで作る喜びと達成感を味わいながら、上肢の可動域が拡大し、動きの協応性が高まります。また、みんなで作った膨らみのあるドームを、子どもたちに潰させるのも、両手両足参加による全身運動を促す活動になります。

②ドームの中にもぐる（写真5-37）
　ドームを作る活動の時に、選ばれた数人がパラシュートの中にもぐり込み、内部のファンタジーな世界を楽しみます。残った人は、きれいなドームの形を保つように地面にしっかりと押さえています。また、全員で内側に入って中から縁を押さえることもできます。

■活動案45——パラシュートに物を乗せて楽しもう
　パラシュートをみんなで持って、ボールやビーンズバッグ、ぬいぐるみなどを載せて、高く飛ばしたり、転がした

写真5-35　パラシュートの下にもぐって遊ぼう

写真5-36　パラシュートでドームを作ろう

写真5-37　パラシュートのドームにみんなで入ろう

写真5-38　パラシュートの上でボールのサーフィン

写真5-39　ポップコーンを作ろう

写真5-40　パラシュートで紙吹雪が舞う風景を楽しむ

りすると目と手の協応性を高め、社会性が育つ活動に発展します。

①ボールのサーフィン（写真5-38）

　パラシュートにボールを載せて上下に動かします。パラシュートの縁に沿って、まるでサーフィンをしているかのようにビーチボールを移動させるためには、一人ひとりが集中してパラシュートを上下させなければなりません。大人も子どもも真剣にボールを目で追い、夢中になって盛り上がります。

②ポップコーンを作ろう（写真5-39）

　パラシュートを動かしている途中で、たくさんのカラーボールやラバーボールがその上に載せられると、ボールは、おいしいポップコーンのようにパラシュートの上で元気に跳ねまわります。子どもは、ボールの揺れを見ながらどのように両手を動かせばもっと高く飛び上がるか、イメージの世界で遊びながら学んでいくことができます。

③紙吹雪で遊ぼう（写真5-40）

　ボールの代わりに、紙吹雪をパラシュートの上に乗せると、雪や桜が舞う世界を演出することができます。プログラムのラストにこの活動を取り入れると、ファンタジックで感動的な場面となります。子どもたちにパラシュートの下に入ってもらって、パラシュートを上下に数回揺らした後、大人がパラシュートを引っ張って抜き取ります。すると、宙に舞っていた紙吹雪

が子どもたちの頭上に降ってきて盛り上がります。

■活動案46 ──パラシュートの上に乗って楽しむ
①揺らして、滑らせて（写真5-41）
　パラシュートの上に子どもを乗せてあげると、揺れる感覚刺激で遊ぶことができます。最初ゆっくり揺らしてパラシュートの横揺れに慣れさせ、徐々にグルグルとメリーゴーランドのように回転させます。子どもの実態や興味や関心に応じて、前後左右や回転などの変化をつけ、前庭感覚刺激を与えます。子どもは、姿勢を保持しようとしたり、バランスを取りながら転げ回ったりして、身体意識を高めていきます。

②ダイナミックな波乗り（写真5-42）
　パラシュートのまん中に子どもを乗せて、みんなで一斉に上に持ち上げます。乗っている子どもは、パラシュートとともに宙に舞い上がります。うまくバランスをとって、トランポリンのように高く飛び上がる子どももいます。まるで波乗りのように、子どもはダイナミックな揺れの活動を楽しみます。この活動は、安全に十分配慮して行ってください。

■活動案47 ──パラシュートを飛ばす（写真5-43）
　みんなでパラシュートを持って上下させ、うまくタイミングを合わせて全員が手を放すと、パラシュートが真上に飛んでいきます。宙に浮かびゆっくりと落ちてくるパラシュートに子どもたちは大喜びです。室内だと一度天井にピタっと張り付いてからゆっくり落ちてくるので、子どもたちは目を輝かせるでしょう。屋外で青空に高く飛んでいく光景もまた素敵です。

写真5-41　ママと一緒にパラシュートの揺れを楽しむ

写真5-42　パラシュートでダイナミックな波乗りを楽しもう

写真5-43　呼吸を合わせてパラシュートを飛ばそう

⑽フープ

　フープはムーブメント教育の中で、最もよく使われる遊具の一つです。動き作りから知覚運動、さらには精神運動というように、柔軟な活動を可能にします。どんな子どもも手軽にかつ安全に使えます。フープは、柔らかいプラスティック性のパイプで作られたものから、繊維強化プラスチック製で板状のものまで、様々なタイプが市販されています。大きさも小型、中型、大型と分かれています。様々なカラーバリエーションを用意し、一人ひとりが使えるように十分な数のフープを確保しましょう。

■活動案 48 ── いろいろな方法でフープを持つ・運ぶ（写真 5-44）
　フープを両手で持って様々な姿勢になったり、投げたり捕ったりして動きの拡大をねらい、手足の巧緻性とバランス能力を養います。また、どうしたらフープを身体で運ぶことができるか、あるいは動かすことができるかと問いかけて、身体部位の働きと創造的活動の機会を作ります。「手で持って運ぶ」「首にかけて運ぶ」など、身体部位の発見のヒントを支援者が与えてみるのもよいでしょう。

■活動案 49 ── フープをくぐり抜ける（写真 5-45）
　フープを床に立ててトンネル状に並べます。ずり這いやハイハイ、中腰など姿勢を変えてくぐり抜ける活動を楽しみます。大小のフープを入れ替えたり、組み合わせて連続でくぐり抜けたりすることで、身体図式を刺激しながら同時に柔軟性、注意力を高めることができます。

■活動案 50 ── フープを転がす・回す（写真 5-46）
　子どもが操作しやすい小さめのフープを使って、床に立てて転がしてみます。子どもたちは、フープを支え、前に送り出す活動に挑戦する中で、どのように手を使ったらよいのかを体験的に学び、操作性を高めます。
　また、発展的な課題として、床に立てたフープを手首の捻りで回転させる活動もあります。

写真5-44　フープを持っていろいろな姿勢をとってみよう

写真5-45　フープのトンネル遊び

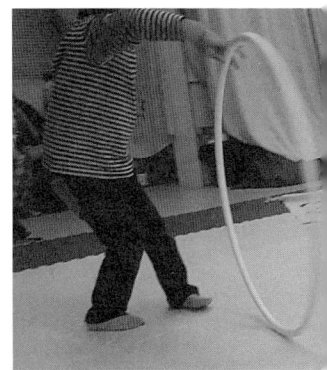

写真5-46　フープを回してみよう

写真5-47　ペアでフープを転がして遊ぶ

ちょっとした手首の力でフープはグルグル回り続けます。長く回転し続けることが嬉しくて子どもは何度も挑戦するでしょう。

■活動案51 ── 2人で転がして遊ぶ（写真5-47）
　2人組で向かい合って座り、フープを転がして受け取ります。慣れてきたら距離を広げたり、立った姿勢で行ったり、フープを2本使って同時に転がしたりして遊びます。目と手の協応性を高めながら、社会性の育成を図ることができます。

■活動案52 ── みんなでフープを持って（写真5-48）
　みんなで1つのフープを持って移動することに挑戦すると、共同空間の理解が高まります。これをボールプールの中やトランポリンの上で行うと、バランス遊びを楽しむこともできます。

■活動案53 ── フープの中に身体部位を入れる（写真5-49）
　「フープの中に右手を入れて」と身体部位を1つ入れる活動から始まり、「フープの中に右手と左足と頭を入れて」と部位を増やしたり、「どこでもいいから2ヶ所入れて」と選択肢を広げたり、「頭の一部と片足の裏がフープにつくようにするにはどうしたらいいでしょう」と問いかけたりして、複雑な課題にまで発展させてみましょう。

■活動案54 ── 音を聴いて、フープの中に入る（写真5-50）
　音を聴いてフープの色を選んで入る課題は、聴覚、視覚の連合能力を高め、色や数の概念の学習にも発展させることができます。例えば、「音が止まったら青いフープの中に入る」「太鼓の音が1つのときは赤、2つのときは黄色のフープに入る」「太鼓が3つのときは3人一緒にフープに入る」などシンプルな活動の中に様々な課題を組み合わせて提示することができます。

■活動案55 ── フープを渡って移動する（写真5-51）
　フープを床の上にランダムに置きます。「この端にあるフープから向こうの端のフープまで、中を自由に歩いて渡ってみよう」と声かけして、一人ひとりのペースでフープを選んで渡って

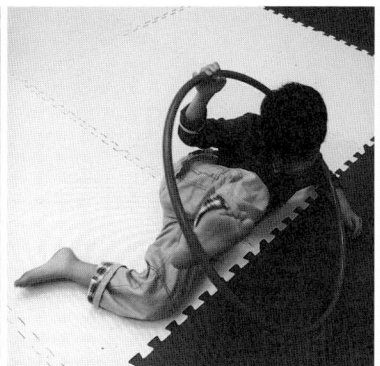

写真5-48 みんなでフープを持って動いてみよう　写真5-49 頭の一部と片足の裏がフープにつくようにするには、どんな姿勢をとればいいかな？

写真5-50 音を聴いてその数と同じ人数でフープの中に入ろう 　写真5-51 ケンケンパでフープを進もう

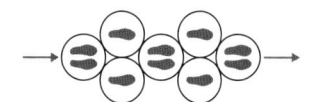

図5-3-1 フープでの移動パターン1

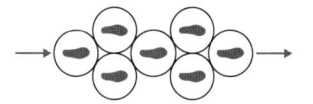

図5-3-2 フープでの移動パターン2

いく活動を楽しみます。「赤と青のフープだけを渡って」など色の弁別課題を加えることもできます。どのくらい股を広げて歩けばよいか、また飛び越えて渡るにはどうしたらよいかなど、いろいろな動きで空間意識が育っていくでしょう。

　また、フープを床に並べて、その配列パターンで、視覚運動スキルと協応運動の能力を高めていくことができます。フープの配列に沿って、両足を閉じたり開いたり、片足のジャンプを組み合わせたりして、並べられたフープを移動していきます。「グーパッ、グーパッ」（図5-3-1）や「ケンパ、ケンパ」（図5-3-2）などの簡単な移動パターンから始めます。声かけをしてリズムをとり、子どもの移動の動きを応援するとよいでしょう。

⑾ ムーブメントリボン

　ムーブメントリボンは、操作性運動を伴う活動に有効な遊具です。空中でいろいろな円を描いたり、大きく振ったり、小さく波を作ったりすることができます。長さ60cmの木製のスティックに3mの細いリボン（ナイロンタフタ製）がついた遊具で、360度の方向に回転できるようにスティックに金具で止められています。カラーバリエーションはピンク・黄・青・緑の4色

展開です。
　リボンの先が床に触れないように動かすためには、腕を大きく回旋させなければならないので、夢中になって操作するうちに自然に身体意識や協応性を高めることになります。また、自分の身体だけでは難しい表現活動もリボンを身体の一部として操作することで可能となり、子どもは動くことの喜びを感じ、意欲や自発性が一層高められるでしょう。

写真5-52　ムーブメントリボンを自由に動かしてみよう

■活動案56──リボンを自由に振る・動かす（写真5-52）

　手に持ったリボンを自由に操作し、自由に円を描くように回します。腕の使い方を意識しながらいろいろな位置で回すことで、身体の気づきや空間認識が自然に高められます。大人が手本を見せながら、空中にダイナミックなラインを描いたり、8の字を描くように動かしたりして活動を発展させることができます。
　また、手首の動かし方を変えてみることで、リボンの動きが変わることも体験的に理解できます。リボンを持ってゆっくり動かしたり早く動かしたりすると、身体意識とともに時間の概念を育みます。音楽に合わせてリボンを振る活動では、聴覚―運動連合能力を高めます。

■活動案57──様々な姿勢でリボンを操作する（写真5-53）

　立った姿勢でリボンをうまく操作できるようになったら、座位や片足立ち、膝立ち、寝転がった姿勢など、様々な姿勢でリボンを振ったり、回したりします。

■活動案58──リボンを持って走る（写真5-54）

　リボンが床に触れないように走ることも効果的です。長さ3mのリボンは、ある程度速く走

写真5-53　座ったり寝転んだりしてリボンを回してみよう

写真5-54　ムーブメントリボンが床につかないように走ろう

らないと床に触れてしまうことから、子どもは夢中になって走り回ります。2人組になってリボンを持って走る子どもを追いかけたり、グループでしっぽ取りのようなゲームをしたりして発展させることも可能です。

■活動案59 ──リボンを振って音を出す

　上下に強く振っていくと、リボンが音を出すことがわかります。リボンの空気を切る音を楽しむために、子どもは一生懸命動かすようになります。

　また、「音が聞こえている間はリボンを動かす」「鈴が鳴っているときは小さく動かして、太鼓の音がするときには大きく動かす」など、音の合図によってリボンを操作するルールを決めます。リボンを操作する子どもを指揮者に見立て、その動きに合わせてみんなが拍手をしたり、音を出したりすることもできます。このような活動は、身体意識、空間意識、協応性を高めるとともに、聴覚─運動連合能力、視覚─運動連合能力を育みます。

■活動案60 ──リボンを使って表現する

　リボンの形状や軌跡から何かをイメージして、自分の身体とともに自己表現の手段として操作できるようになると、高い創造性を育む活動に展開していきます。「風」や「波」の動きを表現したり、「花火」や「魚釣り」などに見立てて表現したりすることができます。子どもの発想を尊重しながら、互いに分かち合うことを大事にします。

⑿ムーブメントコクーン

　「ムーブメントコクーン」は、伸び縮みする大きな袋状の遊具です。その袋の中に子どもが入ると、まるで繭のように見えます。繭の中に入って、手を突っぱったり、足を動かしたりして身体の動きを伝えます。このコクーンの中では手足を伸ばしたり縮めたりして自由に形や空間の広がりを作り、その意外性を楽しむことができます。伸縮性に優れているので、大人も中に入ることができます。コクーンに入った大人と子どもたちの関わりには創造的な展開が生まれます。

　市販されているこの遊具は、ピンクと水色の2色があり、材質はナイロンとポリウレタンでできています。ムーブメントコクーンの入口は、マジックテープ（ファスナー）になっているので簡単に身体を出し入れできます。また、内部からは外側が透けて見えるので、子どもにも不安感を与えない優しい袋状の遊具になっています。

■活動案61 ──コクーンに入って自由に動きを楽しむ（写真5-55）

　子どもにコクーンを身につけさせ、思うままに動く機会を与えます。まず、手や足を動かし身体を曲げたり縮めたり伸ばしたりします。続いて、自由に歩かせてみます。袋の中に入っているためヨチヨチ歩きのような歩行になってしまい、自由に歩くことの制限を受けますが、このために子どもは自分の足をより意識して動かします。次に横になり、ゴロゴロと身体の横転がりを促します。これも簡単に転がることができませんが、首や体幹のコントロールが動きの拡大に大きく関わっていることを意識することができます。

■活動案62──コクーンに入っていろいろな形を表現する
①ボールのように丸く
　「できるだけ身体を小さくしてごらん」と声をかけます。そして子どもの様子を観察しながら、よりイメージを引き出すために「さあ、もっと小さなボールのようになれるかな」などのことばをかけて発展させてみます。

②壁のように平らに
　子どもたちに、板や壁がどのような形をしているのか質問したり、一緒に話し合ったりして、平らで大きな四角な形をしていることを確認します。大きな壁をコクーンに入った身体で表現するためには、バンザイするように両手を上に持ち上げ、両足を横にいっぱい開いてお腹を平らにすることを実践しながら確認していきます。

③合体してみる（写真5-56）
　コクーンに入った何人もの子どもたちが、一緒に固まって何かを表現したり、みんなで手をとって音楽に合わせてダンスをしたりすることも楽しい場面となり、創造性や空間意識を刺激する活動になります。

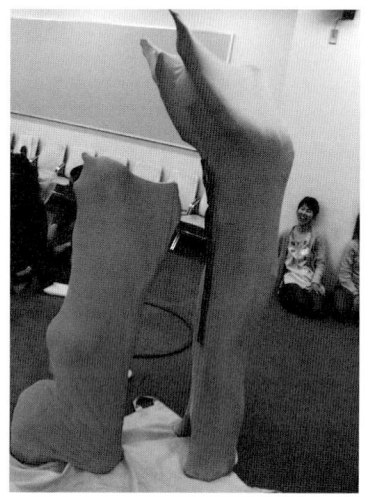

写真5-55　コクーンの中に入って自由に動いてみよう

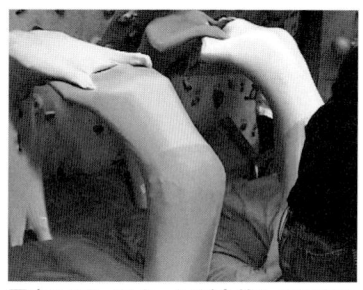

写真5-56　コクーンが合体してできたトンネル

■活動案63──コクーンを使って変身した大人と遊ぶ（写真5-57）
　コクーンに入った大人が環境として子どもに関わることで、創造的ムーブメントの活動を展開します。子どもの創造的活動の流れを作るために、大人の動きのセンスは重要ですが、コクーンは大人にとっても想像力を刺激する力があり、子どもたちと遊ぶ不思議な生き物に「変身」することができます。例えば、空想上の怪獣や宇宙人になったり、滑稽なピエロを演じたり、子どもたちと

写真5-57　コクーンと子どもの即興劇のようなやりとり

の追いかけっこや戦闘シーンが繰り広げられたりして、即興劇のような創造的ムーブメントが生まれます。

⒀スペースマット

スペースマットは、30cm×90cmサイズの長方形と30cm×30cmサイズの正方形の2種類があります。適度なストレッチ性とクッション性があり、フロアに置いた時に滑らないように工夫されています。大小ともに、鮮やかな5色（赤、青、黄、緑、ピンク）で1セットです。

■活動案64──スペースマットで島渡り（写真5-58）
①スペースマットの島を自由に渡る
　「スペースマットできれいな島がたくさんできました。島から島へ渡ってみましょう！」と働きかけます。島から落ちないように注意しながら様々な方向に渡ることで、視覚と運動の連合能力を高めます。
②音に合わせて動いたり止まったり
　島から落ちないように動くことに慣れたら「島渡り、始め〜」と「島渡り、止まれ！」の合図や音の指示で動いたり止まったりします。さらに、「赤い島に止まれ！」「大きな青い島に止まれ！」「片足立ちで止まれ！」など、スペースマットの属性を指定して、それを探して止まります。
③目的地を自分で決めてから渡る
　島の周りに自由に座ります。「〇〇さん、誰の所まで行きますか？」と子どもに問いかけます。問いかけられた子どもは目指す相手を決めて島を渡り、タッチして交代します。タッチされた子どもは「〇〇さんの所に行きます」と決めて島を渡ります。この繰り返しで対人関係の発展を期待します。
④ワニにつかまらないように島を渡る
　鬼ごっこの要領で、支援者がワニの役になって、ワニにつかまらないように島渡りをしながら逃げる活動です。子どもたちは逃げることに一生懸命になり「島から落ちないこと」を忘れてしまう場合があります。鬼になった支援者は「島の上だけが逃げられる安全地帯」であるこ

写真5-58　スペースマットで島渡り

写真5-59　スペースマットの道を渡る　　写真5-60　スペースマットの上でポーズ　　写真5-61　スペースマットで作った大きな家

とを子どもたちが理解できるように、始めはゆっくり追いかけましょう。ルールを理解することができたら、子どもがワニの役になります。

■活動案65──スペースマットの道を作って渡る（写真5-59）

　大小のスペースマットを並べて、まっすぐな長い道を作ります。端から端まで、道から落ちないように歩きます。「ヨーイ、スタート！」の合図で「なるべく速く」移動したり、好きな方法で移動したりします。例えば「歩いて渡る」「横歩きで渡る」「後ろ歩きで渡る」「スキップで渡る」などの動きです。子ども自身が渡り方を見つけ出して移動することで、多様な動きづくりを支援します。また、「大きなスペースマットの上だけを渡る」「○色と○色のスペースマットの上だけを渡る」や「○色のスペースマットの上には乗らないで渡る」などの活動に発展させ、動きのコントロールを高めることもできます。

■活動案66──スペースマットの上でポーズ（写真5-60）

　例えば「あぐら」「四つ這い姿勢」「V字バランス」「片足立ち」など、スペースマットの上に乗って様々なポーズをします。モデルになった子どものポーズを他の子どもが模倣するのも楽しい活動です。

　また、大きなスペースマットの上に座って、小さなスペースマットにタッチしたり、小さなスペースマット2枚にそれぞれ足を乗せて、大きなスペースマットに両手を乗せたりするポーズに挑戦します。それをお互いに見て拍手をします。

■活動案67──スペースマットを床に並べて（写真5-61）

①スペースマットを並べて活動の風景作り

　スペースマットの道を歩いたり、島を渡ったりする活動の前に、子どもたちにスペースマットを床に自由に並べて環境を作るところから楽しんでもらいます。どのように置いてもよいことを伝えて自発性を育みます。そして「スペースマットが重ならないように気をつけて」と促したり、「隣の色と同じ色にならないように並べて」と条件を追加したりします。

②スペースマットを組み合わせて形づくり

　大小のスペースマットを組み合わせて形を作ります。好きなスペースマットを組み合わせて、フロアの上に様々な形を作ります。また、みんなで協力して「大きな家」や「迷路」を作るのも楽しいアートムーブメンの活動です。

（小林芳文、大橋さつき、飯村敦子）

〈紹介した遊具の問合せ先〉

■パステル舎
　〒248-0013　神奈川県鎌倉市材木座2-7-15
　Tel：0467-23-8360　Fax：0467-23-9170
　HP：http://www5.ocn.ne.jp/~pastel-s/

◆引用参考文献

Frostig, M. (1970) Movement Education: Theory and Practice, Follett Publishing Company／小林芳文 訳（2007）『フロスティッグのムーブメント教育・療法』、日本文化科学社．

小林芳文・たけのこ教室スタッフ 著（1985）『動きを通して発達を育てるムーブメント教育の実践2　遊具・教具の活用事例集』、学研．

小林芳文・飯村敦子 編（2001）『障害児教育の新領域　自立支援活動の計画と展開4　音楽・遊具を活用した自立活動』、明治図書出版．

小林芳文・大橋さつき 著（2010）『遊びの場づくりに役立つムーブメント教育・療法―笑顔が笑顔をよぶ好循環を活かした子ども・子育て支援』、明治図書出版．

小林芳文 監修、横浜国立大学附属特別支援学校 編（2010）『発達の遅れが気になる子どものためのムーブメントプログラム 177』、学研．

第2部　方法・実践編

第6章 発達障がい児のエンパワメントを支える

エンパワメント（エンパワーメント／empowerment）は、社会福祉分野を中心に用いられている用語です。それは、単に「力をつけること」や「力を与えること」ではなく、自分自身の内側から湧き出る力を呼び覚まそうとすること、私たち一人ひとりが潜在的に持っているパワーや個性をよみがえらせようとすることを意味します。エンパワメントの思想は、「人間はみな生まれながらにしてみずみずしい個性、感性、生命力、能力、美しさを持っている」と考え、「内なる力」を信じることにあります（森田，1998）。

この思想に基づく障がい児支援では、本人あるいはその家族がより内発的な力を持ち、高めながら、生活や人生を主体的にコントロールできるよう支援します。これはごく当たり前のこととして受け取れますが、実は支援者側の姿勢を問うています。子どもの劣る部分を補ってやろう、足りない力を与えてやろうという権威的な姿勢とは対極にあります。

子どもの主体性を尊重し、子どもが自ら育つ力を支える環境づくりの重要性はこれまでも繰り返し述べてきましたが、本章ではエンパワメントの視点から改めて確認していきます。特に、①教室で学ぶ力、②他者と関わる喜び、③自分と他者を大事に思う心、という3つの観点から、発達障がい児のエンパワメントを支えるためのムーブメント活動について説明しています。

1 「教室で学ぶ力」を育む

(1) 身体を支える力を育む

学校や保育園、幼稚園などの集団生活の基本として、教室での学びに参加することが必要になります。そのためには、椅子に座って安定姿勢が保持できなければなりません。発達障がい児の中には、姿勢を維持することが苦手で、机に向かっての課題学習が持続できない子どもが多くいます。「だらしがない」「なまけている」などの誤解を受けてしまうこともありますが、

決してふざけているのではなく、身体の姿勢を支える筋力が弱かったり、身体の支え方がわからなかったりして困っているのです。

重力に対して「身体を支える」ためには、いろいろな運動の機能や身体意識の働きが必要になりますが、体幹筋を中心とした筋力あるいは筋持久力の発揮が特に重要です。また、等尺性の運動は特定の筋肉群を強化し、筋の収縮からくる筋感覚刺激などが動きと統合されて、自分の身体を意識し、環境の中でまとまりのある行動がとれるようになります。

■活動案68──ペアでボート漕ぎ

上肢や体幹の筋力を強くするための最も簡単な活動は、ペアでお互いに向かい合い脚を投げ出して座り、手首を握り合ってボートをこぐように引っ張り合いをすることです。最初はゆっくりと、「ヨイショ、ヨイショ」と声を出しながら、楽しく漕ぎます。慣れてきたら、つかみやすい棒に2人が捕まって、ゆっくりと引っ張りっこをすると、等尺性の運動を体験できます。この時、5秒、10秒と数を数えながら続けてみます。伸縮ロープを媒体として引っ張り合いをする活動（活動案9）も効果的です。

■活動案69──人間の木で遊ぶ（写真6-1）

最初は、支援者が丸太になります。子どもは、その丸太を横からゴロゴロと転がします。支援者は、子どもの反応を見ながら転がりの抵抗を変えます。慣れてきたら今度は、子どもを丸太にして転がしてあげます。「重い木だね」と言いながら、子どもに全身の力を発揮させます。子どもが、自分の身体を床にしずみ込ませるように動かせれば（ぴったりと床につく）、身体意識も発達していると判断して筋持久力の活動をさらに発展させても良いでしょう。

次に、支援者は、両手両足を広げて大きな木になります。子どもはその木にぶら下がります。「さあ、5つ数える間、木にぴったりとつかまっていてね」と言って、ぶらさがりを促します。子どもの様子によって、木の高さを低くしたり、高くしたりします。

■活動案70──棒にぶら下がって運ばれる（写真6-2）

大人が2人で棒を持ち、鉄棒にぶら下がるようにしっかり棒をつかんでいる子どもを移動さ

写真6-1　人間の木で遊ぶ　　　　　　写真6-2　棒につかまって運ばれる

せます。子どもに合わせて高さや移動する距離、速さを調整するとよいでしょう。踏み台を準備すると持ち手の負担が減ります。両手両足を使ってぶら下がったり、棒を子どもの腰の高さにして両腕で上体を支えるツバメ姿勢をとったりすることで、課題も発展させられます。

(2) バランス能力を育む

　着席姿勢の安定に求められる「身体を支える力」と同様に重要な力として、「バランス能力」が挙げられます。これは身体の傾きや崩れを即座に立て直す機能であり、動的要素と静的要素で構成されます。発達障がい児の中には、姿勢が崩れていても自分では把握できず、注意を受けて始めて気づく子どもがいます。片足立ちの基本バランスの姿勢でつまずいてしまう子どもも意外に大勢います。静的平衡性の維持が困難なためです。彼らは全身での運動経験の絶対量が少ないため、平衡維持機能が発揮できない状態にあると考えられます。

■活動案71──大人の身体をまたぐ・くぐる（写真6-3）

　着席姿勢の安定には、遊具を活用して、くぐったりまたいだりしながら移動する活動が効果的です（活動案7、14、49参照）。遊具がなくても、大人自身の手足を使って、子どもたちがまたいだり、くぐたったりしたくなるような環境をつくり出すこともできます。子どもは、自分の身体の部位を意識して、方向性を考えて移動します。

■活動案72──椅子を利用したバランス遊び

　背もたれのある椅子、座面の高い椅子・低い椅子、箱型の椅子など様々な種類を用意します。子どもに自由に座らせます。箱の上に座る子ども、椅子と椅子の間に立つ子どもなど、子どもと一緒に多様な座り方を発見して楽しみましょう。椅子につかまって片足立ちをしたり、椅子に座って下肢を上げたりして数を数えながらバランス維持を励まします。遊具の上でポーズを取る活動（活動案25、66）も効果的です。その他、遊具に沿って歩いたり（活動案6、12、26、55、65）、遊具を身体に乗せたり（活動案20、35）する活動もバランス能力を育みます。

写真6-3　大人の身体をまたいだり、くぐったり

(3)協応性を育む

椅子に座って教科学習をしたり、手での操作性活動に集中したりするためには、それを支える諸機能、すなわち、認知機能や知覚機能の発達、そして協応性の動きの関与が必要となります。特に協応性の動きは、着座姿勢の「安定」を支える機能として、また両手の統合活動を支える要素として必要となります。

〈ぎこちない子どもには粗大運動から〉

発達障がい児の多くは不器用な動きが特徴的です（clumsy children）。彼らは身体全体の運動を統合する機能と動的な活動をする経験に乏しいので、可能な限り身体全体を参加させる粗大運動を豊富に体験して「身体協応性」を高める機会を提供することが必要です。

■活動案73──トランポリンで跳ねる・歩く

畳1枚程度の大きさのトランポリンをいつでも気軽に使えるようにしておくとよいでしょう。子どもの集まるところに置くだけで、自然にムーブメントに参加できます。

トランポリンの上をゆっくり歩きます。不安定な時は支援者と手をつないで行うとよいでしょう。数を数えて声かけをしたり、音楽の伴奏に合わせて動いたり、止まったりして、速さの変化や静的な動きの状態を作ることで、協応性が発揮できる機会をアレンジします。

次に、トランポリンのキャンパスの上で子どもの手を持って一緒に軽くジャンプして、両手、両足を上手に緊張させたりリラックスさせたりして動きを作ります。支援者とともにタイミングを合わせてトランポリンの揺れを楽しむ活動の中で、瞬時に動きを引き出す機能（例えば立ち直り能力）が育っていきます。タンバリンなどの楽器を使ってジャンプの到達点を意識させると、楽器をたたくためにできるだけ高く跳ぶようになります。他にも、パラシュートのダイナミックな揺れの活動も効果的です（活動案46-②）。

〈両側性運動を促す〉

身体の全身の協応性が高まるためには、両手両足が参加する両側性運動を用意する必要があります。例えば、パラシュートや輪にしたロープやプレーバンド、スカーフをみんなで高く持ち上げたり、揺らしたりする活動（活動案5、10、16、31、42）では、自然と両上肢を動かしており、協応性の育成につながります。

■活動案74──ラダーを活用する

床に置いたラダー（梯子）をまたいで歩く活動から始めます。その後、子どもの反応を見ながらラダーの一方を20cmほど持ち上げてみます。子どもは、支援者の作ってくれた傾斜のあるラダーの渡り橋の桟に、自然に両手と両足を参加させ、渡り始めるでしょう。

いくつかのラダーを用意しておくと、いろいろな高さの渡り橋が作れます。傾斜のあるラダーを渡りたい子どもにはそのように、まだ両手両足の統合の弱い子どもには低い橋の環境を用意してあげるとよいでしょう。

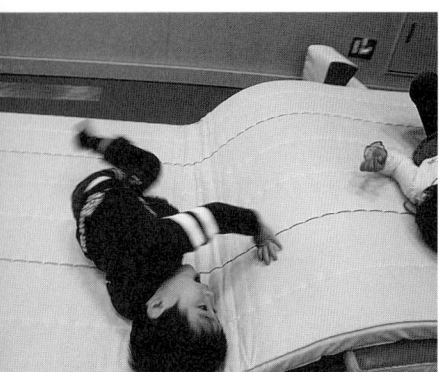

写真6-4　横転がりで両側性運動を促す　　写真6-5　大型遊具を活用しよう

■活動案75──いろいろなところで転がる(写真6-4)
　マットを用意し、一方を高くしてスロープを作ります。可能ならボードも揃え、ボードの一方の下に丸めたマットを挿入するなどして、やはりスロープを作ります。それぞれの傾斜で横ころがりをして遊びます。転がる喜びを覚えた子どもは、床の上でも転がることができるでしょう。転がるためには、手も足も頭も、そして身体も統合的に動かなければならないことを子どもは感覚的に学習するでしょう。

■活動案76──大型遊具を活用する(写真6-5)
　さらに大きな動きの中で両手両足を使って楽しむためには、「登る」「降りる」「渡る」といった動きを引き出す大型遊具の活用が効果的です。公園や校庭にある登り遊具を活用してみるとよいでしょう。最初は両手の動かし方、足の移動の仕方、支え方が不安定な状態であった子どもが、何度も楽しく繰り返す活動の中で協応性を発揮できるようになります。いろいろなところにハンカチなどをかけておき、それを全部集めてくるような課題を加えて、楽しみながら動き回るとさらに面白いでしょう。

〈利き側を育む〉
　子どもには4歳頃から身体の片側を好んで使う「優位性」という機能が形成され、手足の利き側はこの優位性機能が運動器に現れた現象です。片足立ちでのバランス運動やケンケンでは、身体の優位性の発現により利き足が主に使われ、反対側の足が補助的に使われるパフォーマンスです。
　協応性の低い子どもの多くは、この優位性が固定せず、利き手・利き足が定まっていません。利き側を育むには、まず、前庭感覚刺激を中心とした粗大運動や両手両足を十分に動かす両側性運動の十分な経験を通して、身体の中心軸（正中線）を整え、左右の使い分け（ラテラリティ）の発達を促していくことが重要です。

■活動案77──複雑なバランスポーズを楽しむ(写真6-6)
　例えば、「片足で立ち、そのまま身体を傾けて飛行機のようなポーズをとる」という運動に

挑戦してみます。この運動では利き足が軸となり、反対側の足を持ち上げてバランスを取ることが必要となります。つまり両方の足が協同的に作用し合ってバランスをとる動作であり、軸足でない反対側の足を意識して持ち上げるという身体図式が育っていなければ遂行できません。また、両上肢を参加させて飛行機の羽のように両腕を動かすことで、身体の傾きの立ち直りを支えます。

写真6-6　飛行機のポーズができるかな？

■活動案78──平均台の上を後ろ向きに歩く

　平均台を後ろ向きに歩きます。この運動の特徴は、平均台から落ちないようにするための両下肢の後ろへの移動、バランスをとるための両上肢の微妙な動き、そして身体全体の偏りからの立ち直りにあります。視覚情報に依存しない後ろ向きの歩行は、もっぱら足裏の筋知覚刺激や身体の方向性によって行われているので、両側の協応的な働きが一層求められます。また、台上で交互に足を運ぶことは、正中線を越えた交差性の運動と同じように様々な機能が参加して可能となる運動なのです。

■活動案79──自転車に乗る

　公園や広くて安全な場所で、自転車乗りを楽しみます。自転車乗りは、ハンドル操作のための両手の働き、ペダル操作のための両足の働き、そして左右への身体の立ち直りが求められることから、多くの感覚運動器の参加で成立する運動といえます。特にペダルを漕ぐ下肢での両側運動は、利き足のリードによって滑らかに遂行されます。最初は補助輪付きの自転車をしっかり支えてあげることから始めましょう。もし補助輪のない自転車に乗ることができたら、両側運動における協応性はかなり高いレベルにあると判断できます。

⑷手の動きを育む

　手先の動きの不器用さは、箸の使い方やボタンのとめはずし、鉛筆やハサミの使用など、園や学校での生活の多くの場面で悩みをもたらします。しかし、その機能だけを繰り返し訓練するような指導では、子どもの苦手意識が高まるばかりです。そもそも手先が不器用な子どもは、握力を使う遊具でうまく遊べなかったり、手遊び歌の動きについていけなかったりしています。また、鉛筆やハサミを使うのが苦手な子どもには、利き手が決まるのが遅く両側性統合に問題がある場も多いので、前節で紹介した両手両足、身体全体を使う活動を取り入れることも重要です。このような点に着目して、全身を参加させる活動の中でも特に手を動かして関わりたいと思う環境を提示して、手の動きの基本的な機能を育てていくことが大事になります。

〈手で触れる〉

■活動案80──感触の違いを楽しむ

　ムーブメント遊具は様々な素材でできており、触って遊ぶだけでも十分楽しむことができます。遊具の他にも粘土やスポンジなど身近な様々な素材に触る機会を作ります。目隠しをしたり、箱の中に入れたりして、手の感触だけで探り当てる活動も面白いでしょう。積極的に動かして撫でたりさすったりして、その性状を知ることを楽しみながら、触覚受容器を目覚めさせていくことが手の働きの入口になるのです。触刺激に過敏な子どもに対しては、快い刺激を見つけ出すまで十分時間をかけることが大切です。

　また、スカーフやパラシュートの下から景色を楽しむ活動（活動案27、43）も、つい手を伸ばして遊具に触れたくなる環境づくりといえるでしょう。

〈手でたたく〉

　太鼓などの打楽器、床や段ボールをたたいて音を出して遊ぶ活動も手の機能を高めます。

■活動案81──トランポリンをたたく（写真6-7）

　トランポリンの周りに座り、軽いボールやビーンズバッグを載せてキャンバスの面をたたいて揺らします。強さや速さを調整したり、音楽に合わせてリズミカルにたたいたりして楽しみます。トランポリンをフライパンに見立てて料理をしている設定でイメージを膨らませて楽しむこともできます。

写真6-7　トランポリンをたたいてボールを跳ねさせる

〈手のひらで支える・押す〉

　手先のこまかな操作性が身についていない子どもの多くは、手で支持する力が育っていません。手のひらで身体を支える「手掌支持」により、手先にグッと力の入る動きを経験することは、器用な手の動きの土台づくりにつながります。

■活動案82──トランポリンの揺れの中で身体を支える

　トランポリン上に両手と両膝をつかせて、体重を保持しながら、上下にゆっくり揺すります。姿勢が崩れそうになったとき、手で身体を支えるように声がけをします。最初は、胸にロールマット（太めに巻いたタオルケット）を入れ、負荷を少なくします。慣れてきたらマットを腹部の方に寄せたり、小さなものに変えたりします。パラシュートの活動（活動案46）でも、緩やかな揺れの中で手をついて身体を支えるように促すことができます。

■活動案83──段ボールでトンネルくぐり

　段ボールをつなげて作ったトンネルをくぐり抜ける活動です。複数のフープを活用したトンネルも効果的です（活動案49）。椅子や机を並べて、その下をくぐり抜けるような場面を工夫してみましょう。

■活動案84──雑巾がけを楽しむ

　体育館や教室の滑りやすい床の上で雑巾がけの活動を楽しみます。雑巾がけは、手でしっかり身体を支え、力を入れて押し出す動きを含んでいます。コースを決めたり、音に合わせて進んだり、カラフルなタオルを用意して色の識別の課題と連携させたり、楽しみながら続ける工夫をしてみましょう。

〈手でにぎる〉

　ビーンズバッグやピッタンコセットの型をむしり取る活動（活動21、23）やロープやパラシュートの輪につかまってみんなで揺らす活動（活動案5、31、42）、伸縮ロープやプレーバンドをしっかりにぎって引っ張る活動（活動案9、10、11、15、16、18）は、手でにぎる力を育みます。

■活動案85──スクーターボードに乗ってつかんで進む（写真6-8）

　スクーターボードは、ボードにキャスターが付いている移動性の遊具です。このボードに様々な姿勢で乗って移動して楽しみます。ロープやフープをつかんで引っ張ってもらったり、たぐり寄せたりして進む活動では、にぎる動きを軸に身体運動をコントロールする力が求められます。

■活動案86──ブランコを楽しむ

　公園のブランコをこいで遊びましょう。座ってゆっくりと自分でこいだり、大人が動かしてあげたりして、一般的なブランコ遊びを楽しむ中で、鎖をしっかりつかみ、腕を引き寄せる動きを意識づけていきます。アスレチック施設などにあるターザンロープも効果的です。

写真6-8　スクーターボードに乗ってつかんで進む

〈ちぎる・まるめる・つまむ〉
■活動案 87 ──紙を使う（写真 6-9）

身近な素材である新聞紙は、様々な遊びを生み出す遊具になります。紙を思いっきり破ったりちぎったりする活動は、それだけで子どもたちに快感を与えます。紙を手で破るときの音を活用してリズム遊びに発展させたり、小さくちぎった紙を紙吹雪にして舞い上げて楽しんだりすることもできます。また、新聞紙をまるめてたくさんの玉をつくり、かごや箱に投げ入れて楽しむこともできます。

写真6-9 新聞紙を使って手指の運動を促す

ちぎった紙を使ってちぎり絵の活動を取り入れると小さな紙をそっとつまむ動きを体験することができます。自分で作ったもので遊び活動が広がっていく期待感の中で、子どもたちは集中して手指をたくさん使う活動をします。

(5) 記憶する力と結びつける力を育む

発達障がい児の子どもは、ワーキングメモリ（作業記憶、作動記憶）と呼ばれる記憶の働きに何らかの弱さや偏りがあり、そのために生活や学習に様々な影響が出てくると考えられています。ワーキングメモリの小さい子どもたちは、見たり聞いたりして得た情報を一時的に保持して活用することが苦手です。そのため、時間内に作業を終えられなかったり、手順や段取り、効率が悪かったりします。そんな子どもたちはしばしば、教室で明るいけれどよく空想にふける子、不注意な子、勉強嫌いの子といった誤解を受けてしまいます。そのようなレッテルを貼らせないために、一人ひとりの子どものワーキングメモリに配慮して、一度に提供する情報を少なくしたり、視覚的手がかりを組み合わせて提示したりする工夫をしながら、子どもが記憶し、それらを結びつけて動く体験を豊富に提示する必要があります。

■活動案 88 ──音と動きの関係を記憶して動く

音を鳴らす回数や「笛では座る、カスタネットでは立つ」など数種類の楽器の音色を聞き分けて動く活動を楽しみます（第7章参照）。音を聴いて形板やスペースマットの上に乗る活動（活動案36、64-②）やフープの中に入る活動（活動案54）において、「太鼓の音が2回鳴ったら赤色のフープに入る、3回のときは黄色のフープに入る」、タンバリンが「1回鳴ったら1人で、2回鳴ったら2人で、3回鳴ったら3人で協力してスペースマットに乗る」など、聴知覚と記憶の活動に、視覚と動きの連合、数の合成や社会性の要素を取り入れて発展させるのもよいでしょう。

■活動案 89 ──経路を覚えて渡る（写真 6-10）

4×4や5×5などの碁盤の目のように並べられたフープや形板を示された経路に沿って渡っていきます。「赤を2つ左に渡って青1つ……」など、ことばの指示やパターンカードの内容

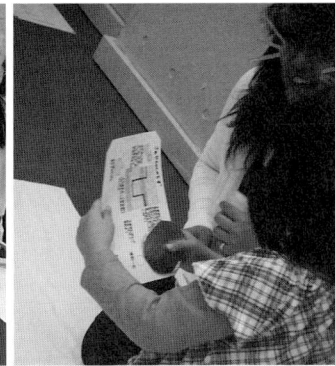

写真6-10　経路を覚えて渡ろう

を記憶して進んだり、他の人が実際に進むのを見て記憶し、同じ経路を選んだりすることに挑戦します。

(6)読む力と数える力の土台づくり

　机上の学びの基礎となる読む力と数える力も、楽しいムーブメント活動の中で全身を使って育むことができます。そのためには、知覚の発達とともに、分類や系列化、1対1の対応など概念形成の力を高める必要があります。すなわち、同じ形や色の仲間を集めたり数えたり並べたり、位置関係や方向性を高める活動を十分に経験することが大切です。これらは、国語や算数の教科学習に発展していきます（第11章186頁参照）。

〈分類する力を育む〉

■活動案90——同じものを集める（写真6-11）

　ビーンズバッグや形板などの遊具を使って同じ色や形のものを集める活動をします。床に遊具を広げて置き、具体的な見本を提示して「これと同じものを見つけられるかな」と問うたり、「赤い色のもの」や「丸い形のもの」、「黄色くて三角のもの」というように色や形による分類を促す課題を出したりします。生活の中でも、おもちゃやクレヨンなどを片づける場所に写真やイラストを貼って、「同じもの」をしまう場所を意識できるように工夫するとよいでしょう。

　同じものを見つけることができたら、「仲間集め」にも発展させます。物の属性を理解してグループ分けができることは分類の基本です。家庭では、衣服を使って、「パパのもの」「ママのもの」「僕のもの」と分けてみるとお手伝いも楽しんでできるかもしれません。

　また、できるだけ広い場所に遊具を散

写真6-11　黄色い三角を集めよう

りばめたり、集めたものを頭や肩に載せて運んだり、集めたものを穴の開いた箱や少し高い位置に設定したカゴに投げ入れたりするなど、他の課題の要素と組み合わせて動きの拡大を図ることがポイントです。

■活動案91──同じ人で集まる
　子ども一人ひとりが遊具を手に持った状態で、カラーロープで床に形を描き、「赤いものを持っている人は赤いロープの中に集まれ」「四角いものを持っている人は四角の形に集まれ」と呼びかけることで、遊具を集めるのではなく、「遊具を持った人が集まる」課題に発展させることもできます。性別や帽子や服の色などの属性を利用することもできます。複数の属性を組み合わせた活動を十分に楽しんだ後、その属性について問いかけ、「僕が持っているのは、黄色で三角の形板です」、「○○ちゃんは、髪の毛が長くて、赤いスカートで、白い靴下を履いている女の子です」などと紹介する活動を取り入れてみましょう。

〈空間意識を育む〉
　空間意識を育むためには、個人空間と共同空間について考えます。個人空間とは、手足を広げて触れることができる範囲の個人を取り巻く空間を指します。共同空間とは、複数の人間が利用している空間のことです。個人空間と共同空間の中で、または物や他者との関係の中で、前後左右の方向性を理解することが大事になります。

■活動案92──個人空間と共同空間で自由に動く
　個人空間を知るために、各々が離れて立ち、一人でその場で様々に動くことを促します。できるだけ小さくなったり、あらゆる方向に手足を伸ばして大きくなったりします。「どこまで届くかな」とことばをかけたり、音の強弱、高低でイメージを助けたりするとよいでしょう。また、身体が球体の中に入っているイラストを見て、これがどんどん小さくなってきたり、内側から押し広げて大きくなったりするようなイメージで動くとわかりやすいでしょう。
　共同空間を知るには、部屋の中を自由に走り回るように指示します。お互いにぶつからないようにうまく避けながら、部屋の隅々まで動いて回るように促してみましょう。空間の広がりを意識できないと自由に方向転換して移動することができず、身体意識の発達が十分でないと他者や障害物をうまく避けて動くことができません。

■活動案93──前後左右に移動する(写真6-12)
　空間を自由に動くためには、身体の中心から、上下（垂直方向）・左右（水平方向）・前後（矢状方向）の3つの方向軸を把握することが大事です。色の異なる5個のフープを用意して、中央に1つ、その前後左右に1つずつを配置して、前後左右の指示に合わせて、跳んで移動します。
　集団で大きな輪になってロープを持って両手を上下左右に動かしたり、ダンスムーブメントで、手をつないで前後左右に動いたりする活動も効果的です。音に合わせながら、前後左右のことばがけとともに方向性を意識して動きましょう。

写真6-12　5つのフープで方向性を理解しよう

写真6-13　2人組で移動する

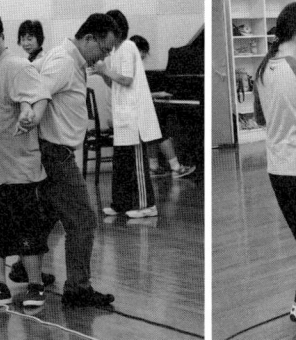

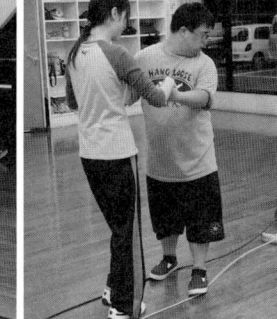

■活動案94──複数人で一緒に移動する（共同空間と方向性の確認、写真6-13）
　2人組で常に横に並んで移動する場合と、向かい合った関係や背中合わせの関係を保ったまま移動する場合の違いを体験します。スタートとゴールは同じでも、2人の位置関係で、自分自身の身体の向きは横向きだったり後ろ向きだったりします。共同空間においては、2人一緒に移動していますが、向かい合った場合や背中合わせの場合では、動いた軌跡に対して、自分自身の身体を軸にした方向性は反対になることが実感できるでしょう。大きなフープやロープの輪の内側に複数人で入って移動すると、もっと複雑になります。

〈見分ける力を育む〉
■活動案95──避けて進む
　形板やフープ、スペースマットの島渡りの活動（活動案37、55、64）で、色や形を指示して進んでいく課題は、見分ける力を育む基本的な活動です。指示されたものを選んで進むだけでなく、「青い色の形板は、お池です。落ちると危ないから、飛び越えて」と、避けて進む課題にすると、子どもたちはより集中して慎重に動くようになります。

■活動案96──3色のロープで分かれ道を歩く（写真6-14）
　カラーロープを床に置いて、その上を歩く活動は「図と地の関係」の理解を促します（活動案6参照）。発展形として、3色のロープの真ん中に形板やフープを置いて中継点を設置して、途中で色の変更を指示して遊ぶ方法もあります。「黄色いグニャグニャ道の後は緑のまっすぐな道へ行ってね」などの課題を出します。

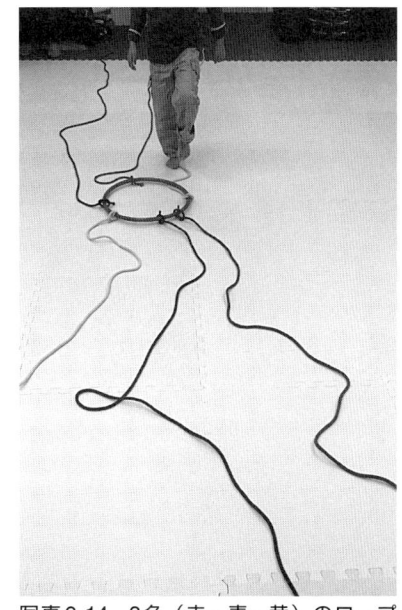

写真6-14　3色（赤・青・黄）のロープを使って、中継点で色を変更して進む

〈数える力を育む〉
■活動案97──数えながら動く
　トランポリンを、「1、2、3」と数を数えながら跳びましょう。「1、2、3」のリズムの「3」で高く跳んだり、5回跳んだら止まるという活動を取り入れたりして、数を意識させます。ブランコ遊び、ボール遊び、なわとびなどの様々な活動にも取り入れることができます。ロープやプレーバンドの輪を引っ張ったり、片足ポーズなどのバランスポーズに挑戦したりするときも「10秒ポーズできるかな？」などと声かけをして、数を数える活動を取り入れましょう。また、数字の順に並べた形板の活動（活動案38）では、「数の分だけ進む─戻る」の動きを通して、足し算や引き算の基本的な概念を身につけることができます。

■活動案98──お店屋さんごっこを楽しむ
　遊具を様々なものに見立ててお店屋さんごっこを楽しみます。一人に1つずつ遊具を配達したり、「3個ください」などの問いかけに応えたりして、「1対1の対応」や「具体物を数える」力を育みます。硬貨を紙で作ってその枚数を数えることも加えることができます。

■活動案99──ボウリングゲームを楽しむ
　空き缶やペットボトルとボールを使ってボウリングを楽しみます。2回ずつ投げて、1回目と2回目に倒れた数を集計します。数字でスコア表に書き込む代わりに、倒れたピンの数と同じだけのビーンズバッグを並べたり、シールを貼ったりして、数のかたまり（集合）をとらえる力をつけていきましょう。玉入れゲームでも同じように活動することができます。

■活動案100──ビーンズバッグと的を使う
　ビーンズバッグの的には中央が10点、その周りに8点、6点などの得点エリアが示されていて、これらを活用することで数の学習をすることができます。例えば、3個のビーンズバッグを投げ、それぞれの得点の合計を高める活動を通して、子どもたちは、できるだけ多くの得点が取れるように、的に近づいたり、投げ方を変えたり、強く投げたりするでしょう。自分を中心に、高さ、位置関係などを確かめていく活動に熱中しながら、足し算の課題に取り組むことができます。

〈比べる力を育む〉
■活動案101──比べてみよう
　様々な遊具を使って、多い─少ない、大きい─小さい、長い─短い、高い─低いなど比較する課題を活動の中に取り入れていきましょう。例えば、「大きい方のフープに入ってみよう」「短い方のロープの道を渡ってみましょう」などの活動を設定したり、バケツやカゴを両手に1つずつ持って人間天秤になりきり、様々な遊具を入れて「重い─軽い」を表現して遊んだりします。また、カラーボール3個とビーチボール2個を並べておいて、「多い方をください」「大きい方をください」と問いかけることもできます。

〈並べる力を育む〉
■活動案102——並んでみよう

　長さと太さの違いがはっきりわかる紙パイプを用意して、1人1つずつ自由に好きなパイプを選ばせます。持っているパイプの「長さ」や「太さ」の順に並んでみるように問いかけます。順番に並ぶことができたら、自分は何番目かを意識させます。形板や数字カードを配ったり、誕生月を確認したりしてから、「数の大きい順、小さい順」に並ぶ活動を、電車ごっこなどの前に取り入れてもいいでしょう。

写真6-15　法則に沿って並べる

■活動案103——法則に沿って並べる（写真6-15）

　ビーンズバッグやピッタンコセットを活用して、「○△□○△□……」の順に並べたり、「赤2つ、青1つ、黄色2つ」の繰り返しで並べたり、決められた法則を意識して並べる遊びは、序列化の能力を促すことになります。

　フープ、形板、スペースマットなどを活用して、「赤—黄—青—赤—黄—青……」と色や形の順序を決めて繰り返し並べたり、「フープ—形板—スペースマット—フープ—形板……」と遊具の種類を繰り返して並べたりします。並べてできた道を声に出しながら渡って楽しみます。また、色や形や遊具の種類を指定された順序で選んで渡っていく遊びにも発展させます。

　スカーフを活用した洗濯ごっこの遊び（活動案33）では、スカーフを長いロープに干す際に、色の順番を決めて並べてカラフルな洗濯干しの風景を作って遊びましょう。

2「他者と関わる喜び」を支える

(1)ともにいる機会を増やす

　発達障がい児が他者との協力作業や集団活動を苦手とするのには、いくつかの理由が考えられます。例えば、様々な刺激に過敏に反応してしまう子どもがいます。また、予測できない出来事に対して不安になってしまう子どももいます。ムーブメント活動の場では、遊具や音楽の活用によって、そうした子どもたちに受容的な環境を用意することで、彼らが自ら関わりたいと思って参加することを可能にします。また、子どもたちに安心感を与え、集団活動の場に身を置き続けることを助けます。ムーブメント教育によって様々な特性の子どもたちが「他者とともにいる」機会を無理なく増やしていきましょう。

〈遊具を介してともにいる〉

　人と触れることを極端に嫌がる接触過敏の特性を持つ子どもに対しては、手をつなぐなどの行動を無理に強要しないことが肝要です。人と直接触れなくとも、ロープやパラシュートなどの遊具を持つことで他者とつながることができる活動が効果的です（活動案5、10、16、31、42、45）。また、ユランコやパラシュートの揺れの活動（活動案40、46）は子どもたちに人気がありますが、これらの遊具を動かすのも人であることが重要です。子どもの好む感覚刺激を軸とした活動の周囲に必ず他者が存在しており、楽しい揺れの遊び体験の記憶が、遊具を動かしてくれる周囲の人々の笑顔とともに刻まれていくことでしょう。

■活動案104——フープを持ってみんなで輪になる（写真6-16）
　フープを一人ひとりが持って行う活動（活動案48）を十分に行った後で、フープを介して隣の人とつながり、全員で輪になって、音楽に合わせて歩いて楽しみます。背の高さが違う人同士でも、直接手をつなぐことが苦手な子どもでも、フープを介することで無理なく輪になることができ、一体感を得る活動となります。

〈遊具が作る空間を共有する〉

　パラシュートの下にもぐったり、ドームの中に入ったりする活動（活動案43、44-②）、スカーフによるファンタジックな風景を活かした活動（活動案27）は、まさに、遊具によってできた空間を共有することで、子どもたちが他者と「ともにいる」ことを実現します。

　形板やスペースマットの上に乗ったり、フープの中に入ったりする活動（活動案36、54、64-②）も夢中になる中で無理なく空間を他者と共有することを促します。水中ムーブメントの活動では、遊具に加え「水」の環境がともにいる体験を支えてくれ

写真6-16　ループを持ってみんなで輪になる

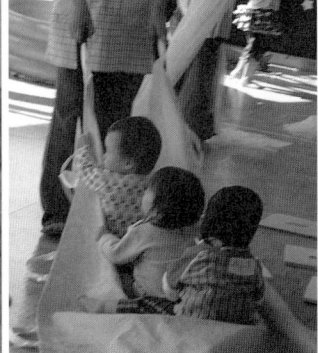

写真6-17　乗り物ごっこを楽しもう

ます（第9章参照）。

■活動案 105 ――乗り物ごっこを楽しむ(写真 6-17)
　ユランコ（大）をソリに見立てたり、ロープの輪の中に入って電車やバスに見立てたりして、乗り物ごっこを楽しみます。船のイメージで吊し遊具やパラシュートに乗って揺れを楽しんだり、パラシュートやレジャーシート、薄くて軽いマットなどをみんなで高く上げて、飛行機や飛行船になったつもりで動きを合わせて移動したりすることができます。乗り物のイメージを共有することで、他者とともに空間を共有したまま、様々な動きを体験することができます。

(2)自己コントロールの力を育む

　発達障がい児の中には、衝動的な言動が多く、何の前ぶれもなく発言したり、友だちをたたいたりする子どもがいます。感覚情報の受け取り方が過敏もしくは鈍感で、周囲の様子を判断することができないことが原因だと考えられています。また、多動性の傾向がある子どもは、絶えず動き回ったり大声を出したりして、落ち着きがないと思われがちですが、これも、自分勝手やふざけているのではなく、視覚的な情報や身体の傾きに関する情報がうまく処理できず、外からの刺激が十分に入らないので、より強い刺激を求めて動き回るのだといわれています。集団生活の中で他者と良好な関係を築いていくには、自分の言動を制御する力が必要です。
　アメリカのADHD研究の第一人者であるバークレー（R. Barkley）は、遊びや運動を適度に取り入れていくことで行動抑制を促進していくことを推奨しています。ADHD児をはじめ、発達障がい児の中には、自己の身体意識、周囲を取り巻く時間・空間の因果関係の意識などが弱いため、行動をコントロールする上で、様々な困難を生じさせていると考えられます。自己コントロール力の不足している子どもには、身体を思い切り動かす機会を定期的に与え、注意と集中の拡散を図っていくことが大切です。
　ムーブメント教育では、落ち着かせたり、静かにさせたりすることより前に、筋感覚・前庭感覚を刺激する動きを中心にたくさんの動きを経験して、楽しい活動の中で身体を十分に動かすことを応援します。そして、動的活動が満たされた後で静的活動を展開していきます。動的活動と静的活動とをバランスよく循環させることにより、子ども自身の自己制御が促進され、さらに時間的感覚を形成するのにも有効です。

■活動案 106 ――「スタート」―「ストップ」を取り入れる
　音が聞こえている間は激しく動き回って、音が止まったらその場で止まります。ストップのとき、遊具の上でポーズをしたり、音の違いで入る遊具を変えたり（活動案88、146）、他者と身体のどこかで接して止まったりすると、より制御する力が必要になります。
　トランポリンをたたいたり、パラシュートを揺らしたりしてボールなどを跳ねさせる活動（活動案45、81）では、強く―弱くの対比や、激しく動かした後で一斉に止める動きを織り交ぜ、その場面に合ったことばがけを添えることで、動と静を視覚的また運動的に認識させることができます。

写真6-18　平均台の上でフープをくぐる　　写真6-19　冬眠中のくまさんを起こさないように「そーっと」移動する活動の様子

■活動案 107 ──サーキットプログラムを楽しむ（写真 6-18）

　サーキットプログラムを利用して、複数の活動案を体験しながら進んでいきます。トランポリンなどの全身を自由に思い切り動かして取り組む活動と、平均台の上でフープをくぐるような高度なバランス能力と集中力を必要とする活動を適宜織り交ぜていくとよいでしょう。

■活動案 108 ──「動」と「静」をイメージして動く（写真 6-19）

　スタートとゴールのラインを決めて移動する課題に、「熱した鉄板の上」や「薄い氷の上」にいるとイメージさせたり、「突風に吹き飛ばされた葉っぱ」と「そよ風にふわふわ舞う綿毛」というイメージを対比させたりして動いてみます。また、身近な生き物や絵本の登場人物になりきって動くことで、「動」と「静」の動きの必然性を取り入れたプログラムを考えてみましょう。

(3) 快的情動の交流を楽しむ

　第8章で詳しく紹介するように、親子のふれあい遊びやペアのダンス、全員で輪になって手をつないで行うダンスムーブメントの場面では、身体が交わり「溶け合う」ような関わりの中で、笑顔や笑い声が多く観察され、情動的交流が生じています。このような場面は、人間のコミュニケーションの原初的な姿であり、他者との関係性の土台になります。発達障がい児の支援においても、身体を通した情動的交流を保証することが重要です。

　情動の重要な働きの一つは、他者と共振する点にあります。それは、並べて立てた２つの同じ振動数の音叉の片方を振動させると、他方の音叉も自然と共振するという性質に似ています。この情動の働きは単独で機能するものではなく、感覚運動機能、知覚機能などの諸機能と不可分につながり合って働いています。大人も子どもも一緒になって同じ風景を見て感じ、身体的共振を軸に情動を交流させる体験は、子どもが「自分の感じ方が隣にいる人と同じだ」ということを実感でき、「自分の感じ方はこれでよいのだ」「自分はこれでよいのだ」「自分はここにいてよいのだ」と確認する貴重な場となるでしょう。

写真6-20　風船でファンタジーの世界をつくる

■活動案109──ふれあいを楽しむ
　楽しい歌を歌いながら、子どもの身体に触れたり、くすぐったり、軽くタッピングしたりして快の感覚刺激を促したり、両手両足の曲げ伸ばしを取り入れながら軽く揺さぶってあげたりします。子ども同士で行う場合は、リズムや動きをより単純にして共有を促します。動きを繰り返すことで一体感や高揚感を高め、安心感の受け渡しができるように心がけ、身体間の「共鳴・共振による身体的同調」を促します。

■活動案110──風船のファンタジックな風景を楽しむ（写真6-20）
　風船は空中でふわふわと漂う動きが面白く、またカラーバリエーションも豊富なことから、子どもの好奇心を掻き立て、心が躍る体験を生み出す魅力的な遊具になります。大きなネットやパラシュートの上に風船を載せて揺らし、舞い上げると、子どもたちは歓声とともに跳び跳ねて喜ぶでしょう。大人も「わぁ～」と思わず声が出て笑顔になるような風景づくりを工夫して、「きれいだね」「嬉しいね」と語り合い、感動体験を共有します。
　パラシュートでポップコーンのようにカラーボールを跳ねさせたり、紙吹雪を散らしたりする活動も感動的で、ファンタジックな風景づくりに適しています（活動案45-②、③）。

(4)模倣する力を育む

　多種多様な動きを獲得するためには模倣する力が重要です。また、動きの模倣は、相手の意図を読み取る心の発達の基礎であり、他者とのコミュニケーションを活性化させる力になると考えられています。そのため、発達障がい児（特にASD児）が抱えるコミュニケーション能力や社会性の問題は、模倣能力の障害に関連しているという主張がなされてきました。
　ここでは、他者の動きや表現を模倣し共有する活動を紹介します。そのような活動においては、子どもの動きに対して大人が応答的であることが重要性で（小林ら，1992）、模倣される体験を多く積むことが子どものコミュニケーション能力を発達させます。すなわち「模倣される」ことは、他者からの受容、他者からの投げかけや認識となり、他者との関わりにおける自発性や社会的相互作用の増幅につながると考えられています。

写真6-21　忍者になって遊ぼう「分身の術」・「変身の術」

■活動案111──忍者になって遊ぼう（写真6-21）
　忍者のイメージを活用して、なりきって遊ぶ中で、動作模倣の要素を取り入れます。「分身の術」では、リーダー役の示すポーズや動きを真似します。「変身の術」では、動物や木や石やいろいろなものに変身します。互いに見せ合ったり、模倣し合ったりして、相手のイメージやアイディアを分かち合います。また、集団で合体して一つのものに変身したりして楽しみます（活動案154）。

■活動案112──リーダーに続け
　数名で縦1列になって並び、音楽に合わせて移動していきます。一番先頭の人の歩き方を順々に後ろの人が真似して進んでいきます。しばらくしたら、先頭の人は立ち止まって一番後ろにつき、2番目だった人がリーダーになります。コースには、様々な遊具や障害物を置いて、移動の動きに変化をつけやすくするとよいでしょう。

(5)他者に作用する体験を楽しむ

　他者に要求して何かをしてもらったり、他者に指示を出して動かしたりする活動を通して、他者意識を高めます。例えば、他者に揺らしてもらうのが楽しいユランコやパラシュートの活動（活動案40、46）において動き出しの合図を子ども自身に出してもらうように促します。ことばによる合図だけでなく、手をたたくなどのジェスチャーを取り入れてもいいでしょう。大事なのは、子ども自身が他者に作用することで「楽しい」という体験を得ること、そして関わりたいという意欲を育てていくことです。

■活動案113──コンダクターになろう
　コンダクター（指揮者）のジェスチャーによる指示で、他の人全員（オーケストラ）が拍手します。コンダクターはスカーフを振ったり走ったりします。その動きに合わせて、オーケストラは、拍手の大きさ、速さなどを変化させて楽しみます。足踏みしたり、声を出したり、楽器を使ったりと拍手以外の方法で発展させるのもよいでしょう。コンダクター役が主体的に動くのが難しいときは、まずは簡単な指示（手を上げたら拍手、下げたら止めるなど）から始め

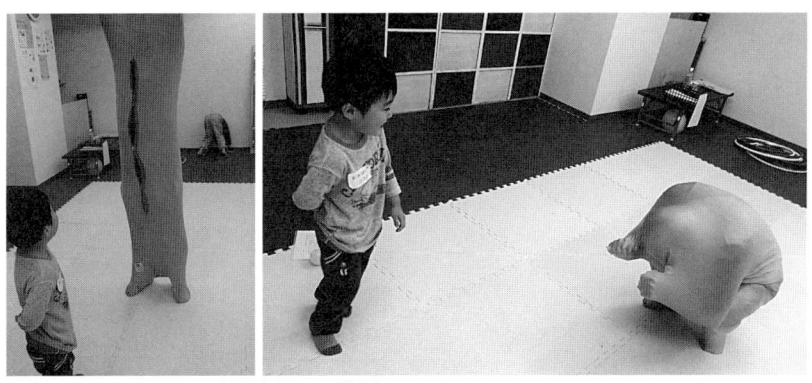

写真6-22 コクーンの人形を操って遊ぶ

て発展させましょう。スカーフをつなげて輪にし、中央で動く人に合わせてウェーブを表現するやり方でも同じような活動ができます（活動案31）。

■活動案114──お気に召すまま：人形あそび（写真6-22）

　大人が人形役になって、子どもはその人形の手足を動かして様々なポーズをとらせたり、スカーフで着飾らせたりして遊びます。実際に身体に触れて動かしたり、「大きくなれ」「丸くなれ」「細くなれ」などのことばの指示でも動かしたりします。人形役がコクーンの中に入って行うと、より創造的な活動に発展するでしょう。慣れてきたら、子ども同士で交替してやってみましょう。

(6) 他者と合わせて動く力を育む

　ペアやグループで力を合わせて動いたり、タイミングを合わせて動いたりする体験を促します。効率良く動くためには様々な調整を必要としますから、より高度な運動機能を身につけるようになります。また、相手の動きに合わせながら他者の存在を意識することで、他者と関わる力を促進していきます。

■活動案115──2人で運ぶ（写真6-23）

　スカーフにビーンズバッグや風船を載せて運ぶ活動（活動案29）を行います。新聞紙やトレーでもできます。また、風船や形板などを、手を使わずに2人の身体ではさんで運んでみましょう。バランスボールや大型パイプを2人で協力して転がして進む活動も楽しいでしょう。

写真6-23 2人で運ぶ

写真6-24 場所を入れ替わってスカーフをキャッチする

■活動案116──渡す─もらう

　ムーブメントスカーフを投げる─受け取る活動（活動案28）をはじめ、様々な遊具でキャッチボールを楽しみます。ビーンズバッグ、風船、ボールの他、丸めて結んだロープや形板も「渡す─もらう」活動に使えます。

　また、スカーフやトレーに載せた風船を隣のペアに渡す活動も効果的です。上に載せたスカーフだけでなく、スカーフやトレーごと渡す方が難しくなります。

■活動案117──場所を入れ替わる（写真6-24）

　2人組になって、各々がスカーフ（小）またはビニール袋を真上に投げ、互いの場所を入れ替わって相手が投げ上げたスカーフを受け取ります。慣れてきたら、少しずつ2人の間の距離を広げて挑戦してみます。さらに人数を増やしてサークルを作り、スカーフを自分の真上に投げたら、移動して隣の人のスカーフを受け取ります。慣れてきたら、隣の隣、隣の隣の隣、と移動距離を伸ばして挑戦します。隣の人が取りやすくなるように、スカーフやビニール袋の滞空時間が長くなる投げ方を工夫するように促します。棒を床について「トントンパ」で棒が倒れる前に隣の棒をキャッチしたり、床について跳ね返るボールをキャッチするやり方に発展させることができます。また、2人で高く上げピンと張ったスカーフ（大）をタイミングを合わせて離し、スカーフが宙に浮いている間に、それぞれの立っていた場所を入れ替わり、スカーフの端をキャッチする活動もあります。

3「自分と他者を大事に思う心」を支える

(1)自分への気づきを高める

　発達障がい児は、自己意識と他者意識および自他の関係性に関する能力に障害を有することが多いため、周囲との関係の中で自己理解を深めていくことが少ないと考えられています。さらに、周囲からの度重なる叱責や非難を経験することもあり、自己評価を低下させたり、他者

との信頼関係を上手く築けなくなったりすると推察されています。

そのため、「呼名（お名前呼び）」の活動を中心に、一人ひとりが大事にされる場面を重視します。名前は、人間が対人関係の中で社会化されアイデンティティを確立していく際の最も重要な手がかりです。また、「身体」も重要な手がかりです。自分や他者の名前と身体が大切にされる活動を通して、子どもの自己意識・他者意識を呼び覚まし、個々の言動の多様性への理解を深めていく中で、自我の確立を企図します。

■活動案118──名前ポーズ遊び

「あなたのお名前は？」との問いかけで、一人が自分の名前を声に出しながら、自由にポーズをとります。即座に全員が同じようにその人の名を呼びながらポーズを模倣します。各々のポーズを全員で真似できたときは、その子の名前をみんなで呼んで拍手するように促すと盛り上がります。模倣される喜びとともに、自己意識、他者意識を高めます。

応用としては、最初の人が隣に自分の名前を声に出してポーズを見せ、それをどんどん隣の人にまわしていくやり方もあります。リズムよくポーズを送って楽しみます。どこでも誰でも、それを自分のポーズに変えることができますし、まわす方向を逆まわしにすることもできます。

■活動案119──身体画を描いて楽しむ（写真6-25）

大きな紙や布の上でポーズを取り、実寸大の身体を縁取りしてもらいます。親子で交代して、大人の身体の大きさを実感するのもよいでしょう。継続した活動の場合は、1年前の身体画と比較して成長を実感してみたり、自分のいまの気持ちを表す独自のポーズをとったりするのもよいでしょう。シルエットラインを活かして、塗る、貼る、切り抜くなど、自由な創作の時間を確保します。手型や足型を押して、シルエットラインの内外を彩るのもよいでしょう。シルエットラインを移動して遊ぶこともできます。最後に、各々の身体画を壁に貼り出し鑑賞し、誰のものか当てたり感想を語り合ったりして想いを共有します。切り抜いた全員の身体画をさらに組み合わせて、大きな木や抽象画を描いても面白いでしょう。紙の代わりに色のついた透ける素材を使って光を当てるとファンタジックな展開になります（第12章229頁参照）。

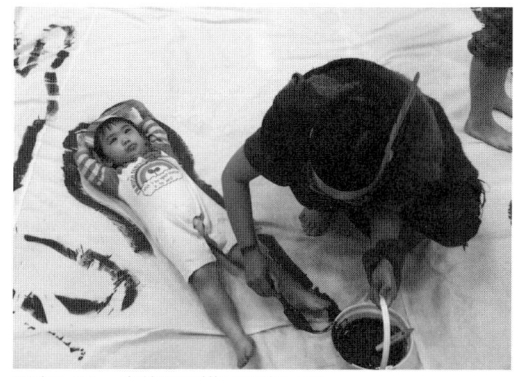

写真6-25　身体画を描いて楽しむ

(2) 自己決定・自己表現の力を育む

　発達障がい児は、日々の生活の中で失敗経験を重ねてしまいがちです。「どうせやっても自分にはできないから」と意欲や自信をなくし、能力を発揮することを怖がったり嫌がったりして、指示待ちになる傾向が見られます。それが、表面的な問題行動の減少ゆえに、「社会的な適応」という形で評価されてしまうことの怖さもあります。子どもが自ら目標を持ち、主体的に自ら判断・意思決定する体験を積み、自己決定力を養っていくための取り組みがもっと重視されるべきでしょう。

　ここで紹介する活動は、子どもが自分で選び、決定し、自ら遊びの環境を作っていく体験を重視しています。発達障がい児にとって、自己選択や自己決定は「自立」につながる行為であり、その力を自由度の高い遊び活動の中で楽しみながら育んでいきたいものです。

■活動案120──ハットフリスビーの運び方を工夫する（写真6-26）

　ハットフリスビーは柔らかい布製の帽子のような遊具です。これを頭や肩に載せて移動する活動を促します。運ぶ枚数や乗せる部位を自分で決めます。フープやロープで移動する経路をつくり、自分の考えた運び方を披露します。「別の方法でもできるかな」とことばがけしたり、独自の発想を認め合いながら楽しみましょう。ビーンズバッグを身体部位に載せて運ぶ活動（活動案20）でも同様の展開が可能です。

　同じように、活動案25、35、37、53、55、64でも自己決定を取り入れた活動が展開できます。また、サーキットプログラムでは、コースを複数用意して、自分で選択して進めるようにしておくとよいでしょう。

■活動案121──歩数を自分で決めて進む

　スタートとゴールを決めて、何歩でゴールするか自分で決めてから進みます。宣言した歩数になるように途中調整しながら進みます。フープや形板、スペースマットの島渡りの活動（活動案37、55、64）でも取り入れることができます。

写真6-26　フリスビーをいろいろな方法で運ぼう

■活動案122──「風」になって動く
　動物や自然現象などのイメージを身体で表現するダンスムーブメントの活動のように、「どんなふうに」や「どうやって」と問いかけていくと、より創造性を必要とする活動になっていきます（第8章参照）。例えば、「風」をイメージして様々な動きを体験した後で、「では最後に、あなたはどんな『風』になりたいですか？　どうやって表現しますか？」という問いかけをします。一人ひとりが自分の表現をつくり出す体験を応援して、生み出された動きを認め合い共有しましょう。

(3) 自己効力感を高める

　自己効力感（Self-efficacy）とは、「自分はそれができる」という期待や自信を意味し、自分自身を価値ある存在として捉えるための重要な概念です。

〈達成体験とスモールステップの適度な課題〉

　自己効力感を高める最も強力な要因として、「達成体験」があります。達成体験とは、ある問題や課題を自分がクリアすることができたと感じることや、それまでできなかったことを「できた」と感じることです。逆に言えば、提示された課題に取り組むための発達が十分でない場合、自己効力感にマイナスの影響を及ぼす可能性が高くなります。

　そのために、取り組む課題の難易度が重要になってきます。適度の難易度を持ち、なおかつある程度成功経験が得やすい課題が必要です。いくら周りが達成を褒め称えても、本人が満足できなければ意味がありません。現在の自分が努力することで達成できる「身近な目標」を設定させることが必要です。そして、それが達成できたら次に達成する「中くらいの目標」、そして「遠い目標」とステップアップさせていきます。

　また、発達障がい児は、様々な環境からの影響を敏感に受けるので、時と場合によって、臆病であったり大胆であったりします。ムーブメントのリーダーは、一人ひとりにとって何が発達的に適切な挑戦であるかを理解することに努めると同時に、子どもを取り巻く環境に応じたスモールステップをいくつも準備して提示できる力が求められます。

■活動案123──平均台の上を歩くためのスモールステップ
　平均台の上を歩く課題に挑戦するためのスモールステップとして、例えば、床に置いた形板の上を歩く→ロープの道（15cm）を歩く→ロープの道（10cm）を歩く→1本のロープの上を歩く→低くて幅広の歩行板の上を歩く→平均台の上を自分でできる方法で移動する→補助者の手を取りながら平均台の上を交互に足を出して歩く→平均台の上を一人でゆっくり歩く、などが考えられます。

〈肯定的ストローク〉

　肯定的ストロークとは、肯定的なことばがけ、拍手や笑顔などの働きかけのことを指します。自己効力感を高めるためには、自分の行為や結果に対する肯定的なフィードバックを得ることが必要です。発達障がい児にとって、自分がしたことを振り返ること、他者から承認されてい

ることに気づくことは難しい場合が多いので、うまくできたときには、すぐにわかりやすい肯定的な働きかけを示す必要があります。

　肯定的ストロークを可能にするための具体的な方法として、「競争の排除」があります。体育やスポーツの分野には競争の機会が当然のように設定されていますが、競争が使われると勝ちと負けが有能さを測る基準になり、そこには必ず負けて失敗する子どもを生み出すこととなります。第2章で紹介したように、ムーブメント教育では、「競争排除の原則」が掲げられており、他者との競争場面を極力少なくするべきと考えています。ガラヒュー（Gallahue, 1996）も、「競争は決して教育的な体育プログラムの中心にはなりえない。子どもが運動有能感を十分に発達させ、また、競争的場面における協力行動を評価できるようになるまで競争をさせてはいけない」といった趣旨の警鐘を鳴らしています。特に発達障がい児の支援においては、競争以外の方法で自己効力感を高める必要があります。新しいことに挑戦する気持ちを応援したり、子ども同士が活動中に互いに認め合うことを促進したり、協力的な存在としてあることを確認したりすることで、自己効力感を高めます。

■活動案124──競争しないリレー
　小さめのトラックを用意し、1周ずつ交替して走ります。手拍子や音楽、励ましの声で一人ひとりの走りを応援します。順番を決めて次の人にタッチして交替したり、バトンを受け渡したりすることは、競争相手がいなくとも、子どもたちは楽しんで実行することができるのです。より速く走ることへの挑戦を促したいときには、全員が1周するタイムを計って、前回の自分たちの記録より速く走れるように励まします。また、途中に障害物を置いたり、2人で手をつないだり、バトンに代わるものを協力して運んだりする要素を加えるとさらに発展します。

(4) 時間の意識を育む

　発達障がい児は時間の概念が十分に育っておらず、見通しを持つことが苦手で、自分の行動を反省したり見つめ直したり、目標を掲げて行動したりすることに困難さを抱えているケースが少なくありません。過去の経験と現在の状況を比較して自己を評価することがうまくできなかったり、同じような失敗経験を繰り返してしまったりして、自己効力感を得ることが難しくなってしまいます。過去─現在─未来という連続した時間の流れを知覚し、その中で自分自身を位置づけて捉える力の育成につながる活動を紹介します。

■活動案125──「順番に」を大事にする
　パラシュートに一人ひとりを乗せる活動（活動案46）で、「○○ちゃんから、時計回りに順番に乗りましょう」と声をかけて順番を意識させます。今やっている人の位置から自分がどれくらい離れているかで、自分の順番がもうすぐなのか、少し後になるのか、体験的に理解していくことができるでしょう。
　また、サーキットプログラム（活動案107）や数字や大きさなどを手がかりにして順番に並べる活動（活動案102、103）も効果的です。統制のとれた見通しのつく環境の中では、発達障がい児も安心して物事の連続性や規則性を理解し、時間の概念を育んでいきます。

写真6-27　振り返りの様子

■活動案 126 ──振り返りをする（写真 6-27）
　活動の最後に振り返りの活動をします。「今日は何をしたかな？」と子どもたちの「気づき」を引き出すことから始め、子どもたちが体験で感じた驚きや疑問、感動にじっくり耳を傾け、他者と分かち合うことを重視します。自分の気づきや思いを表現することで、より強く記憶に残るでしょう。また、他の子どもの気づきや思いを知ることで、新たな気づきを生みます。活動の流れをボードに掲示してみんなで共有しながら語り合う、一人ひとりがことばや文字や絵で発表するなど、振り返る方法は子どもの年齢や発達段階、参加人数によって工夫することができます。一人ひとりが認めてもらえたこと、ともに遊びの場に参加したことが喜びや自信となり、次の活動へとつながります。

■活動案 127 ──過去の経験との連合を促す
　継続して活動を実施できるときは、子どもの過去の経験に関係づける場面を設定することができます。例えば、「昨日は、パラシュートを持ってムーブメントをしましたね。ここにパラシュートがあると思って（仮定して）、パラシュートの大きさで、みんなで円形に立ってみましょう」「先週使った遊具と同じものを選んで床に並べてください」などの問いかけがこの課題にあたります。

(5)思いやりの心を育む

　発達障がい児は、相手の行動からその意図や気遣いを察知し、そこにある行為を汲み取って対応することに困難があります。そのような特性から生じる言動や反応は、「自分を無視した」「思いやりがない」といった誤解を周囲に与えてしまいがちです。結果として集団の中で孤立してしまうこともあります。
　ムーブメント教育では、他者の行動に思いをめぐらせる体験を積むことで、思いやりの心を育て、配慮する行動を身につけていきます。また、年下の小さな子どもに配慮して優しく接する体験は、乳幼児の頃から自分が同じように大切に愛されて育ったことへの気づきを促すでしょう。

写真6-28 細い一本道で道を譲り合う 　　写真6-29 みんなで手をつないで移動する 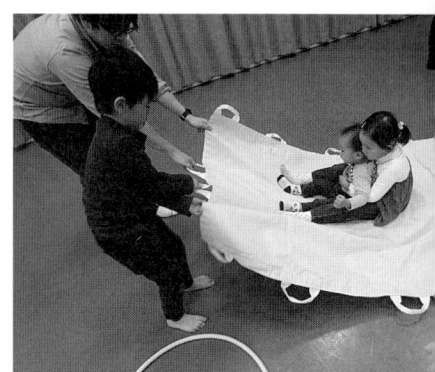　　写真6-30 小さな仲間を支えて座位を保つ

■活動案128——道を譲り合う（写真6-28）

ロープの細い道や平均台の両端から同時にスタートして、途中で反対側から来た仲間と道を譲り合ったり、うまく身体をかわしたりする場面を大事にします。

■活動案129——手をつないで移動する（写真6-29）

ロープの道を移動する活動（活動案6）や形板などの島渡り（活動案37、55、64）、避けて進む活動（活動案95）を数名で手をつないで行います。自然と子ども同士で配慮し合う姿が見られます。

■活動案130——ユランコを持って揺らす

自分自身がユランコに乗って揺らしてもらう体験（活動案40）と2人組でスカーフを持ちボールやビーンズバッグを載せて運んだり揺らしたりする活動（活動案29）に十分に慣れてから、揺らす側の役割に挑戦します。ユランコに大きなぬいぐるみなどを乗せて、やさしくそっと揺らしてあげるように促します。年下の仲間がユランコに乗るときも大人と一緒に持って、「嬉しそうだね」などのことばをかけながら仲間の表情に気を配るよう促します。

■活動案131——仲間を支えて座る（写真6-30）

ユランコのソリ遊び（活動案41）やパラシュートの活動（活動案46-①）、トランポリンの上で座る活動などで、座位を十分に保つことができない子どもや怖がって一人では乗ることができない子どもを支える役割に挑戦します。相手の様子を注意深くうかがい、しっかり座位を保とうとする様子が見られるでしょう。

(6)所属感や仲間意識を育む

発達障がい児にとって支援の場は、療育の場であるだけでなく、「居場所」としての機能を果たすことが求められます。居場所の心理的機能としては、被受容感（自分を受け入れてくれる人がいると思う気持ち）や精神的安定（無理しないでいることができる）などがあるといわ

れています。ここでは、「私」が大切にされている実感と共同体としての意識が育つような取り組みを紹介します。他者との関わりから得られる「自分はこの集団の仲間なんだ」「仲間から受け入れられている存在だ」という所属感が幸福感の源泉となるでしょう。

〈役割を交替する〉

役割交替は、ヒトにおいて顕著に進化した模倣形態であり、他者と同じ姿勢や動作を行う同型的模倣に比べると、①純粋に対人的である（自己の役割に対置される他者の役割がないと成立しない）、②非対称性を持つ（自分が役割Aを行う時には、他者は役割Aに対向する役割Bを行う）という2点の特徴があります。役割交替模倣は、自己意識と他者意識の発達と深く関わっており、協同の体験につながり、仲間意識の土台となります。

例えば、ユランコのソリ遊び（活動案41）の乗る側と引く側の役割交替のような単純な設定から、ビーンズバッグを投げ入れる側とかごを持ってそれを受け取る側の役割交替、そして、ストーリー展開における役柄の交替まで、様々なレベルでの役割交替を実践することが可能です。

■活動案132──フリスビーのフープくぐり（写真6-31）

一方がフープを持ち、もう一方がその中を通すように、フリスビーを投げます。単なる的当てではなく、投げる側もフープを持つ側も協力して遊ぶことを大事にして、役割を交替して楽しみます。

■活動案133──人間ボウリング（写真6-32）

人間をボウリングのピンに見立てて「絶対に失敗しないボウリング」を役割交替しながら楽しみます。1人が大玉（バランスボール）を転がし、ピン役の複数人はボールの動きに合わせて移動し、ボールに当たって跳ねる動きを表現して楽しみます。ピン役がコクーンを着るとイメージが高まります。

写真6-31　フリスビーのフープくぐり　　　写真6-32　人間ボウリング

〈発表して認め合う〉
　自分の作ったものや動きをみんなの前で発表する機会は、緊張したり照れたりする子どももいますが、互いに認め合い高め合う大事な機会になりますので、継続的に取り組むとよいでしょう。活動の小さな節目として、一人ひとりの動きを確認し合ったり、最後の振り返りの活動で子どもが自ら発表することに挑戦したりする機会を提供していきます。

■活動案 134──ムーブメントアート展覧会
　遊具を使って床にいろいろな形を描く活動（活動案 8、39、67-②）の後で、展覧会のようにみんなで作品を観て回ります。スカーフの見立て遊び（活動案 32）をもとに、ファッションショーごっこで見せ合うのもよいでしょう。
　テーマや工夫した点などを発表したり、感想を述べ合ったりして楽しみます。仲間が作ったもの紹介して、好きなところなどを伝え合いましょう。

〈協力して問題解決に挑む〉
　発達障がい児にとって、遊びの中でみんなと協力して問題解決に挑む課題は、「協力」の意義を学び、社会的スキルの獲得や相互交渉促進につながる重要な体験となります。楽しい遊び活動の中で他者と協力して達成感を得ることで、自分一人の力だけでなく、誰かとともにできることがあることを理解していきます。その結果、仲間への社会的相互交渉が増加したり、援助的な行動が自然発生的に誘発されたりして、社会適応力を伸ばしていくと考えられます。

■活動案 135──大玉ドッジボール（写真 6-33）
　2 人組や 3 人組で手をつなぎ、コートの中から出ない、手を離さないというルールで、転がってくる大きいボールに当たらないように逃げる遊びを楽しみます。自分だけ当たらないように相手の手を離してしまう子どもたちも、次第に「右」「左」と声をかけ合って協力しながら大玉をかわそうとしていきます。ボールのスピードや大きさ、数を変えて発展させることができます。

写真 6-33　大玉ドッジボール 　　写真 6-34　ボックスタワーをつくろう

■活動案136──ボックスタワーをつくろう(写真6-34)
　グループで様々な大きさの空き箱を積み上げてタワーをつくることに挑戦します。できるだけ高く積むにはどうしたらよいのか、積み方を工夫して挑戦します。カラフルな箱を用意して、「同じ色の箱が接しないように」と条件を加えていくと、より複雑な問題解決の課題に発展していきます。

(小林芳文、大橋さつき)

◆引用参考文献

Frostig, M. (1970) Movement Education: Theory and Practice, Follett Publishing Company／小林芳文 訳 (2007)『フロスティッグのムーブメント教育・療法』、日本文化科学社.

Gallahue, D. L. (1996) Developmental physical education for today's children, Brown & Benchmark／杉原隆 監訳（1999）『幼少年期の体育─発達的視点からのアプローチ』、大修館書店.

小林芳文・たけのこ教室スタッフ（1985a）『動きを通して発達を育てるムーブメント教育の実践1　対象別指導事例集』、学研.

小林芳文・たけのこ教室スタッフ（1985b）『動きを通して発達を育てるムーブメント教育の実践2　遊具・教具の活用事例集』、学研.

小林芳文・藤村元邦他（1992）『乳幼児と障害児の感覚運動発達アセスメントマニュアル』（全3巻）、コレール社.

小林芳文・當島茂登 編（2001）『障害児教育の新領域　自立支援活動の計画と展開1　認知発達を育てる自立活動』、明治図書出版.

小林芳文・永松裕希 編（2001）『障害児教育の新領域　自立支援活動の計画と展開2　身体の健康・動きを育む自立活動』、明治図書出版.

小林芳文・是枝喜代治 編（2001）『障害児教育の新領域　自立支援活動の計画と展開3　コミュニケーションを育てる自立活動』、明治図書出版.

小林芳文・飯村敦子 編（2001）『障害児教育の新領域　自立支援活動の計画と展開4　音楽・遊具を活用した自立活動』、明治図書出版.

小林芳文 著（2001）『LD児・ADHA児が蘇る身体運動』、大修館書店.

小林芳文・是枝喜代治 著（2005）『楽しい遊びの動的環境によるLD・ADHD・高機能自閉症児のコミュニケーション支援』、明治図書出版.

小林芳文 編（2006）『ムーブメント教育・療法による発達支援ステップガイド─MEPA-R実践プログラム』、日本文化科学社.

小林芳文 監修、横浜国立大学附属特別支援学校 編（2010）『発達の遅れが気になる子どものためのムーブメントプログラム177』、学研.

森田ゆり（1998）『エンパワメントと人権』、解放出版社.

第2部 方法・実践編

第7章 音楽ムーブメントを活用する

　私たちは、音楽などの聴知覚の環境刺激を加えることで、ムーブメント教育の効果が高まることを今までの大勢の子どもたちとの関わりの中で学びました。この章では音楽の力を活かしたムーブメント教育の方法（音楽ムーブメント）を紹介します。

1 音楽ムーブメントとは

　音楽は、障害のある子どもの支援に様々な形で活用されています（小林・飯村, 2001；小林・藤村, 2003）。それは音楽が子どもの情動に直接的に働きかけ（梅本, 1999；齊藤, 2011）、子どもの動きや意欲を引き出す大きな原動力になるからです。発達障がい児の支援に音楽を活用する意義は、以下のように整理することができます。
　①動きを引き出し、動くことの喜びを高めることができる。
　②動きを調整し、コントロールすることを助ける。
　③集中力の発揮と継続を助ける。
　④緊張を緩和し、リラクゼーションを促すことができる。
　⑤「変化のある繰り返し」による支援を可能にする。

　音楽ムーブメントとは、音楽や音をムーブメント環境として意図的に活用しながら展開するものです。音楽ムーブメントの第一人者であるナビールは、「動きと音楽は、切っても切り離せない関係にある」として"Movement is King. Music is Queen"と述べています。つまり、ムーブメント教育において、音楽は動きに勇気を与えるためになくてはならない大切な環境であり、その役割は、動きを引き出すことにあるといえるでしょう。この「動きと音楽の関係」は、音楽ムーブメントを進める際の原点です。

(1) 音楽ムーブメントの構造化

　音楽ムーブメントは、「音楽」を柔軟に捉えることから始まります。楽曲として完成された音楽や楽器で演奏される音だけでなく、身体を動かす際に生じる音や遊具によって作り出す音などを広い意味で音楽と捉えています。音楽ムーブメントのねらいは、ムーブメント教育の達成課題である「感覚運動技能の向上」「身体意識の向上」「時間・空間、その因果関係意識の向上」「心理的諸機能の向上」に結びつく形で設定されます。

　さらに、子どもの発達の流れに基づいて展開することが重要です。発達の初期段階である感覚期は、自分と自分を取り巻く近接空間の探索により、発達の土台を作っていく時期です。この時期の音楽ムーブメントは、揺れ（前庭感覚刺激）を応援することや身体像の形成、そして、歩く、走る、跳ぶなどの基本的な動きづくりを援助する感覚運動が中心になります。

　発達における知覚期は、視覚・聴覚を通して、身近な空間だけでなく、様々な要素が介入する広がりのある空間の事物や事象について適切な知覚ができるようになる時期です。この時期の音楽ムーブメントは、主に身体図式の形成、視覚と運動、聴覚と運動の連合能力を促進すること、時間・空間意識を高める知覚運動に関わる活動が中心になります。

　そして、高次認知期は、統合する力、連合する力、創造する力、記憶力・思考力などが急速に発達する時期です。この時期の音楽ムーブメントは、主に身体概念の形成、記憶・組織化・自己表現力の向上、さらには、創造的活動を支援するための精神運動に関わる音楽ムーブメントが中心になります。

　また、発達の初期段階である感覚期から、社会的適応の力が育まれます。音楽の持つ情緒性、共感性をうまく活用することで、情緒を安定させ、社会性の発揮につなげていきましょう。

(2) 音楽療法およびリトミックと音楽ムーブメントとの違い

　近年、遊具や教材の活用方法などがある部分で共通するために、音楽療法やリトミックと音楽ムーブメントの違いを問われることが多々あります。

　音楽療法とは「音楽のもつ生理的、心理的、社会的働きを用いて、心身の障害の回復、機能の維持改善、生活の質の向上、行動の変容などに向けて、音楽を意図的、計画的に使用すること」（日本音楽療法学会）とされています。音楽療法は、歌唱や演奏を行う能動的音楽療法と音楽を聴くことによる受動的音楽療法にわけられますが、基本的には音楽を用いて行う心理治療であり、音楽はコミュニケーションと自己表現の手段として用いられます。

　また、リトミックは、ダルクローズによって創案された音楽教育のための体系です。ダルクローズは、子どもの音楽教育が演奏するための技術獲得に終始していることを批判し、リズムや音楽を身体で感じることを原点とするユーズドリトミックという考えを提唱しました。リトミックを通して、子どもは身体を動かしながら音楽を構成する様々な要素を体験し、その過程で音楽を感じる心、考える力、記憶する力、構成する力、創造する力などを身につけることができるといわれています。

　これらに対して音楽ムーブメントは、前述した通り、ムーブメント教育の理論に基づいて展開されます。それぞれ似ている活動であっても、その活動のねらいは何か、なぜ音楽を使うの

かという視点で捉えると全く異なることがわかります。そして、それぞれの専門領域で明らかにされていることを生かしつつ、実践においては、その立場を明確にして支援に取り組むことが大切です。

2 音楽ムーブメントの方法

　音楽ムーブメントは、様々な遊具、教材を活用ながら進めます。ここでは、音楽ムーブメントのいくつかの場面を紹介しましょう。

(1)聴覚集中を促す

■活動案137——紙製パイプを活用する
　紙製のパイプ（紙管）を使った音楽ムーブメントを楽しみます（写真7-1）。長い筒状のパイプを耳にあてると、周りが静かな時には空気が流れる不思議な音がします。また、自分自身の声を出してみると、聞こえてくる自分の声はいつもとずいぶん違います。パイプをフロアに立てて、それを倒さないように移動するなどのムーブメントプログラムの間に、パイプを打ち合わせて音を出したり、パイプから声を出したりする音楽ムーブメントを展開すると、より集中力の発揮につながります。

■活動案138——音を出して楽しむ
　ギロやウッドブロックなどの簡易楽器（写真7-2）を用いて、まずどんな音が出せるか、

写真7-1　紙管を耳にあてたり、打ち合わせたりして音を楽しむ

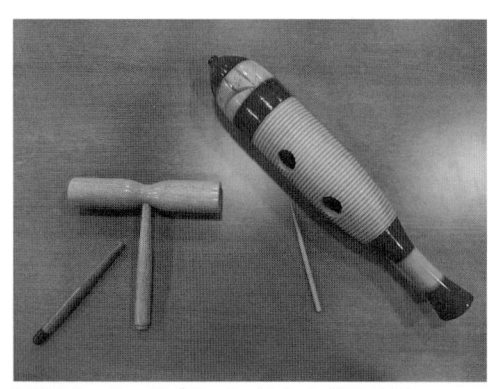

写真7-2　ウッドブロック（左）とギロ（右）

写真7-3　どんな音が出せるかな？

挑戦することから始めます（写真7-3）。活動案106にあるように、「ヨーイ、スタート」で一斉に音を出し、「止まれ！」で音を出すのを止める課題を取り入れると、言語理解を高めるプログラムになります。

(2) 身体意識を高める

■活動案139──歌いながら身体部位をタッピングする

　身体部位を確認する歌を歌いながら身体をタッピングします（写真7-4）。既成の手遊びや歌遊びにも身体部位を確認する歌詞や動作が含まれるものが数多くあります。音楽ムーブメントでは、これらを活用することもありますが、プログラムが変化のある繰り返しになるようにアレンジします。

(3) 動く力、視覚と運動の連合能力を育てる

　音を聴いて形板やスペースマットの上に乗る活動（活動案36、64-②）やフープの中に入る活動（活動案54）は、視覚と運動の連合能力を育てます。写真7-5は、形板を使った音楽ムーブメントの場面です。音楽が鳴っている間は形板の間を歩き、音楽が止まったら形板の上に乗ります。様々な姿勢でバランスをとったり、合図を聞き分けてポーズをとったりすることで、聴知覚を高めるプログラムに発展させることができます。

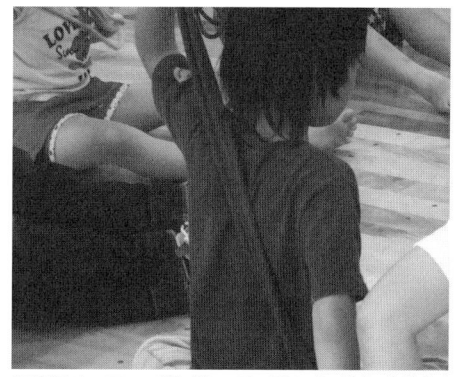

写真7-4　ロープを使って、歌いながら「背中」を確認しよう

(4) 運動コントロールの力を育てる

■活動案140──音をたてないようにタンブリンを運ぶ

　写真7-6は、音をたてないようにタンブリンをそっと運んでいる場面です。これは、静かに動くことが苦手な子どもの動きをコントロールする力を高めるプログラムの一つです。このように、音楽ムーブメントは、音のある世界、音のない世界を意図的に取り入れながら進めます（活動案108参照）。

写真7-5　2つ音が鳴ったら2カ所の形板に乗ろう

写真7-6　音がしないように気をつけて

写真7-7　声を出しながら新聞紙を裂いてみよう

■活動案141──新聞紙を裂きながら声を出す

　活動案87で紹介した紙を使った活動を音楽ムーブメントとして発展させることもできます。新聞紙を両手で持って「あ～～」と長く声を出したり、「あっ、あっ、あ～～」と短く・長く声を出したりしながら、新聞紙を裂きます（写真7-7）。左右の手が関与する両側運動が上手くできれば、新聞紙をリズミカルに裂くことができます。運動のコントロールと同時に、息を吸ったり吐いたりする呼吸のコントロールを高めることにもつながります。

3　音楽ムーブメントの展開

(1) 動きづくりと動きのコントロール

　発達障がい児の多くは動きがぎこちなく、動きをコントロールすることが苦手です。その要因は様々ですが、粗大運動（歩く、走る、跳ぶなど）を中心とした基本的な動きを育てる支援に目を向ける必要があります。しかし、動きづくりの支援は単調になりがちです。音楽の力を活かして動きたくなる環境を工夫し、活動を発展させることが支援のポイントになります。

■活動案142──タンブリンを使った音楽ムーブメント
①身体の発見
　支援者は、手首のスナップをきかせてタンブリンを鳴らします。子どもはタンブリンの音が鳴っている間、自由に身体部位を動かします。例えば、両手をブラブラさせる、拍手をする、膝をたたく、両足で床を踏み鳴らす、頭を左右に振るなど、様々な動きが考えられます。タンブリンの音がやんだら、動きも止めます。この活動は、聴覚の集中を促し「何が始まるのかな？」という子どもの期待感を高めることにもつながります。この音楽ムーブメントにおいて、タンブリンの合図は、動きを引き出したり、止めたりするために重要な役割を担います。動きを止める時には、タンブリンを「パンッ！」とたたいて合図しましょう。
②立ったり、座ったり
　支援者は「タンブリンの合図で動きましょう。タンブリンが1回鳴ったら、急いで立ちます」と促します。支援者がモデルを見せるとよいでしょう。さらに「タンブリンが2回鳴ったら座ります」と促して「パンッ、パンッ！」と2回たたき、すばやく座ります。「今度はタンブリンが何回鳴るか、よく聞いて」と促して、「立つ～座る～立つ」の動きを引き出します。この時、

支援者は「立つ～座る」を交互に繰り返すばかりではなく「（1回たたいて）立つ→（2回たたいて）座る→（2回たたいて）座る→（1回たたいて）立つ」のように、ランダムに合図をして変化のある繰り返しの活動を展開します。

③合図を組み合わせる

　以下に示す、いくつかのタンブリンの合図を組み合わせて活動を発展させます。

・タンブリンの音が鳴っている間「両手をブラブラさせる」。
・1回鳴ったら、すばやく立つ。
・2回鳴ったら、すばやく座る。
・3回鳴ったら、すばやく立ち上がり座っている場所を交代する。

　この活動は、円形になって展開すると、合図を聞き分けて動くことが苦手な子どもも、他の子どもの動きを手がかりに活動に参加できます。

④競争しないフルーツバスケット

　ランダムに置かれた椅子に座ります。タンブリンの音が聞こえたらすばやく立ち上がって、椅子の間を自由に動きます（走り回る）。タンブリンの音が止まったら、急いで椅子に座ります。

　ここまでは一般的なフルーツバスケットの要領ですが、ムーブメント教育では「競争の排除」の原則がありますので、椅子を減らして勝者と敗者を決めることはしません。競争の要素を排除しても、音を効果的に使用することで、子どもの意欲や集中力を高め、変化のある繰り返しによる支援を展開することが可能です。

■活動案143──フープを使った音楽ムーブメント

①楽しく歩く

　子どもと支援者は1本ずつフープを持ち、フロアを「トントン」とたたきながら歩きます。グループで活動するときは、サークルになって同じ方向に歩くとよいでしょう。「イチ、ニ、イチ、ニ」とかけ声をかけながら歩き出します。その際、歩く動きを応援するように音楽を使います。既成曲でも、ピアノやキーボードによる生演奏でもよいでしょう。音楽を選ぶ際の留意点は、「歩く」という動きのリズムと音楽のリズムが合致していることです。

②方向転換や後ろ歩きに発展させる

　活動が単調にならないように、方向を変えたり後ろ歩きを取り入れたりします。支援者の声かけでリードしましょう。例えば、「トン、トン、トン、トン、トン、トン、ハーンタイ！（＝反対）」と歩くリズムに合わせて声をかけたり、「トン、トン、トン、トン、トン、トン、トッマレ！（＝止まれ）」と声をかけて動きを止めてから、「今度は後ろに歩きましょう」と促したりします。また、フープは利き手で持つだけでなく、反対側の手も使うように促します。その際、支援者はフープを高く掲げて反対の手に持ち替えるモデルを見せて、子どもがフープを持ち替えるのを十分に待って再び歩き出します。

　このように、支援者の声のかけ方やタイミング（間）のとり方は、音楽ムーブメントを展開する上でのポイントです。実際の様子をリアルに表現するために、支援者の声かけをカタカナと読点を使って示しました。

(2)音楽や音を聞いて、判断して動く

　身の回りに溢れる様々な聴覚刺激の中から、自分に必要な刺激をひろい出し、判断して行動することは、上手に生きていくために必要不可欠な力です。音楽や音による魅力的な聴知覚の環境を活用することで、集中すること、指示を理解して動くことが苦手な子どもにも、「聞いて判断する力」を育てる支援が展開できます。

　音楽や音を聴いて、判断して動く力は、聴覚―運動連合能力に依存します。ここでは、短ロープを用いて、「聴く、判断する、動く」を結びつける聴覚―運動連合能力を育てる音楽ムーブメントを紹介します。

■活動案144──カラーロープを使った音楽ムーブメント1「ロープの電線に止まれ！」
①床に置いたロープを踏まないように移動して、音の合図でロープの上に立つ

　床に3mのロープをランダムに置きます。子どもと一緒にロープをセッティングするところから始めましょう。ロープの端を持ち「ロープをまっすぐに伸ばして一本橋を作りましょう」と促すことで、「まっすぐとはどのような状態か、まっすぐに置くためには、どの方向に動いたらよいか」など、動くことを通して、空間意識や方向性につながる力を育てることができます。人数によってロープの本数を調整します（5～6人で各色1本、計4本が目安）。はじめは床に置いたロープの両端をテープなどで固定したほうがよいでしょう。

　「さあ、ヨーイドンでロープを踏まないように、思い切り走ります」と声をかけます。走る方向は、同じ方向がよいでしょう。ピアノで、「はしるのだいすき」（まど・みちお作詞・佐藤真作曲）を演奏して動きを応援します。子どもの動きを見ながら、2回曲を繰り返したら、いったん演奏を止めます。この時、ピアノ担当者は曲が終わったことがはっきりわかるように演奏します。曲が終わったところで、「赤の電線に……止まれ～！」と元気よく声をかけ、支援者もすばやく動いて、赤のロープの上に立ちます。少しおおげさに「ピタッ！」などと声をかけながら"気をつけ"の姿勢をとると楽しいでしょう。みんながロープの上に立ったことを確認してから、ピアノ担当者は、また軽快に演奏し始めます。このように、音楽が聞こえたら走り、止まったら指示された色のロープの上に立つことを繰り返します。

　また、曲を止めるタイミングに留意します。いつも同じ所（例えば、フレーズの切れ目や曲の終わりなど）で止めていると、子どもは「音楽を聞いて判断して動く」のではなく、パターン化された聴覚刺激で動いているだけになります。思いがけないところで曲が止まり、それを聴いて止まることができるようになることが大切です。

②走って止まる、歩いて止まる、スキップして止まる

　手がかりとなる曲を増やしたり、組み合わせたりすると、動きのバリエーションが増すとともに「聞きわける力」を育てることになります。

【曲目と動きのバリエーション】
　　例1：「はしるのだいすき」（まど・みちお作詞・佐藤真作曲）→走る
　　　2：「さんぽ」（中川李枝子作曲・久石譲作曲）→歩く
　　　3：「あめふり」（北原白秋作詞・中山晋平作曲）→スキップ

③友だちと手をつないで行う

　他者意識や社会性を育てるために、友だちと手をつないで行います。子どもの発達や人数に合わせて、2人、3人と手をつなぐ人数を増やします。数人で動いた後に、再び1人で動くことにより、変化のある繰り返しによる支援ができます。また、いつも同じ方向に走ったり、歩いたりするのではなく、反対方向にも動くように促しましょう。ロープの上に止まった後「今度は反対に走ろう！」と促して、方向を変えます。

■活動案145 ──カラーロープを使った音楽ムーブメント2「まるくなってリズミカルに！」

　ロープの輪をみんなで持った活動（活動案5）に音楽ムーブメントの要素を加えて取り組むことができます。短ロープ1本を結んで円形にすると3人から5人でつかまることができます。また、3mのロープを3本つなげると円周は約9mになるので、10人から15人でのグループ活動が可能です。

①ロープをみんなで動かす

　輪にしたロープにみんなでつかまって座ります。支援者は「イッチ、ニ、イッチ、ニ……」と声をかけながら、ロープを上下に元気よく動かします。次に「今度は、イッチ、ニ、サーンでロープを後ろに引っ張ってみよう！」と促して「サーン」のタイミングでロープを引っ張ります。さらに「後ろがあったら、他に何があるかな？」と問いかけて、前、上下、左右など、様々な方向にロープを操作します。

　「イッチ、ニ、マーエ」「イッチ、ニ、ウーエ」「イッチ、ニ、シータ」……と声をかけながらロープを動かし、ピアノまたはキーボードで動きを応援します。支援者の声かけとロープを操作する動きが先行し、それに続いて音楽が加わるようにします。

②ロープを様々な方向に連続して動かす

　「さあ、今度は続けて動かそう！」と声をかけて、前述の動きを連続で行います。「イッチ、ニ、ウッシロ。イッチ、ニ、マーエ。イッチ、ニ、ウーエ」のように、動かす方向を確認しながらゆっくり行いましょう。ピアノ担当者は、支援者の声かけや子どもの動きをよく見ながら、動きに合わせて演奏する速度を調整します。子どもがロープを操作する動きに慣れたら、演奏の速度を徐々に速くします。支援者は「あれ？　速くなってきた！」と声をかけながら、動きをリードします。徐々に速度が速くなって、猛スピードでロープを操作している途中で、急にピアノが止まり（この時ロープの動きも止まる）、何事もなかったように普通の速さで「イッチ、ニ、ウッシロ……」と始めます。

　これらのプログラムは、ロープを操作する方向や速度を言語化しながら行うことが大切です。これにより、「聞いて判断して動く力」を育てるとともに「動きとことばを結びつける力」を育てることになるからです。

(3)知覚運動に関わる音楽ムーブメント

　知覚運動とは、見る、聞く、触れるなどの知覚情報が運動と連合し、協応性を発揮しながら行う活動をいいます。知的な遅れがないにもかかわらず、読み、書き、計算などの学習につまずきがあるLD児は、知覚運動にも困難を示すことが知られています（小林, 2001）。音楽ムー

ブメントを活用することで、知覚運動に関わる活動が楽しく豊かに展開できます。ここでは、知覚運動ムーブメントの代表的な遊具である形板を活用した音楽ムーブメントを紹介します。

■活動案146──形板を使った音楽ムーブメント1「形板の島渡り」

　形板を使った活動案36、37の要素を音楽と深く結びつけて、音楽ムーブメントに発展させます。

　まず、「形板を自由に投げてたくさんの島を作りましょう」と促します。手をどのように動かして形板を投げれば、それが遠くまで飛んでいくのか、実際にやってみることで、手の動かし方や身体の使い方を学ぶことができます。形板が床に散らばったら、「重なっている形板はないかな？」と問いかけます。形板の重なりを見つけることで、形の恒常性や図地知覚に関わる視知覚の力を発揮することが求められます。

①形板の上を移動する、止まる

　「好きな形板の上に立って、形板から落ちないように歩きましょう」と促します。子どもが形板の上を歩き始めたら、軽快な音楽をかけます。しばらく動いた後に音楽を止め、「あれ？　音楽が止まった！　みんなも止まれ！」と声をかけて止まります。

②形板を探して止まる

　形板には、色と形、そして数字が印字されている表面と印字されていない裏面があります。これを利用して先の活動を発展させると、より複雑な視知覚の課題になります。以下に例を挙げます。

・ピンクの上に止まれ ⇒ 色の要素

・四角の上に止まれ ⇒ 形の要素

・ピンクで四角の上に止まれ ⇒ 色と形の要素

・数字が書いてある形板の上に止まれ ⇒ 数字を見分ける要素

③聞きわけて動く

　音楽が流れている中で、タンブリンの合図を聞いて動く活動に発展させます。この活動は、特に聴知覚としての図地知覚が関わる課題です。「図地知覚」の"地"は背景を意味し、背景の中から浮かび上がってくる物体（図）を識別する働きのことです。

　音楽を流して「形板を踏まないように、周りを歩きましょう」と促します。形板を踏まずに歩くことは、形板の上を歩くことより難しい課題です。支援者は子どもと一緒に動きながらモデルを見せます。次に、「タンブリンの合図が聞こえたら、形板の上に乗ります」と促して、タンブリンをたたき、自分もすばやく形板の上に立ちます。

　さらに、タンブリンの音が鳴った回数を聞きわけて動く課題に発展させます。以下に例を挙げます。

・タンブリンの音が「パンッ！」と1回鳴ったら、好きな形板の上に立つ。

・「パンッ、パンッ！」と2回鳴ったらピンクの形板の上に立つ（色の要素）。

・「パンッ、パンッ、パンッ！」と3回だったら四角の形板の上に立つ（形の要素）。

　子どもは、背景に流れる音楽という聴覚刺激の中から、タンブリンの合図を選び出し、判断して動かなければなりません。音楽は、歌詞があったり複雑なアレンジだったりするとタンブ

リンの音を拾い出すことが難しくなる場合があるので注意しましょう。

■活動案147──形板を使った音楽ムーブメント2「形板太鼓でリズム遊び」
①形板をたたいて音を出す

　形板を太鼓に見立てて、動きのリズムを楽しく表現します。「自分の前に形板を置きましょう。さあ、太鼓ができました。どんな音がするかたたいてみましょう」と促します。「ヨーイ、スタート！」と声をかけながら、形板をたたいて子どもの動きを引き出します。これは、「形板をたたくと音が出る、もっとたたきたくなる」という動機づけの段階です。何枚か置いてある形板のうち、1枚を両手で交互にたたいたり、2枚を左右それぞれの手でたたいたり、いくつかの形板に手を伸ばしてランダムにたたいたりすることで、上肢の動きを広げ、両側性運動を引き出すことができます。しばらく音を出したら、「止まれっ！」と声をかけて動きを止めます。この「ヨーイスタート！」と「止まれ！」を繰り返し、音を出すことを十分に楽しみます。

②相手の動きに合わせてたたく

　子どもからよく見える位置に立って元気よく足踏みします。「みんなは太鼓（形板）をたたいて応援してください。イチ、ニ、イチ、ニ……」と声をかけて、足踏みのリズムに合わせて形板をたたいて応援する活動に取り組みます。しばらく普通の速さで足踏みをした後、徐々に速度を上げて、最後は全速力で走る動作、そして「止まれ！」といいながら急に動きを止めることをくり返します。支援者はできるだけおおげさに、そして滑稽に動きながら声を出すと楽しい雰囲気になるでしょう。

　形板をたたく手がかりとなる動きのモデルを変えることで、リズムも変わります。モデルを示す支援者が動きを組み合わせて連続して行うことにより、様々なリズム表現につながっていきます。

③形板ピアノで合奏する

　1～5までの数字が印字された形板を並べて、それをたたいて合奏する活動につなげることができます。

　1と印字された形板がド、2がレ、3がミ……と見立てます。支援者と子どもは、自分の前に1～5の形板をおいて、「ド、レ、ミ、ファ、ソ～（少し間を空けて）、ソ、ファ、ミ、レ、ド♪」と歌いながら、形板にタッチします。音階のバリエーションは数限りなく考えられますが、以下に例を挙げます。

　例えば、「ド、レ、ミ、ファ、ソ、ソ、ソ～～（少し間を空けて）、ソ、ファ、ミ、レ、ド、ド、ド～」「ド、レ、ミ、ファ、ソ、ソ、ソ～～（少し間を空けて）、ソ、ファ、ミ、ファ、ソ、ソ、ソ～」、少し難しいものでは、「ド、ミ、ソ、ソ、ソ、ミ、ド～、ソ、ファ、ミ、レ、ド、ド、ド～」などです。リズミカルに歌いながら、形板にタッチすることで目と手の協応能力、左右の手の交差運動など、多様な力を引き出すことができます。

　子どものよく知っている「カエルの歌」「きらきら星」「チューリップ」「ちょうちょ」などを階名で歌いながら行うのも楽しいです。これらの歌にある「ラ」は「ソ」の隣、すなわち何もない床を「ラ」に見立ててタッチすると理解しやすいでしょう。

（飯村敦子）

◆引用参考文献
小林芳文 訳（2007）『フロスティッグのムーブメント教育・療法』、日本文化科学社．
小林芳文・飯村敦子 編（2001）『障害児教育の新領域　自立支援活動の計画と展開4　音楽・遊具を活用した自立活動』、明治図書出版．
小林芳文 著（2001）『LD児・ADHA児が蘇る身体運動』、大修館書店．
仁司田博司 監修、小林芳文・藤村元邦 編（2003）『医療スタッフのためのムーブメントセラピー』、メディカ出版．
梅本堯夫 著（1999）『子どもと音楽』、東京大学出版会．
齊藤寛 著（2011）『心を動かす音の心理学』、ヤマハミュージックメディア．
ウィニック 著、小林芳文他 訳（1992）『子どもの発達と運動教育―ムーブメント活動による発達促進と障害児の体育』、大修館書店．

第2部　方法・実践編

第8章 ダンスムーブメントを活用する

ダンスの語源は、【desire of life】（生命の欲求）であるといわれています。踊りの根底には私たちが持つ共通の本能的な欲求があるのです。幼児が音楽に乗って自然に踊り出す無邪気な姿は誰でも見たことがあるでしょう。本章では、このようなダンスの特性を活かすダンスムーブメントの意義と方法を紹介します。

1 ダンスムーブメントの概要

(1) 人はなぜ踊るのか

　ダンスといえば、読者はどのようなイメージを持つでしょうか。ストリートダンスでしょうか、それともモダンダンスでしょうか。盆踊りやクラブを連想する方もいるでしょう。このように、私たちの生活に深く根付いているダンスは、太古の昔から存在してきました。今でも文明を持たずに原始的な生活を送る世界各地の民族・部族に、人類が生み出してきたダンス文化の原初的な姿をみることができるといわれています。人々は、踊りを通して、生きることの喜びや悲しみ、願望などを表出してきたのです。
　このようにダンスは、自己の内面を表現し、コミュニケーションを図るという本能的な欲求から生まれたものであると考えることができます。表現したり、伝達したり、共感したりするダンスの活動には、他者や外界を感じ受け止め、それに反応したり、また、環境との対話によって起こった自分自身の内なる変化に対しても気づき反応するといった、コミュニケーションの基本的な機能が内在しています。

(2) 障がい児者を対象としたダンス活動の共通点

　現在、障がい児者が参加するダンスや身体表現活動には、ダンス・セラピー、アダプテッド・

ダンス（インクルーシブ体育におけるダンス）、コミュニティ・ダンスなど様々な形態があります。背景理論や実践のあり方に多少の違いがありますが、①ダンスの多様な構成要素を柔軟に活用し、②コミュニケーションの充実を図り、③身体を媒介とした自己表現の場を提供する、といった特徴が概ね共通しています（大橋, 2008）。

また、日本の舞踊教育の先駆者である松本千代栄（1987）は、「ダンスの特質は、形式を越えて、個としての心と身体、社会的個としての人間と人間を共鳴させる。人間的全体験であるとみなされよう。ここには、生命のリズムに融かされた躍動、願いごと、喜びや悲しみが溢れ、互いに感じあい、高めあう所属と連帯の満足、また、優れた自己の達成の誇りなど、すべてが一つに包含されて行動を形づくっている」と述べています。

このような視点に立つと、障がい児者を包み込むダンス活動は、個人の心身の発達を促進しながら、同時に多元共生型の市民文化を創造する働きがあると考えられます。ダンスは、あらゆる人々が最も制限の少ない場を提供し、交流や相互交渉をもとにともに表現を創り上げていくことを可能とし、社会における共生・共創の縮図的体験を提供していると理解することができるでしょう。このようなダンスの特性に発達障がい児支援への適用の可能性があると考えられます。

(3) ダンスムーブメントの基盤としての創造的ムーブメント

ダンスムーブメントは、フロスティッグによる「創造的ムーブメント」の理論に基づいて、ダンスの特性を強化して展開します（大橋, 2008）。表8-1は、フロスティッグが提示した創

表8-1　創造的ムーブメントのフレームワーク（大橋, 2011）

body 身体は何をなすのか	space 身体はどこで動くのか	effort 身体はどのように動くのか	relationships 身体は動くとき他とどのように関係するのか
【身体（または各部位）の活動】 締める　丸くなる　伸ばす 反らせる　ねじる 上がる　上げる 下りる　下ろす 開く　閉じる 静止する　立つ 寝る（腹臥位・横臥位・背臥位） 座る　四つん這い 歩く　走る　跳ぶ ギャロップする スキップする ステップを踏む 揺れる　揺らす 回転する　転がる 体を支える	【領域 areas】 全体の中で 個人のスペースで 【方向性】 前方へ　後方へ 横へ 上へ　下へ 【高さ】 高い　中位　低い 【通路】 まっすぐに カーブして　曲線で 角ばって　ジグザクと くねくねと 【範囲】 大きい／遠い 小さい／近い 【平面】 矢状（車輪） 前額（ドア） 水平（テーブル）	【時間】 突然に／速く／加速 持続的に／ゆっくりと／減速 【力性】 強い／強固な 軽い／細かな 【流れ】 自由な／継続中の 束縛された／中止可能な	【身体部位が互いに関係する】 前方で／横で／後ろで 遠くで／近くで 上で／下で　上方で／下方で 接触して、合わせて／部分で、別々に 【他者・集団と関係する】 前方で／そばで／後ろで 遠くで／近くで　上で／下で 接触して、繋がって／混ざって／バラバラに リードする／従う 周りで／間で／通り抜けて 近づいてくる／離れていく 調和する／映して／まねて／対照的に ユニゾン／カノン 真似する／連続する 支える／支えられる 対称に／非対称に 【他の環境と関係する】 音楽・音・リズム 小道具・遊具 物語・詩・美術・科学

造的ムーブメントプログラムを欧米の体育教育やダンス指導において適用されているラバンの分析法（Laban Movement Analysis：LMA）に照らし合わせて分析し、その共通項で構成したものです（大橋，2011）。表にあるように、自分の身体で何ができるのか、空間をどのように活用するのか、どのような動きの質を用いるのか、人や物や音楽などの環境とどのように関わるのかという点から動きを捉えると、ダンスムーブメントの活動は無限に広がります。

(4)ダンスムーブメントの4つの活動

ダンスムーブメントは、次の4つの活動によって展開することができます。

1) 動きを体験する——動きの探求

ムーブメント教育は、「動くこと」を学ぶことと（learn to move）と、「動きを通して」学ぶこと（learn through movement）が基本となります。ダンスムーブメントの活動においても、まずは「動く」ことに取り組み、様々な動きを体験し、獲得することが原点です。多種多様な動きを体験するためには、他者の動きを模倣したり、環境からの刺激を受け、その関わりからどのような動きが生まれるか探求したりすることが大事になります。

2) 動きで表現する——表現の探求

様々な動きの探求と同時に、獲得した動きを用いて表現する体験もダンスムーブメントの基本的な活動です。自分の気持ちや思考、イメージを身体で表現する活動です。どんなに小さな動きでもそれが自分の内面と繋がっていればダンスムーブメントになります。日常動作やスポーツにおける合理的な動作に対して、伝えたい、共有したい、関わりたいというコミュニケー

図8-1　ダンスムーブメントの4活動の概念図　　　　　　（大橋，2008より改訂して作成）

ション欲求に基づいた動きが活用されるときの様相を重視します。

3) 創る——動きと表現の構造化

「創る」という行為は、動きで表現する行為の延長上にあり、より高次な自己実現の活動として展開されます。動きの探求、表現の探求を経ることで、より主体的な創作活動が可能となります。例えば、「走る―跳ぶ」という動きを用いることが課題であったとすると、陸上の幅跳びの場合とは違い、動きとイメージの関係性から無限にその表現は広がることになります。

4) 分かち合う——発表・鑑賞

観ることと発表する活動は裏表の関係にあり、選択したり、発見したり、見分けたりする力を養います。それは新しい出会いであり、対象を感じ取り、判断し、味わいつつ、未知の世界に思いをめぐらせ、自他の区別を知ることにつながります。観る経験により、自己の表現を内観する力が畜えられます。また、発表という活動において、自身の表現を他者に伝え分かち合う経験を確かなものとします。そして、発表することによる自己の挑戦や達成感は、新たな創造の意欲につながります。

ダンスムーブメントのこのような「分かち合う」段階は、互いに自己を開示し、仲間と触れ、自他の変貌を感受し合う場面であり、出会いの再認識をする場面でもあります。舞台で発表し観客席で鑑賞するといった形式にこだわることなく、常に互いの動きや表現を受け止め、分かち合う活動を取り入れることが大切です。

2 ダンスムーブメントの方法

(1) 動きの質をアレンジする

■活動案 148 ——動きの質をアレンジする

軽い―重い、弱い―強いという対比を活かした活動です。重い足どりで歩いたり、ぬき足、さし足などの軽い足どりで歩いたりします。また、小鳥になってつま先でチョコチョコ歩く、ゾウや恐竜になってドシンドシンと重たく力強く歩くなど、イメージの刺激で動きを引き出し、

写真8-1　ウサギになってピョンピョン跳ねる。お相撲さんになってドシンドシンと歩く

動きの質の違いを体験していきます（写真8-1）。動きに合わせた生伴奏があると効果的ですが、タンブリンや参加者のかけ声だけでも十分に楽しむことができます。

(2) 遊具との関わりをアレンジする

例えば、フープと身体との関係から生まれる姿勢を体験したり（活動案53）、椅子を使っていろいろなバランスポーズをとってみたり（活動案72）、遊具や物との関係において、「何ができるかな」と考えるところから、動きの探求が始まります。そして、遊具を何かに見立てたり遊具を用いて何かを表現したりする活動に発展していきます（活動案32、60、111参照）。

(3) 他者との関わりをアレンジする

他者の身体と自分の身体を組み合わせて表現したり、互いに支え合ったりすることで、一人ではできないような形や新しい動きを発見することができます。また、近づく／離れる／接触する、前方／後方／横／向かい合う／背中合わせなど、距離や位置関係をアレンジすることもできます。さらに、同じ動きで踊るのか、バラバラに踊るのか、同じ動きでも同時に合わせて踊るのか、輪唱のようにずらして踊るのか、調和的なのか対照的なのかなど、様々な工夫が可能になります。

■活動案149──溶け出すオブジェ

合図で他者とつながったり関わったりしてポーズをとり、人間のオブジェになります。次の合図でまた動き出し、別の人とオブジェを作ります。くっついたり離れたり、線対称になったり非対称になったり、様々な関わり方を即興的に工夫し、銅像や造形美術の作品をイメージしながらオブジェづくりを楽しみます。最初はペアや少人数で行い、最後は参加者全員で1つのオブジェになるとよいでしょう。また、「ペアになって背中で支え合う」「できるだけお互いに近づくけれど、触れないようにしてポーズ」など人数や関わり方の条件を提示することからはじめるとスムーズに取り組むことができます。

(4) イメージをふくらませる

動きとイメージに高度な統合を与え、イメージをふくらませることを通じて、意識、知覚、記憶、感情、思考、行動の各レベルを統合します。動きのイメージをふくらませるためには、例えば「妖精を真似なさい」ではなく、「地面にほとんど触れない妖精のように軽やかに走りなさい」といった具体的なことばがけから始める必要があります。

■活動案150──ことばのイメージをふくらませて動く

イメージする運動を引き出すわかりやすいことばがけから始めて、その次に自由な表現を引き出すことばがけを提示します。例えば、活動案122にあるように「どんな『風』になるのか」自分で決めて動くような活動に発展させていきます。直接的なことば以外にも、絵本や物語、生活に根ざした様々な場面設定やストーリーを共有することで、イメージに直結した動きを引き出し、一人ひとりの表現を分かち合うことができます。

3 ダンスムーブメントの展開
——プログラム「葉っぱのフレディの世界で遊ぼう」より

　ここでは、ダンスムーブメントの要素を活用したムーブメントプログラムとして、絵本『葉っぱのフレディ―いのちの旅―』（レオ・バスカーリア，1998）を題材にした実践例を紹介します。

　この絵本は、「生まれること」「変化すること」が「永遠の命」へとつながることを葉っぱのフレディが親友ダニエルとの会話を通じて知り、成長していき、そして役割を終えて土へとかえっていくまでの物語です。「個人の命の有限性」「生命の連続性」「いのちの尊さ」「生きることの意味」そして「死とは何か」など、私たちにとって大切なことを考えさせてくれる本です。

　2011年の春からインクルーシブな活動として展開された4回のムーブメントプログラムに参加してきた人たちが、秋に最終回となる5回目の活動として、この絵本の世界をみんなで創って遊ぶことに挑戦しました。

■活動案 151 ——葉っぱになって自己紹介
　いつもの通り、フリームーブメントを楽しんだ後に、円になって座り、リーダー扮するダニエルとフレディが遊びに来てくれた、という設定で絵本の世界を紹介しました。2人は、みんなに自分はどんな葉っぱなのか、自己紹介をしました。そして、子どもも大人もスカーフを1人1枚ずつ持って、葉っぱに変身することにしました。1人ずつ名前を呼んだ後に、子どもたちに「どんな葉っぱになったの？」と聞くと、「さくらが咲く葉っぱ」「元気で大きな葉っぱ」「バナナとカキが実る葉っぱ」「ハチがとまる葉っぱ」など、一人ひとりに違いのある葉っぱの表現が出てきて、子どもたちの豊かな発想を分かち合いました（写真8-2）。

■活動案 152 ——春のイメージでスカーフを揺らして踊ろう
　次に、フレディがみんなと出会えた喜びのダンスを教えてくれました。春の芽生えのイメージで、スカーフを柔らかに上下左右に揺らしたり、くるくると回してみたりして、みんなで踊りました（写真8-3）。

写真8-2　フレディとダニエルと一緒に自己紹介「僕はこんな葉っぱになります」

写真8-3　春風に乗って踊ろう

写真8-4　夏の木陰の風景で遊ぼう

写真8-5　秋の紅葉をみんなで表現しよう

■活動案153──夏の木陰の下で遊ぼう

　みんなが出会った春が過ぎ、夏が到来したイメージの中で、生い茂る葉っぱを2人組で持ったスカーフで表現しました。みんなで集まって葉っぱのスカーフを大きく広げ、夏の暑さをしのぐ木陰もつくりました。そうしてできた葉っぱのトンネルに、ちょうど窓からの光がきれいにかかりました。その風景を見て、子どもたちは自然と集まり、スカーフに触れようと跳び上がったり、木陰のトンネルを笑顔で走り抜けたりしていました（写真8-4）。

■活動案154──オブジェになって紅葉した木を表現しよう

　季節は秋へと移り変わります。秋は、紅葉をイメージした赤やピンク、黄色のスカーフをロー

プにかけて、両端を持ったリーダーが部屋を横断して動き、みんなはその下で、スカーフが落ちてくる風景を舞い散る落ち葉に重ねて楽しみました。そして、落ちてきた紅葉色のスカーフを身にまとい、緑や黄色だった春の葉から変化した葉になりました。さらに、集団でポーズを取って紅葉した大樹を表現し、見合って楽しみました（写真8-5）。

■活動案155──ダンスムーブメントを鑑賞する（分かち合う）

　秋が過ぎ、冬がやってくると、冷たい風が吹いてきます。葉は次々に散っていき、残されたのはダニエルとフレディだけです。青いスカーフをまとった北風役の大人たちが部屋の周りを走り回り、そして、紅葉色をまとっていた大人たちがスカーフを落とし床に倒れる、という即興的な表現に子どもたちは見入っていました。

　さらに、朗読される絵本の一節を聴きながら、みんなはそっと座り、ダニエルとフレディのダンスを鑑賞しました（写真8-6）。ダニエルは、「死ぬのはこわいよ」と怯えるフレディに「世界は変化し続けているということ。そして、死ぬということも変わることの一つである」と教えてくれました。「春から冬までの間よく働いて、よく遊んだね。それはどんなに楽しかったことだろう。どんなに幸せだったことだろう」と伝えると、ダニエルは静かにいなくなりました。そして、フレディがひとりになると雪が降り積もったイメージで、白のオーガンジーの布

写真8-6　冬、ダニエルとフレディの「死」──ダンスシーンを鑑賞する

写真8-7　再び春、元気にパラシュートムーブメントを楽しもう

製のパラシュートがみんなを包み込みました。フレディは、風に乗り、しばらく舞って、そっと地面に降りていきました。

　リーダーのダンスシーンを、子どもたちが集中して静かに見つめ受け取っている姿は印象的でした。静かな時間が流れた後は、再び春がやってきたというイメージで、パラシュートムーブメントを楽しみました（写真8-7）。

＊　　　　＊　　　　＊

　振り返りの活動では、子どもも大人も活発に話したり、没頭して絵を描いたりする様子が見られました。自分が変身した葉っぱのこと、みんなでたくさん遊んだこと、そして、ダニエルとフレディが死んでしまったこと……。子どもたちのことばや絵にはたくさんの想いが溢れていました。「いのち」という大きく難しいテーマを題材にしたプログラムでしたが、ともに遊びの場を創った者同士で、確かに自分の中に宿った何かを分かち合っているような時間でした（写真8-8）。

　ダンスムーブメントに取り組むことの意義は、一人ひとりの身体、一人ひとりの表現を大事に受け止め、「私はここにいます」の自己表現を尊重する中で、「みんな違ってみんないい」を実感できることにあります。と同時に、身体の共振、一体感を得て、分かち合い共有する体験を無理なく積み重ね、「みんなと一緒がうれしい」を素直に実感できることにもあります。すなわち、「私は私」と「私は私たち」の両方の主体性を大事にできる活動なのです。

（大橋さつき）

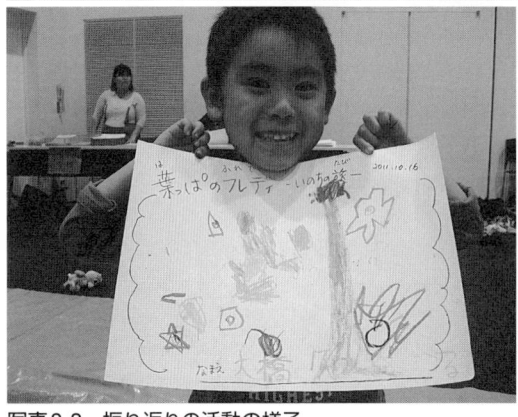

写真8-8　振り返りの活動の様子

◆引用参考文献

レオ・バスカーリア 著、みらいなな 訳（1998）『葉っぱのフレディ―いのちの旅―』、童話屋.

小林芳文 訳（2007）『フロスティッグのムーブメント教育・療法』、日本文化科学社.

Laban, R. 著、神澤和夫 訳（1985）『身体運動の習得』、白水社.

松本千代栄（1987）（特別講演）おどり・つくり・みる、女子体育、29（3）、7-12.

大橋さつき 著（2008）『特別支援教育・体育に活かすダンスムーブメント～「共創力」を育み合うムーブメント教育の理論と実際』、明治図書出版.

大橋さつき（2011）創造性教育としてのムーブメント教育の可能性―マリアンヌ・フロスティッグの理論より―、児童研究、90、22-30.

第2部　方法・実践編

第9章　水中ムーブメントを活用する

　水中ムーブメント（水泳ムーブメント／アクアムーブメント）は、水という環境を活用したムーブメント教育であり、一般的な泳法支援とは異なります。水の持つ特性あるいはプールの環境を利用して、子どもたちの動きの拡大など健康支援を柱としながら、全面的な発達を援助していく活動です。本章では、水中ムーブメントの基本的な考え方について述べ、代表的な活動例や特別支援学級における実際例を紹介します。

1　水中ムーブメントとは

(1) 水中ムーブメントのねらい

　陸上での運動が苦手、教室では落ち着いて学習できない、集団活動に参加できないといった子どもたちが、水中では積極的に動き続けたり、集中して活動に取り組んだりすることがあります。水という環境が子どもの主体性を引き出し、自然な動きの拡大や他者とのかかわりを促し、達成感や喜びがさらなる意欲を生むからでしょう。しかし、子どもを無理矢理プールに入れて厳しい訓練を行えば、子どもから主体性を奪い、むしろ水への恐怖感を高めます。大切なことは、楽しく身体を動かす活動を経験させることであり、プールで運動することの喜びを援助することです。また、どんな些細なことでも、子どもの活動に挑戦心や変化が見られたときには、たくさんほめることが大切で、そのためには「スモールステップ」での活動を展開することが必要です。
　水中ムーブメントのねらいは、水中での楽しい身体運動を通して、感覚運動技能の習得と身体意識の形成を図り、心理的諸機能や社会性を高めることです。最終的には、ムーブメント教育の理念である子どもの「健康と幸福感の達成」をねらいとしています。

(2)発達支援に役立つ水の特性

1)浮力と触覚刺激

本来、子どもは水に興味を持ち、水中での活動を好む傾向があります。支援の初期段階で過度の恐怖心さえなければ、子どもは積極的に水中での活動に参加してきます。水という環境は、子どもたちの動きを引き出す十分な動機になります。

動きの拡大につながる水の特性に「浮力」があります。この浮力のおかげで陸上での重力から解放され、動きのバリエーションが広がります。また、浮力により身体が軽くなることは、例えば陸上では不可能であった歩行が水中では可能となる場合があるように、運動障害や肥満の子どもの運動範囲を拡大させます。また、浮力の助けを借りることで、陸上とは比較にならないほど容易に、移動や回転、水平、垂直方向の前庭感覚刺激を与えることができます。前庭感覚を刺激することは身体の意識保持、空間における運動の変化の感知、空間と自己との関係づけといった、運動の基礎を形成していく上で重要な意味を持っています。

さらに水が、身体全体に分布している触覚を心地よく刺激していきます。触覚からの刺激は脳幹の働きを調整し、情緒と深く関わっていきます。プールの場合、31度前後の水温であれば、水による触覚刺激は情緒の安定と身体のリラクゼーションを促進させるといわれます。加えて、水から受ける「抵抗」は身体意識の発達に非常に役立ちます。動きとともに変化し、常に刺激となる水の感覚は、自分自身の動きを意識させ、動きに集中し、動きを調整する学習に有効です。

2)水中で働く4つの力を利用する

水中では、主に「浮力」「重力」「推進力」「抵抗力」の4つの力が働きます(図9-1)。

一般的な水泳指導の目的は、速く長く泳ぐことに焦点が当たるため、浮力と推進力の獲得が主要なねらいになります。しかし、ムーブメント教育の目的は、子どもたちの全面発達にあるので、情緒の安定に関わる「抵抗力」、自分の身体を上手にコントロールして潜る時に起こる「重力」、そして、バランス能力を育む「浮力」と水平姿勢(浮く姿勢)で移動する「推進力」など4つの力をうまく活用します。

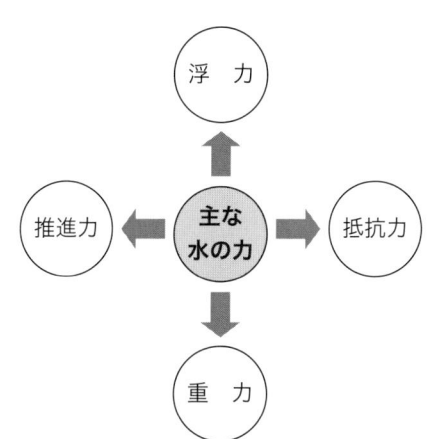

図9-1 水の中で働く4つの力

表9-1　一般的な水泳指導と水中ムーブメントの比較

一般的水泳指導		水中ムーブメント
・主に泳ぎのスキル指導 ・分習法的指導	指　導	全面発達を「ねらい」とした 水中活動（全習法的指導）
主に水平姿勢 （浮く姿勢）	姿　勢	垂直姿勢（立った姿勢） 水平姿勢（浮く姿勢）
浮力・推進力	水の力	抵抗力・重力 浮力・推進力
限定される	教材教具	発育発達に応じて多様に提供

(3) 一般的な水泳指導との違い

　一般的な水泳指導は、近代泳法を身に付けさせることにねらいがあります。しかし、発達障がい児の多くは、このような泳法の基礎に位置付く水慣れ（洗顔、顔つけ、潜り）、伏し浮き、伏し浮きキック、ノーブレスクロールなどの技能練習に適合できません。ここで、一般的な水泳指導と水中ムーブメントの違いをカテゴリーごとに比較します（表9-1）。

　水慣れ、伏し浮き、伏し浮きキックなどを分習法的に指導していく一般的な泳法指導と比べて、ムーブメント教育は子どもの全面発達をねらいとして、個々の障害特性を考慮した全習法的支援を行います。また、一般的な泳法指導では水平姿勢（浮く姿勢）の確保から出発しますが、水中ムーブメントは歩くことからプログラムが展開され、垂直姿勢（立った姿勢）での活動を十分に行い、自然に水平姿勢（浮く姿勢）へと展開します。

2　水中ムーブメントの方法

(1) 水中でも「〜したい」を大事に

　水中ムーブメントでは、子どもたちが主体的にプールの中で「動きたい」「潜りたい」「泳ぎたい」と思うような場面や環境を作ることが重要です。そのために考慮すべきことの一つにプールの水深があります。小学校低学年や特別支援学級では、子どもの膝ぐらいの水深で活動しいるところも多いのですが、このような浅い水深では、動きの激しい子どもを落ち着かせることに限界があります。また、子どもたちの身体意識を育てる効果も減少します。情緒の安定につながる水の抵抗力と、身体意識能力向上につながる浮力の働きを活かそうと考えると、子どもの胸が水面上に出るくらいの水深が理想です。

(2)場面ごとの流れの原則

　水中ムーブメントでは、最初から高度な泳法に取り組むのではなく、易しい運動から段階を追って一歩一歩確実に達成する経験を積み重ねていくスモールステップの活動に取り組みます。具体的には、表9-2に示すように5つの場面に応じた支援の原則があります。

①水面上の場面

　「前歩き」から始まり、「後ろ歩き」「横歩き」へと展開します。歩き方は限定せず、自由に歩きます。水の抵抗を感じながら前歩きをすると、胸部や腹部などの身体部位を意識することにつながります。横歩きは、右側面と左側面と横の動きを意識するようになります。

②水面の場面

　水面上の場面によって、子どもたちの身体が水に慣れた段階で、「あごを水につけましょう」と声をかけます。これで、立った姿勢からしゃがんだ姿勢へと自然に移行できます。①の場面よりも水の抵抗が強く感じられるしゃがんだ姿勢で、先ほど同じように前歩き、後ろ歩きに取り組みます。後ろ歩きでは、足首での動きを意識するようになります。

③水中の場面

　しゃがんだ姿勢によって身体が浮力と抵抗力に慣れた段階で、長方形の浮島、浮き棒、フープなどの遊具を活用し、トンネルのステーションを設置して潜る動きを引き出します。最初から顔に水をつけてトンネルを通過させるのではなく、トンネルの空間を広くして顔が水に触れないよう支援します。子どもたちに頭を下げる動作が見受けられたところで、トンネルの空間を狭くして自然に顔を水につけられるように促します（無理に顔をつける指示はしません）。顔つけができるようになると、浮力作用により、自然に腰が浮き、次の段階である水面の場面の「伏し浮き」につながります。また、後ろ歩きで同じようにトンネルを通過すると、上を見た時に床から足が離れ、「背浮き」の初期段階を経験します。

　この水中の場面での姿勢は、垂直姿勢と水平姿勢、および垂直と水平の中間の姿勢から構成されます。水中に潜る動作は、浮力を相殺し、重力に従うことにあります。そのためには、自分自身の身体感覚（特に腹筋と背筋）をより一層意識し、呼吸をントロールすることが求めら

表9-2　水中ムーブメントの支援の原則（場面・姿勢・内容）

場面	①水面上	②水面	③水中	④水面	⑤水面
姿勢	垂直姿勢 （立った姿勢）	垂直姿勢 （しゃがんだ姿勢）	垂直・水平・ 中間姿勢	水平姿勢 （泳ぎの基本姿勢）	水平姿勢 （近代泳法4種目）
内容	前歩き 後ろ歩き 横歩き （左右）	前歩き （顔つけ前歩き）　→ 後ろ歩き （上を見て後ろ歩き）　→	潜り	伏し浮き　→ 背浮き　→	クロール 平泳ぎ バタフライ 背泳ぎ

れます。

④水面の場面(泳ぎの基本姿勢)

　泳ぎの基本は、伏し浮きと背浮きです。この伏し浮きを自然に体得するには、前の場面で経験した自由にフープをくぐる活動から、腕を伸ばし顔をつけてフープをくぐる活動に発展させたり、大小のフープを連結させて自然に足が浮くように促したりする活動が効果的です。同様に、浮き棒や長方形の浮き具を使ったトンネルくぐりの活動を発展させて、ボールを持って後ろ歩きを行うことで自然と背浮きの姿勢が体験できるでしょう。

⑤水面の場面(近代泳法4種目)

　近代泳法4種目については、まず、子どもたちが泳ぎを模倣する「真似っこ遊び」の活動から始めます。泳ぎの全体像が子どもたちに受け入れられた後に、伏し浮き、バタ足、腕の動作などの活動が入ったムーブメントを行います。

3　水中ムーブメントの展開

(1) ボール、フープ、ビート板などを使ったプログラム

■活動案156──ボールを使った水中ムーブメント

　両手を広げてカラーボールを集めたり、様々な大きさのボールを投げたりして、楽しみながら多様な動きの経験を支援します（場面①②：写真9-1）。また、ボールを持って歩いたり、沈めたりして、水の浮力と抵抗を体験します（場面①②：写真9-2）。さらに、ボールをビート板のように持って浮きながら、バタ足をすることもできます（場面④：写真9-3）。

■活動案157──フープを使った水中ムーブメント

　フープの中に入って歩いたり、歩きながらフープを右左に回したりして、水の抵抗を感じる経験をします（場面①②：写真9-4）。また、水の中でフープを回して、フープ跳びをします。水の重たさを経験することができます（場面①②：写真9-5）。様々な高さに設置されたフープを潜ってくぐったり、浮いてくぐったりしながら、抗重力と浮力を経験します（場面③④：写真9-6）。

■活動案158──ビート板を使った水中ムーブメント

　ビート板も積極的に活用しましょう。ビート板を頭の上に乗せ歩くと集中力を養うことができます（場面①：写真9-7）。また、ビート板の上に手を乗せて歩いたり、浮いたり、顔をつけてバタ足をしたりします。泳ぎの基本姿勢（伏し浮き）を体験することができます（場面④：写真9-8）。

■活動案159──浮島・浮き棒を使った水中ムーブメント

　浮き棒にまたがって、「お馬さんパカパカ」をします。揺れを楽しみながら、バランス能力

第 9 章 水中ムーブメントを活用する　159

写真9-1　プールの中でボールを集めたり、投げたりして楽しむ

写真9-2　ボールを持って歩いたり、沈めたりして、浮力と抵抗力を体験する

写真9-3　ボールをビート板のように持って行うバタ足

写真9-4　フープの中に入って歩いたり、歩きながらフープを右左に回したりする

写真9-5　水中でフープを回して、フープ跳びを楽しむ

写真9-6　フープを潜ってくぐったり、浮いてくぐったりする

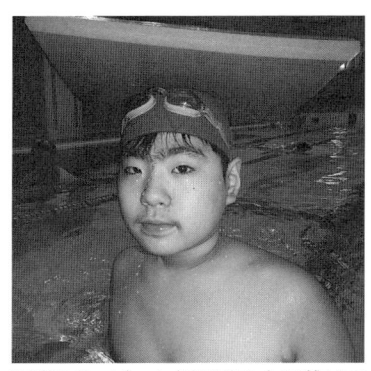

写真9-7　ビート板を頭の上に載せて歩く

写真9-8　ビート板の上に手を載せ歩く、浮く、バタ足で進む

写真9-9　浮き棒にまたがって揺れを楽しむ

写真9-10　脇に浮き棒を巻いて歩いたり、浮いたりする

写真9-11　長方形の浮島トンネルをくぐったり上に乗ったりして楽しむ

を向上させることができます（場面①：写真9-9）。また、浮き棒を脇に巻いて歩いたり、浮いたりして、自然に浮く経験をします（場面④：写真9-10）。さらに、長方形の浮島トンネルをくぐったり、バランス能力を育むため上に乗ったりして遊びます（場面①②：写真9-11）。

(2)特別支援学級における実践例

〈プールサイドでのムーブメントからスタート〉

　　プールに入る前にプールサイドで行う準備運動の時間も、ムーブメント教育として取り組みます。まず、皆で手をたたきながら、支援者が「ひざ」といったら手でひざを触ります。この時、模倣はできているか確認します。次に、ことばの指示と違った身体の部位を支援者が触ります。なかには、自分の身体部位（頭・首・肩・腕・胸・腹・足）を理解していない子どももいます。子どもたちがことばの指示どおり触っているかを確認します。そして、音楽に合わせて動いたりペアやサークルでダンスムーブメントを楽しんだりして、プールサイドで、身体の関節を十分に伸ばしたり小さくしたりして、身体意識を高める活動をします（写真9-12）。

■活動案160──プールサイドを横移動する

　　入水したら、プールサイドをつかみながら横に移動（カニ歩き）します。マンツーマンで子どもにつく場合は、子どもの脇から支援者が手を入れ、子どもの動きに合わせて移動します。

写真9-12　プールサイドでの活動の様子

写真9-13　プールサイドをつかみながらカニ歩き

落ち着いて移動できている子どもは見守りながら、本人の自主性と挑戦力を大切にします（写真9-13）。

〈みんなでつながって移動する〉
■活動案161──つながって移動する活動を楽しむ
　横移動する活動でプールの大きさを理解し、身体が水温に慣れた段階で、隣の友だちの肩を持って、つながって移動していきます。その際、支援者、子ども、支援者と交互につながるようにします。支援者の人数が少ない場合は、コミュニケーションがとれる子を代役にします。
　また、この移動に参加できない子は、支援者の腕の中に入れてあげるとよいでしょう。支援者が前の人の肩に手を当ててつなぎます。最初は静かにゆっくりと移動し、子どもたちが慣れた段階から変化をつけ、S字を描くように移動していきます。
　次に、S字の動きを狭めて、手と手をつなぎながら円陣移動に移行します。ある程度回った時点で、回る方向を変えます（狭いプールの場合は水流がきつくなるので注意します）。また、みんなで歌を歌いながら展開すると心の高揚につながります。
　次に、手をつないだまま円の中央に向かって歩き、円を小さくします。中央に集まった時、「こんにちは」と皆であいさつをします。次に、「さようなら」と声をかけながら大きく広がり、右回り、左回りと展開していきます。

写真9-14　みんなでつながって移動する

　活動に参加できない子は、円陣の中に入れるか、支援者の腕に乗せるようにして展開します。また、自分の世界に入り込んでいる子どもは無理やり参加させるより、みんなが笑顔で楽しんでいる姿を見せるようにします。時間の経過とともに参加できるようになります。

〈空間意識を高めるトンネルくぐり〉

写真9-15　トンネルくぐり

　子どもたちの空間意識を高めるために、フープや浮き棒で作ったトンネルをくぐります。くぐる瞬間、自然に子どもは頭を下げるようになり、ヘッドコントロールの表現をします。

　最初は子どもたちがトンネルを通過しやすいように、空間を大きくしたトンネルを作り、子どもたちがスムーズに通過するようになった段階で、徐々にトンネルの空間を狭めていきます。この時、頭を下げながら顔を水につける子もいれば、身体をひねって顔を水につかないようにする子もいますが、子どもたちの様子を確認しながら段階的に空間を狭めていくと、ほとんどの子が自然に顔を水につけるようになります。また、泳法習得時に役立つヘッドコントロールを自然と学習するようになります。

（荒井正人）

◆引用参考文献

荒井正人（2010）水泳ムーブメントが子どもの力を引き出す、実践障害児教育、7月号、学研マーケティング、4-19.

荒井正人（2012）水の中だからこそできる！　プールで楽しく運動発達、実践障害児教育、7月号、学研マーケティング、2-15.

小林芳文・荒井正人・永松裕希 編（1988）『幼児のためのムーブメント教育実践プログラム　第7巻・水泳ムーブメント』、コレール社.

第3部 展開編

第10章　療育・保育・子育て支援の現場における実践

第11章　特別支援教育の現場における実践

第12章　生涯支援・地域支援における実践

第10章 療育・保育・子育て支援の現場における実践

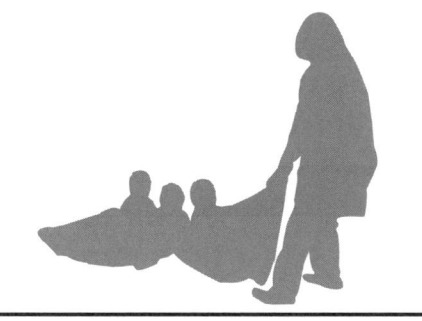

1 保育所を核とした地域療育の実践 ——福井県たけのこムーブメント教室

(1) たけのこ教室とは

　福井県福井市には1982年から続いている「たけのこムーブメント教室」は、2013年5月で33年目に入ります。ある重度重複障がい児との出会いから、玉ノ江保育園が福井市で初めての統合保育を開始し、ムーブメント教育を取り入れたのがきっかけです。これまで保育所を核としたムーブメント教育の先駆的な実践として注目を集めてきました。

　青竹のようにたくましく育ってほしいという願いから、「たけのこ教室」と名づけられたこの活動は、月1回のペースで実施され、保育所と家庭との連携の中で年々発展し、現在17の保育所が協力園としてその活動を支え、保育所を核とした地域療育ネットワークを作り上げています。各保育所から参加した保育士たちは、毎回、スーパーバイザーである専門家（小林芳文）から直接研修を受け、ムーブメント教育の理論と実践法をもとにその専門性を高めています。また、保護者は、個別もしくはグループのカウンセリングにおいて、子育ての不安や家庭での取り組みなどを語り、助言を受けています。親子ムーブメント教室の実践が、それを支える各保育所、そして参加する家庭の連携を深め、互いの力量と幸福感を高め合いながら、地域の子どもたちをあたたかく育む活動として発展し続けています。

(2) たけのこ教室の活動内容

　たけのこ教室の活動目標は、①感覚運動機能の向上、②より豊かな情緒の形成、③自ら遊べる能力の育成、④コミュニケーション能力の支援、⑤人と関係を持ち、集団性を身につける、⑥MEPA-Rによる記録表の作成です。実際の活動では、0～5歳までの障がい乳児・重度重複

表 10-1　たけのこ教室の実践プログラム例

ねらい	☆動きの基本能力を育てる ☆楽しい動きの中で身体意識を高める		場　所	きらら館	指導者	清水保育園 　　吉田　久美子	
時間	活動内容・方法		配慮すべき点		指導のポイント		準　備
PM 1：15	・登園／受付	・シールを貼る	・一人ひとりを笑顔で迎え、子どもの姿、状況を把握する。				名札・シール 出席カード
	☆フリームーブメント	・トランポリン ・サーキットムーブメント	・動きを応援する。挑戦できる環境を工夫し、一人ひとりに必要な支援をしながら、動きを引き出していく。		・自発性を育てる。 ・動きの基本能力を育てる。 ・バランス能力を育てる。		トランポリン 巧技台　ベンチ ゲームBOX（6） カラートンネル リボンカーテン バルーン（4）
2：00	☆個人発表 ・水分補給	・トランポリン ・友だち、小林先生、スタッフ紹介	・水分補給をして、次の活動への準備をする。		・他者意識を育てる。		
2：20	☆課題ムーブメント ＊うた　手遊び ＊鯉のぼり登場	♪ダンゴむし ♪かえるの合唱 ♪こいのぼり ・下をくぐりぬける ・風船を入れる	・楽しいリズムやうたでお母さんとのふれあいを楽しむ。 ・空を泳ぐ鯉のぼりを身近なところで触れたり、空間を楽しんだりしながら友だちとの共有を楽しむ。		・創造性（イメージ） ・リズムを楽しむ。 ・表現を楽しむ。 ・コミュニケーション能力 ・身体意識を育てる。 ・手の操作性		ベンチ（12） 鯉のぼり 風船
	＊フープを使ったムーブメント（親子1個ずつの小フープ）	・自由に使って〜 ・持って歩く、転がす、回転、跳ぶ、身体に通す、フープに入って走る、止まる 　　　　etc…	・親子でどんな動きを楽しんでいるかを発見し、動きをみんなで共有していく。 ・動きの手だてとしてフープを使い、楽しい動きを展開していく。特に操作性や身体意識をポイントに進めていく。		・目と手、目と足の協応動作 ・空間意識を育てる。 ・身体操作力を育てる。 ・バランス能力を育てる。 ・聴覚―運動連合 ・社会性を育てる。		小フープ（30） 大フープ（15）
	＊2個のフープを使って〜 ・遊園地に行こう！ ・トンネル ・コーヒーカップ ・ブランコ ・フープダンス	・大小の比較 ・2個のフープを並べて空間を移動する。 ♪親子でメリーゴーランド ・くぐる（大小） ・回る ・ぶら下がる	・一人ひとりの発達に応じた動きの展開に考慮し、それぞれの動きの楽しみ方ができるようにしていく。 ・親子でフープを持って音楽を楽しみながら動きを表現する。（大小のフープ）		・親子コミュニケーション ・身体コントロール ・目と手の協応動作 ・視知覚を育てる。 ・創造性を養う。 ・聴覚―運動連合		CD CD
2：50	＊パラシュートムーブメント	・みんなのお家に入ろう ・ドームに入る山登り ・くぐりぬけメリーゴーランド	・遊園地をイメージし、子ども達の創造性を引き出しながら、フープを使った動きを展開する。 ・みんなで中に入ったり、登ったり、走ったり、揺れたりして心地よさを感じる		・手の操作性 ・社会性 ・時間・空間意識		パラシュート（大、中） カラーボール（2）
3：20	集まり ミーティング		経験したことを振り返り、喜びと発見を次の教室へとつなげる。		・記憶の再現		パン 飲みもの

写真10-1　たけのこ教室ドラえもんグループの活動の様子

障がい児を対象としたアンパンマングループと、4〜5歳児の発達障がい児を中心としたドラえもんグループの2つに分かれて行っています。ドラえもんグループでは、知覚運動能力・前教科学習としての文字や数の概念、社会性の支援、創造性・表現力を育むことをねらいに創造的ムーブメントをしています。

　まず、子どもたちに環境に慣れてもらうフリームーブメントの時間では、親子のペースを大事に見守りながら、楽しく身体を動かして遊ぶ中で色や数・文字などの認知に関わる刺激を提示しています。特に、トランポリンやキャスター、バルーンなどの大型の揺れ遊具で身体意識を高めたり、活動の喜びや意欲を掻き立てたりします。

　課題ムーブメントのはじまりは、皆で輪になって座り、一人ひとりに注目する場面や音楽に合わせた活動を中心に、仲間意識を育て情緒の安定を図ります。中盤の活動では、様々な遊具を活用して、時間・空間意識や知覚連合能力を高めます。ビーンズバッグ、スペースマット、形板などの遊具を使った活動は視覚優位の子どもたちの集中力を継続させます。

　最後はパラシュートムーブメントで、心も身体も揺さぶられ、ファンタジックな世界を演出しながら、穏やかで楽しい雰囲気の中、ムーブメント教室は終了します。全ての活動に保護者も一緒に加わります。

　最後は、楽しかったことや新しく発見したことを話し合い、記憶の再現を図ります。また、親同士の情報交換をしたり専門家からのアドバイスをもらったりして、子どもの姿を肯定的に振り返り、次回へとつないでいきます。

(3)通常の保育への効果

　たけのこ教室での取り組みが深まるにつれて、発達障がい児にかかわった保育士の専門性や保育への意識が高まり、日頃の保育へプラスの影響がたくさん見られるようになりました。例えば、ムーブメント教育のアセスメントであるMEPA-Rを用いることで、私たちは子ども一人ひとりの発達段階を客観的に、しかも具体的に把握することができます。そのため、子どもの「できること」を応援していくことが可能となりました。遊具の使い方一つにしてもバリエーションが増え、子どものニーズに合わせて提示しようとする視点が持てるようになりました。それが日々の保育の中での子どもたちとの関わりにも良い影響を生んでいるようです。

たけのこ教室の実践を通して、ムーブメント教育の方法論を通常の保育の中で自然と活かすことができるようになり、個別支援に使ったり、年齢や発達を考慮した集団活動として提供したりするようになりました。その結果、子どもたちの意欲や思いやりなどが育まれていることを実感し、ムーブメント教育による包括的保育（インクルーシブ保育）の適用性が確認され、障がい児保育の方向性に一矢を放つこともできるようになっています（小林・飯村・竹内, 2010）。

(4) K君の事例

ここでは、たけのこ教室に参加したK君（発達障害〈ASD〉・発達遅滞、5歳男児）を対象とした保育園での支援の事例を紹介します。

K君は、MEPA-Rのアセスメントから、言語・社会性は第4ステージ（19〜36ヶ月）であるが、運動（姿勢・移動）は第6ステージ（49〜60ヶ月）と高いことがわかりました。また、操作性がやや弱いことから、遊びを取り入れた粗大運動を中心に、操作しやすい遊具（ボール、スカーフ、ロープなど）を使った保育を取り入れることにしました。

活動別の目標は以下のように設定しました。

1) 自由遊び

自由な中で見つけた遊びをたくさん引き出し、保育士と一緒に動くことを楽しみます。あくまでも彼の心の動きに添いながら、繰り返しの中でゆっくりとした変化を加えます。言語表現が少ないことを課題としているので、動きにことば（はやく、ゆっくり、たかく、またぐなど）を添えながら、動きとことばを「連合」させていくことで、身体能力を高め、言語発達（ムーブメントランゲージの獲得）へとつなげていきます。

2) 集団活動

全体に対することばの指示はK君には入りにくいので、ゆっくりわかりやすいことばをムーブメントで伝えます。自分から他児に関わることは少ないので、他児と手をつないだりするために、協力して遊具を操作することを楽しむようにします。K君が「強み」を発揮できるように、必要な支援をしながらコミュニケーション力を育てます。

写真10-2　保育実践での様子

K君に現れた変化としては、楽しいときに喜びの表現として、声が大きく出せるようになったこと、困った時にアイコンタクトや保育士の身体にタッチして知らせることができるようになったこと、活動を通して表情が明るくなり、笑顔が増えたことなどが挙げられます。

　このように、K君は生き生きと園生活を楽しむようになりました。しかし、就学が近づくにつれ、保護者が戸惑いや不安を覚え、園での様子（プラス面）を伝えてもなかなかうまく伝わらないことが新たな課題として浮上しました。また、保護者が将来にわたる大きな不安を抱えていることもわかりました。発達障がい児の支援は、家族を含め将来を見据えた継続的な取り組みが必要であると考えています。

(5) 保育の現場におけるムーブメント教育の意義と課題

1)「発達」の専門的な理解を支える

　ムーブメント教育は、子どもの発達に寄り添うための視点と方法を与えてくれることがわかりました。乳幼児期は、運動、言語、思考、社会性（からだ・あたま・こころ）の全てにおいて著しく発達します。保育は、このような乳幼児期の発達特性を理解し、一人ひとりに寄り添った支援が大事にされなければなりません。また、子どもの発達は連続性の中にあることから、今、様々な分野で保幼小連携の取り組みが活発に動き出しています。これは、発達障がい児の支援においては特に重要な視点となるでしょう。

2)「遊び」のセンスを高める

　子どもは、「興味」「関心」「好奇心」によって動きます。「面白そう」「やってみよう」「楽しい」という気持ちが遊びに夢中にさせます。決して何かを学ぼうと意識しているわけではなく、無意識の活動の中に「育ちの芽」「学びの芽」があるのです。大事なことは、そのための遊びの「環境」が十分に保障されていること、そして、子どもが主体的に体験したことが、育ちや学びにつながるよう方向づけていくことです。ムーブメント教育は、保育の基本が「遊び」にあること、「遊び」こそが子どもの自主的な学びを支える最善の方法であることを常に気づかせてくれる学問と言えます。

3) 親・家族を支え寄り添う力を培う

　保育所には、「子育て支援」と「家庭支援」の役割が課されています。とくにここ数年、発達障がい児や気になる子を対象とした親支援、家族支援への貢献が強く求められるようになってきました。

　たけのこ教室の保育士たちは、親子または家族で参加することを大事にしていることから、親や家族が子どもにとって最も身近で有力な環境であること、そして、子どもの幸せを願ってやまない親や家族の想いや願いに耳を傾けた支援が必須であることについて自然と理解しています。

　さらに、彼らには生涯にわたる支援が求められていることが、30年間続けてきた実践からわかってきました。今後は、乳児期・幼児期のみでなく、学童期、青年期、成人期、高齢期、そして、各ライフステージで起こりうる家族の課題までを見据えた支援のあり方について、関連機関との連携を強めながら理解し、保育の役割を果たしていきたいと思います。

（竹内麗子、吉田久美子）

2 公立保育園が中心になった地域子育て支援 ——神奈川県川崎市麻生区

　「地域子育て支援」とは厚生労働省が進めている政策です。就学前の子どもを抱える子育て家庭を対象に、子どもとその保護者が遊ぶ機会を用意したり、子育てに関する相談や情報の提供をしたりして、育児支援を行っています。そして、地域子育て支援の基盤の一つとして、公立保育園への期待が高まっています。ムーブメント教育の理論と実践は、こうした取り組みにも活かされています。ここでは、神奈川県川崎市の公立保育園の取り組みを紹介します。

(1) 麻生区とムーブメント教育の出会い

　川崎市において、保育園業務がそれぞれの区役所に移管され、区ごとに区民のニーズに合わせた保育や子育て支援をしていくことになったのは、平成23年度からのことでした。大学と連携した子育て支援事業を実施しようと考えた同市麻生区では、和光大学で行われているムーブメント教育に関心を持ちました。それは、同大学の大橋さつき氏の下で自主活動をしている学生グループの活動を見学したことがきっかけです。地域の親子を対象としたその遊びの会を見学した時、「楽しそう！」「保育園が大切にしていることをムーブメント教育も大切しているのでは」と感じたのでした。

　園の考え方と共通点が多いこともあって、ムーブメント教育を実際に行ってみようということになりました。学生の協力を得て、地域子育て支援事業として「おおきくなあれ　あさおっこ」と銘打った親子遊びの会を3回実施してみたところ、そのいずれも大好評でした。これがきっかけで、保育士たちはムーブメント教育に強い関心を持ち始めました。そこで本書の編者である小林芳文氏と大橋氏に相談したところ、翌年度に保育士の研修会を開催してくれることになりました。土日に半日単位で計8回開催する研修会に、はたしてどのくらいの職員が参加するのか不安でしたが、結果的に多くの職員が参加し初級認定を受けることができました。

　同年には、これも大橋氏の協力を得て、再び「おおきくなあれ　あさおっこ」を開催しました。父親参加型の会でしたが、40組の募集枠に対して、受付開始から1時間ほどで定員になる盛況ぶりでした。そこで年1回の提供では少ないと考え、保育園での恒常的な展開を考え始めました。平成24年度には、初級資格取得者の多かった川崎市上麻生保育園が拠点園になって、学びと実践が始まりました。

　現在では、麻生区の公立全園において、「にこにっこ」という子育て支援事業を開催しています。事業名は、参加者全員が笑顔で楽しめるように、との考えから名づけられました。現在では学びの拠点となった上麻生保育園が各保育園の担当職員の中心となって展開しています。

(2) ムーブメント教育の実際

　ムーブメント教育は、初級資格取得者の職員が中心となって、①保育の中でのムーブメント教育を活かした活動、②ムーブメント教育による子育て支援という2つの方向で展開していきました。

1) 保育の中での取り組み

　保育の中でのムーブメント教育は、主に幼児クラスを対象に月2〜4回、各回40分ほど実践しています。クラスの子どもの状況に合せてプログラムを立案し、リトミックを取り入れ、身体を楽しく動かす中で身体意識や協応性、模倣の力を育んでいきます。

　「名前呼び」は子どもたちが大好きな活動の一つです。様々な自己表現がみられます。恥ずかしそうな子、嬉しそうに駆け寄る子、いまかいまかと全身から溢れ出るワクワク感が伝わってくる子もいます。また、集団活動が苦手な子も、名前呼びの場面になると友だちと一緒の輪に入り、期待して参加する姿がみられるようになりました。

　最初の頃は活動への参加に消極的だった子も、回を重ねるごとに参加の様子に変化が見られます。場に馴染んできて部屋で過ごせるようになり、聞こえてくるリズムを体で刻むといった姿が見られたりします。そして、場を共有しながら自分の思いを声にしてアピールするコミュニケーションにもつながっていきます。

　ムーブメント遊具で遊ぶ中で子どもたちの思いや発想に出会う場面がたくさんあります。「○○みたい」「○○してみようよ」「○○もできるよ」といった思いに「そうだね」「いいアイディアだね」「すごいね」と共感や賞賛をしながら遊びを進めていきました。子どもたちの思いや発想を大切にし、イメージを膨らませていくと、遊びがさらに発展します。笑顔と笑い声に溢れ、子どもも保育士もみんなで場を作っている一体感が得られています。

2) 地域子育て支援としての実践

　平成24年度には、保育園在園の乳児クラスの親子と地域の親子を対象にした子育て支援事業「ハッピータイム」を6回開催しました。"参加した誰もがハッピーな気持ちになって欲しい"との願いから名付けられました。土曜日の9時半〜11時までの1時間30分にわたって行われるプログラムの内容は、フリームーブメントから始まり、名前呼びやわらべ唄などのふれあい遊び、ダンスムーブメントや課題ムーブメント、パラシュートムーブメントで構成されます。「桃太郎」「大きなかぶ」「ゆきのひ」の絵本や「みんなで海にいこう」「森の探検」「秋の訪れを体験しよう」といった様々なイメージをテーマに設定し、誰もが楽しく主体的に参加できるようストーリー仕立てにしたプログラムです。

　フリームーブメントは親子が場や雰囲気に慣れるためにとても大切な時間であり、特に地域

写真10-3　絵本「ゆきのひ」をテーマにしたムーブメント活動の様子

表10-2 「ハッピータイム」のプログラム——親子で遊ぼうレッツムーブメント「雪の国へレッゴー！」

ねらい	・基本的な運動を通して身体意識能力の向上を図る ・集団での活動を通して社会性や創造性を育む ・楽しさを共感し合い、満足感や達成感を味わう	日時：H25年2月23日(土)　9：30～11：00 場所：上麻生保育園 リーダー：大西　副リーダー：長谷川　ピアノ：重松		

時間	活動	内容・方法	達成課題	配慮	準備
9：30	フリームーブメント	好きな遊具やコーナーで遊ぶ	自主性・自発性	子どもの自発的な活動を大切にする	各種遊具
9：50	片付け	同じ遊具を一つの場所に集める	物の識別	片付けの効果音で片付けを促す	
9：55	集合・呼名	一人ひとりの名前を呼び、活動の始まりを意識づける	自己意識	円座になる	ピアノ
	わらべうたふれあい遊び	「うまはとしとし」「ここはとうちゃんにんどころ」「おせよおせよ」	身体意識・協応性・模倣	親子のふれあいを楽しませていく	
10：10	「ゆきのひ」の絵本を見る	絵本や子どもとの会話を通して活動へのイメージを育んでいく	創造性・言語性	BGMで雰囲気作りをして絵本に導入する	CD「ゆきやこんこん」
	課題ムーブメント「雪の国にレッツゴー」	親子でペアになって前後、左右の動きを入れながらいろいろなバリエーションで歩く	方向性　操作性・社会性・空間意識・身体意識	動きに適応したことばかけをする	CD「ひとりぼっちの羊飼い」（BGM）
	歩行ムーブメント	おんぶ、ロボット、くま歩き、手をつないで歩く			
10：15	ソリ遊び	ソリに乗って雪だるまが登場。ソリ遊びにつなげていく ソリは座位、腹臥位で乗ったり、子ども2人を乗せて大人が引っ張る、大人を乗せて子どもが引っ張る等をする	社会性・平衡感覚・身体意識・操作性・創造性	雪だるまは元気に登場する 親子の状況や発達レベルに合わせて対応していく	ユランコ
10：30	雪遊び	雪だるまは袋に入れた雪を持ってくる。雪遊びの説明をする 雪だるま役の親は前に出る。雪だるまを目標に紙の雪だるまを投げる 白玉を集め、ビニール袋に入れ雪だるまをつくる。	操作性・協応性・社会性・創造性 創造性・社会性・前庭感覚 操作性・協応性・達成感	保護者に雪だるまになってもらう 雪野原にいるようなイメージを持たせる	白玉（紙）　スカーフ
10：45	パラシュートムーブメント	子どもは順番にパラシュートに乗り（2～3名）大人が回す。 パラシュートを持ち上下に振る、ドーム（かまくら）を作る、ドームの下にもぐる、床に寝る 風船を入れて楽しむ。「1、2、3」でパラシュートを引く	社会性・平衡感覚・創造性・操作性	パラシュートの下にスタッフが1人入る 風船を入れるタイミングの確認とパラシュートを引くタイミングを合わせる	3mパラシュート　風船
11：00	振り返り	活動の振り返り 全員で活動を共有する	短期記憶・自己表現・言語	振り返りをする時の誘導（パラシュートの上）	感想用紙配布

の親子は初めての場、人との出会いとなるので緊張感が伝わってきます。スタッフは積極的にコミュニケーションを取りながら、環境に慣れるように支援していきます。わらべうたのふれあいやじゃれつき遊びには、ムーブメント教育で大切にしている触感覚刺激や揺れやバランス、身体部位の確認、等尺性の運動などの要素がたくさん含まれています。イメージテーマで遊んだ後は活動を振り返り、「〜したね」「楽しかったね」と気持ちを共有して、次回への期待につなげていきました。

「ハッピータイム」では参加しているみんなで遊びの場を作り上げることを大切にしていますので、最初は消極的だったお父さんが体を張って夢中になって遊ぶ姿や、ストーリーに登場する役になりきる楽しそうな姿を見ることができます。楽しそうなお父さんの姿に子どもは喜び、幸福感に満たされ、笑顔になります。子どもの姿に保護者の顔もほころんでいます。そのような場面に私たちスタッフも嬉しさを感じ笑顔になります。笑顔が笑顔を呼ぶ好循環です。

この会に参加した親子からは「我が子が進んで遊ぶ姿が見られるようになった」「親子のふれあいができてよかった」「家庭でもできそう」「次回も参加したい」といった声が聞かれます。子どもにとって遊びは生活そのものであり、子どもは遊びを通して成長発達していきます。保育園はその意義のもと、子どもたちの成長発達を育んできました。遊びが原点となっているムーブメント教育の理論は根底の部分で保育とつながっています。特に乳幼児期は人として成長する土台となる時期です。私たちが保育で大切にしてきたことがムーブメント教育の理論と一致すると確認できたことは、確固たる自信になりました。

(3) あるエピソードから

最後に、「おおきくなあれ　あさおっこ」の地域子育て支援事業でのエピソードを紹介します。

1歳児のA君は、会場の雰囲気に飲まれて、なかなか参加できませんでした。しかし、後半の活動に参加できたことでお母さんは大変喜ばれ、翌年には「ハッピータイム」に参加をしてくれました。一度は会場の狭さに抵抗を示したものの、遊びが始まると「見ていての参加」を最後までしました。また、区が開催した大きな会場の遊びの会に2回参加して、その楽しさがわかったA君は、その後小さな会場の保育園での遊びの会にも楽しく参加できるようになりました。

このように、日常と違うことに抵抗を示す子どもにとっても楽しく過ごせる、まさに笑顔が笑顔を呼ぶ活動となっています。区役所が主催する遊びの会には、いろいろなタイプの子どもが参加します。参加する子どもの様子は当日までわかりません。また、保育園には車椅子が必要な子、多動な子などいろいろなタイプの子どもがいます。全ての子どもを包み込むムーブメント教育の考え方は、これからも保育や地域支援で活かしていけると感じています。

（永田ゆかり、大西博美）

3 地域生活支援センターにおける取り組み —— 茨城県立あすなろの郷

(1) あすなろの郷とは

　茨城県立あすなろの郷は、昭和48年に開設された障害者支援施設です。主に知的障がい者の生活介護、施設入所支援を行っています。敷地内には医療型障害児入所施設、療養介護事業所、病院も併設し、県内の中核施設としての機能を果たしています。

　地域支援を担当しているあすなろの郷地域生活支援センターでは、発達障がい児の地域生活に関する様々な相談に応じ、発達を促すための療育活動を行っています。その活動の一環として、平成11年度からムーブメント教育に取り組み、すでに14年が経ちました。

　ムーブメント教育を導入したきっかけは、茨城県鹿島地区にて定期的に行われていたムーブメント教育の実践を知り、そこでの体験を地域生活支援センターに持ち帰り、見よう見まねで取り組んだのが始まりです。当初の対象は幼児のみでした。しかし、そのお子さんたちが学齢期になってからも継続してムーブメント教育に参加したいとの要望を受けて、現在では幼児から成人までの幅広い支援を展開しています。

(2) 活動の現状と特徴

　当センターでのムーブメント教育は3つの方法で展開をしています。

　1つ目は外来療育です。これは通常の療育活動と同様で、当センターに親子で来所してもらい、ムーブメント教育に参加する方法です。2つ目は訪問療育です。当センターまで通所することが困難な方に対してムーブメント用具一式を車に積んで県内各地を訪問する、いわゆる「出前ムーブメント」を行っています。最後は施設支援です。当センターが行う施設支援の通常の形式は、学校、保育所、幼稚園、保健センター等に訪問し、当該職員が発達障がい児に対して支援をする上で困っていることなどに対して助言等を行うという、いわゆるコンサルテーションを実施しています。その過程のなかで、「ムーブメント教育を学びたい、経験したい」という当該施設職員からの要望に応え、取り組んでいます。

　これら3つの事業を組み合わせて、地域の関係機関の中でムーブメント教育を行っています。

1) 保健センターでの支援

　健康診査や育児相談等の結果、親子遊びや集団遊びの体験が必要な幼児や家族に対して実施している「親子教室」のプログラムに、ムーブメント教育を取り入れています。主に親子でできる活動を軸にしています。

　保健センターは、発達障害などの気になる子どもが初めに関わる専門機関となることが多々あります。したがって、初めて保健センターを訪れる親子の中には、不安な気持ちの人も少なくありません。ムーブメント教育は個別でも、親子でも、集団でも「楽しさ」を拠り所に動きを通して様々な諸機能を高めることができるため、子どもへの達成感を促すほか、親に対しても子どもの得意としている面に着目した前向きな子育てを促すことができます。そうすること

で、「楽しいから参加する」との理由で来所してくれるようになり、それを繰り返すことで、自然と継続性、社会性も育てることができるようになります。

2）保育所・幼稚園での支援

　発達障がい児にとって慣れた環境の方が安心して活動できる場合も少なくないため、保育所や幼稚園で普段から一緒に過ごしている友だちや先生と一緒にムーブメント教育ができることは大きなメリットです。また、普段の保育の中にもムーブメント教育の考え方を取り入れてもらうことにより、積極的な参加を高めることができます。

　保育所や幼稚園では発達障害と正式に診断を受けている子どもだけでなく、全ての子どもにも関わることができるため、様々な子どものサインを受け止め、ムーブメント教育を介して応えながら子どもの成長を促しています。

3）小学校での支援

　体育授業の一環としてムーブメント教育を実施しています。特別支援学級に在籍する児童全員が対象となることが多く、小学1年生から6年生までの集団に対して45分のムーブメント教育を展開します。ムーブメント用具を使用するたびに、「先生、こんな使い方があるよ」と子どもたちからアイディアが生まれる場面に多く恵まれます。自分を表現し、また、それを他者に認められる喜びを体感できる場所になるのはムーブメント教育が根底にあるからだと思います。

4）親の会等での支援

　地域や学校単位の親の会、子育てサークル等の活動の一環としてムーブメント教育を実施しています。土・日・祝日や長期休暇を利用して実施することが多いため、兄弟姉妹など家族ぐるみで活動することができます。普段療育に関わることが少ないお父さんにも活動を知ってもらう絶好の機会になっています。

(3) 実践の紹介

　ここでは、これまでの実践から主に発達障がい児との関わりの中で印象に残るプログラムを紹介します。

1）大仏様にお供え（ビーンズバッグムーブメント、写真10-4）

　自分の好きな色・形のビーンズバッグを一つ選びます。選んだビーンズバッグを自分の身体に載せたり、落としたりしてみます。何度か繰り返すことで、どの部位にどのように載せると安定するのか、どのように身体を動かすと落ちるのかを実体験から学んでいきます。

　その後、一人に大仏様になってもらいます。他の子どもは、持っているビーンズバッグを自由に大仏様の身体に"お供え"をします。この際、大仏様役があぐら座になると頭、肩、手のほか、膝などにも載せやすくなります。慣れてきたら様々なポーズで取り組むことにより、難易度が増すかもしれませんが、自分らしさをアピールすることもできます。

　全員が載せ終わったところで歌やカウントを合図に大仏様役が動き、お供えを身体から落とすことで"静"に対する集中力を育てることができます。歌やカウントは集中可能な時間にすることが重要です。ビーンズバッグを自分で自分の身体に載せること、他者の身体に載せること、他者から自分の身体に載せられることで、より高次な身体意識の形成、特に身体像（ボディ

写真10-4 大仏様にお供え　　写真10-5 道を渡ろう　　写真10-6 アートに挑戦

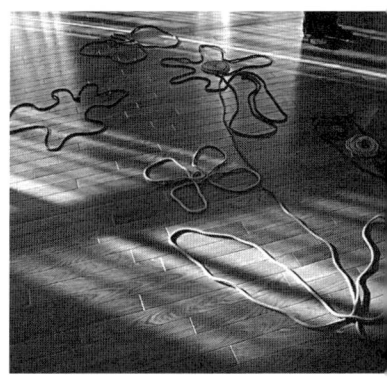

イメージ）の形成が期待できる活動です。このような多くの人と関わる活動を実践することは、よりよい対人関係を形成するためにも有益であると考えられます。

2) 道を渡ろう（フープムーブメント、写真10-5）

色様々なフープを床一面にランダムに並べて道を作ります。順番にフープの道を自由に進んでみます。フープとフープの距離感や色の配置について把握したり、様々な進み方ができることを学んでいきます。また、他の子どもの動きを見ることでも気づきを得ることができます。一定程度繰り返した後、リーダーは自分のルールで進むよう促します。自分のルールには以下のような動きがありました。

・特定の色のフープに入らない
・進み方の規則性（前→横→前→横）
・片足、横歩きなど
・全てのフープに入る
・立位以外の姿勢

もし、自分のルールを表出することが苦手な場合は、リーダーの見本から始めてもよいでしょう。それをアレンジ（応用）してくれるのが子どもたちです。大人では考えつかないようなアイディアを持っています。また、必要に応じて発表者をモデルに皆で同じ活動をすることもできます。

3) アートに挑戦（カラーロープムーブメント、写真10-6）

想像性を促す遊具の一つにカラーロープがあります。カラーロープは色のバリエーションに加え、柔軟に曲がるという特性があり、それを利用して様々な形を作ることができます。初めにロープの特性を知ることができるように、1本のロープで丸や四角、三角などを作ります。次にロープを1、2本使用して自分で好きな形や物などをイメージして形を作ります。

シンプルな表現となるので、想像力が必要となります。完成した作品を一人ずつ発表するのもよいですが、「ゲーム性」を取り入れるとすれば、何を表現したのかを他の人が言い当てるクイズを行ってもよいでしょう。難しい答えの場合は、適宜、作者からヒントを言ってもらいながら進めます。

活動に慣れてくると、ロープ以外の遊具を使用した表現も可能となります。形板は四角と三

表10-3　ポップコーン作りのイメージ

ポップコーンの作り方	ムーブメント教育によるポップコーン作りのイメージ
①コンロに火をつける	①手首をひねる
②フライパンが熱くなったか確かめる	②パラシュートに一瞬だけ触れる
③フライパンにオイルを塗る	③パラシュートの表面に満遍なく触れる
④さらにフライパンを温める	④パラシュートを揺らす
⑤コーンを投入する	⑤ゆっくりとボールを投入する
⑥ポップコーンが弾ける	⑥ボールが弾けるようにパラシュートを揺らす
⑦食べる	⑦食べるイメージ

写真10-7　ポップコーンを作ろう

角の板ですが、板の組み合わせで作品を作ることも可能です。表現の制約があるほどイメージ力を必要とするし、クイズとしての難易度を上げることもでき、メンバー間のコミュニケーションも活発になります。何より「その人らしさ」を知ることができます。

クイズ形式で取り組む場合、「正解」「ハズレ」の表現よりも「正解」を「ありがとう」、「ハズレ」を「惜しい」などに替えることで、雰囲気を和やかにすることができます。

4) ポップコーンを作ろう(パラシュートムーブメント、写真10-7、表10-3)

パラシュートの端を皆で持って座位姿勢になります。パラシュートをフライパンに見立ててポップコーン作りをイメージします。

軽いボール(ボールプール用のプラスチックボール)を用いると跳ねやすくまさにポップコーンのような動きを出すことができます。その他の展開として、花紙を細かく切ったものや、スポンジ、ポリエチレンのビニール袋（カサカサの方）を大量に用意してパラシュートを操作しても楽しむことができます。

パラシュートのように大人数で操作を合わせて活動しなくては体験できないダイナミックな活動を通して、集団に対する意識など社会性を育てることができます。

(4) 今後の課題と展望

発達障がい児の支援には、ライフステージや住んでいる地域に関わらず、療育につながるシステムが必要です。あすなろの郷地域生活支援センターでは、ムーブメント教育を通して保健、福祉、保育、教育等の現場に出向いて環境としての「楽しさ」を提供し、お子さんが潜在的に持っているたくさんの発達の可能性を引き出すことを使命として今後も活動していきたいと考えています。

また、平成22年からムーブメントセミナーを開催し、地域の療育スタッフのムーブメント支援の輪を広げているところですが、今後もムーブメント教育の担い手を増やす活動や支援者同士のネットワーク構築等も進めてムーブメントの輪を広げていきたいと思います。

(郡司茂則)

4 発達支援センターにおける実践
——神奈川県大和市やまと発達支援センター

(1) やまと発達支援センター WANTS とは

やまと発達支援センター WANTS は、神奈川県大和市にある民間の療育機関です。その運営母体である社会福祉法人県央福祉会は、神奈川県の県央地域を中心に児童・障がい者・高齢者向けの様々な施設を運営しています。当法人の始まりである県央療育センターでは、長年にわたってムーブメント活動を療育の中に取り入れています。当法人では、若松保育園（相模原市）が週1回ムーブメント活動の時間を設け、保育活動の一環として子どもたちの発達の応援をしている他、湘南北部療育センター（藤沢市）では、月1回、発達の心配のある幼児期の親子を対象にムーブメントを用いたグループ療育を行っているなど、各事業所で積極的にムーブメント活動の取り組みを展開しています。

やまと発達支援センター WANTS は、2011年の4月に開所した2～15歳までの子どもが対象の療育相談機関です。年齢や障がいの特性に合わせてグループおよび個別の支援を行っています。発達に心配のある未就学児には親子参加のグループ療育を週1回、午前10時から11時半までの間行っています。子どもたちは、運動面やことばの遅れ、多動、対人関係の築きにくさなどの特徴があり、多くの子は知的障がいを持ち合わせています。

入所の経緯としては、市町村からの紹介がほとんどですが、保育園や幼稚園から療育機関を勧められ、来所してくるケースもあります。

(2) WANTS のプログラムの一例と子どもの変化

ここでは、WANTS のプログラムの一部（表10-4）を紹介するとともに、実際に通っている子どもの約2年間の様子の変化を辿ってみます。

1) Tくんの事例（自閉症、幼稚園年長児）

Tくんは、自閉症の診断を受け、療育を受けたいと幼稚園入園（年少）と同時に来所しました。電車が大好きで電車の名前をよく知っています。興味のあることには反応が良く、集中して取り組むことができる反面、製作や感触遊びなど興味のない活動に関しては、自ら関わろうという姿勢があまり見られず、お母さんやスタッフに促されると取り組んではみるものの、集中できず気持ちがすぐに切れてしまうといった様子が見られました。

来所当初は、ムーブメント活動に対しても積極的に参加しようとする様子はなく、少し取り組んでは、絵本や水道のコーナーへ行き、お母さんが活動に連れ戻すといったことを繰り返していました。パラシュートは大好きで上に乗る活動では、満面の笑顔を見せてくれます（写真10-8）。お母さんは、グループ活動に対してとても協力的な方なので、なんとかして活動に参加できるよう、Tくんの後を追いかけていることが多く見られました。そのお母さんに対して、「無理にやらせなくてもいいですよ。Tくんが興味を持ってくれるのを待ちましょう」と声かけをしていました。どうしたらTくんが興味を持って取り組んでくれるか、フリームーブメン

表10-4 「風船電車に乗ろう」プログラム表

活　動		内容・方法・はたらきかけ	達成課題
フリームーブメント（10分）		・好きなムーブメント遊具で遊ぶ（フープ、ビーンズバッグ、スカーフ、プレーバンド、スクーターボード） ※子どもの様子に合わせて自発性を大切にして遊びに誘っていく。 ※子どもの興味関心をアセスメントする。 ・子どもと一緒に遊具を片づける。片づけをしている間にフープの道を作る。	自主性・自発性
課題ムーブメント	フープの道を歩こう	・フープの道を歩く、フープのトンネルをくぐる、またぐ。 ⇒フープの道を集中して歩くことができる。 ⇒トンネルの高さに合わせて身体を屈めることができる。 ⇒フープの高さに合わせてまたぐことができる（できそうな子は、ジャンプして飛び越えるよう促す）。	移動・身体意識・空間意識・社会性
	風船で遊ぼう	・風船で自由に遊ぶ（風船を投げる、蹴る、キャッチする、お母さんとキャッチボールをする） ※子どもの様子に合わせて遊びに誘っていく。 ※気持ちが続かない場合は、近くで実演見本を見せたり、手添えをしてキャッチの仕方や投げ方を伝える。 ・風船を袋に入れる。 ※袋に入れるよう声かけ、実演見本をする。	目と手の協応運動・空間認知・社会性（相手を意識する）・ファンタジー
	風船電車に乗ろう	・2〜3人ずつ袋に入った風船の電車に順番に乗る。 ※お母さんたちにスカーフのトンネルを作ってもらう。 ⇒2〜3人ずつ風船電車の上に乗ることができる。 ⇒座位・バランスを保つことができる。 ⇒順番を待つことができる。	バランス・社会性（順番を意識する。友だちと一緒に乗る）
	パラシュートムーブメント	・パラシュートのトンネルを通る。 ※トンネルの高さを変え、身体意識・空間認識を高める。 ⇒トンネルの高さに合わせて身体を屈めることができる。 ⇒繰り返し行うことができる。「トンネルに入る→出る→入る」の流れが理解できる。 ⇒一方向に進むことができる（ルールの理解）。 ・みんなでパラシュートの上に乗る。 ※パラシュートを動かすスピードに強弱をつける。 ⇒パラシュートの動きに身体を合わせることができる。 （・順番に親子で上に乗る。） （⇒順番を待つことができる。） ・パラシュートの中に入る。 ⇒メンバーとともに楽しむことができる。	方向性・移動・空間認知・社会性 社会性・前庭感覚刺激・バランス・ファンタジー

トを大切にして試行錯誤が続きました（写真10-9）。

　活動を始めて1年半くらいした頃から自ら遊具に関わろうとする主体的な姿が見られ、活動の輪から外れることがなくなりました。走行ムーブメント（基礎的な動きを中心とした活動）では、お母さんがフープを電車の線路に見立てて声かけをしてくれ、Tくんは電車になりきって笑顔で取り組んでくれています。音楽に合わせて"走る・歩く・止まる"こと（聴覚—運動

写真10-8 パラシュートムーブメントで風を感じて大興奮　写真10-9 フリームーブメント――好きな遊具で自由に遊ぼう

連合) がとても上手にできるようになりました。

【Tくんのお母さんの声】

①約2年間、月1回ムーブメント活動に参加してみての感想

　室内でこんなに身体を動かせるんだと思わされました。親子で一緒のことをして同じことに心を動かし、楽しめるというのがいいです。

②お子さんが成長・変化したと感じる点

　最初は逃げてばかりで、本人を追いかけてどうにか参加させようとしかったりしていましたが、先生から「いるだけで参加していることになるし、本人の心が動いて参加してくれるのが一番」と声を掛けられて、ゆったりとした気持ちで見守るようになって、いつのまにか本人も楽しんで参加するようになっていました。

③お母さん自身がムーブメントをやってみて思うこと、感じたこと

　音楽が流れていて気持ちいいです。パラシュートの風を受けながら気持ちよさそうに寝転んでいる子どもを見るのが大好きです。他のお子さんは上に乗るのが好きなんだ、下にいるのは大丈夫なんだとか、観察しているとどうしてなんだろうと考えるようになって、自分の子育ての中で子どもが嫌がっているのには理由があることを考えられるようになり、どんな工夫をしてあげたらいいのかな〜と思えるようになった気がします。

④今後に向けての希望、意見など

　毎回いろいろな発見があります。ムーブメント遊具の布の肌触りの好き嫌いや、腹筋や身体意識がついてきたからスクーターボードに乗れるようになったとか、高さの認識ができるようになったとか……。一緒にやれるから見えることがたくさんあって、気がつかないことも先生に指摘してもらったりして成長を感じたり、今後の課題が見えたり。貴重な時間です。まだ本人は苦手ですが、ボール遊びもしてみたいです。

2) Kくんの事例(ことばの遅れ、幼稚園年中児)

　ことばの遅れを主に訴えて来所され、初めての場所・活動に対して不安や緊張がとても高いお子さんでした。入所当初は、ムーブメント活動に対しても緊張が高く、自ら遊具に触ることはほとんどなく、スタッフが遊びに誘うと退室しようとしてしまうこともありました。

　そこで、まずはお母さんの膝の上でみんなの様子を見るところから始めました。お母さんも

最初はどうしていいのかわからない様子でした。しかし、回を重ねるごとにお母さんが活動の見本を見せてくれるようになり、お母さんが楽しそうに取り組んでいる様子を見たKくんの表情も柔らかくなり、安心感が広がり、自ら遊具に関わっていこうとする姿が見られるようになりました。

　入所から約2年経った今では、毎月のムーブメント活動を楽しみにしてくれています。特にパラシュートでドームを作り、中に入る活動が大好きで、スタッフに「おうちやってください」とリクエストをしてくれます。活動が終了すると、「ムーブメント楽しかったね」と言ってくれ、感情表現の広がりが見られるようになりました。また、最初の頃は苦手だった、フープのトンネルくぐり（写真10-10）、プレーバンドくぐり、身体意識や移動能力にかかわる物をまたぐ活動では、プレーバンドの高さに合わせて身体を動かすことができるようになっています。

写真10-10　フープの道を歩こう──トンネルくぐりも上手だね！

【Kくんのお母さんの声】
①約2年間、月1回ムーブメント活動に参加してみての感想
　普段家ではできない遊びも体験できるし、周りの子どもたちと一緒に遊んだり、真似をしたりしながらいろいろな動きが身につくと思います。
②お子さんが成長・変化したと感じる点
　最初の頃は輪に入れず離れて見ていたり、怖がって逃げたりしていましたが、回を重ねるごとにいろいろな遊びに挑戦できるようになりました。今では初めての遊びでも積極的に参加できるようになったと思います。「○○が楽しい」「○○がやりたい」という気持ちが芽生えたことも嬉しいです。
③お母さん自身がムーブメントをやってみて思うこと
　自分の子だけでなく、他の子どもたちの楽しそうな姿を見ていると自分も嬉しく笑顔になります。
④今後に向けての希望、意見など
　プログラムの「定番」が好きなわが子ですが、また新しい活動も期待しています。

(3) 子どもたちとお母さんたちの笑顔が見たくて

　月に1回、ほんの短い時間の活動ですが、毎月ムーブメント活動を行っている中で、フープの道が辿れるようになったり（目と足の協応性）、バランスを崩さずスクーターボードに乗れるようになったり（動的バランス）、順番が待てるようになったり（社会性）、一人でやってみようという気持ちが芽生えたり（意欲）……と言い出せばきりがないほどの子どもたちの成長

を見ることができます。そして何よりも回を増すごとに子どもたち、お母さん方の笑顔がたくさん見られるようになっています。

　子育ては、喜び、楽しみがたくさんありますが、それと同じくらい苦労も伴います。特に発達障がい児の子育ては、それをより強く感じてしまうかもしれません。今後もムーブメントを通して、親子の効力感を高め、お父さん、お母さん、お子さんの力＝家族力を少しでもアップできるお手伝いができればと思っています。そのためには、わかりやすい形でお子さんの成長をご家族の方と確認することができるように、MEPA-Rの活用や、より家族全員で参加しやすい活動の場の提供を検討していきたいと考えています。

（袴田優子）

◆引用参考文献

郡司茂則（2008）自閉症児に適用したムーブメント教育・療法の実践的研究─生活場面での変化を目指したアプローチ、児童研究、87、31-41.

小林芳文・たけのこ教室スタッフ　著（1985）『動きを通して発達を育てるムーブメント教育の実践　1、2』、学研.

小林芳文・山崎麗子・竹内麗子　著（1995）『保育と福祉の実践に学ぶいきいきムーブメント教育』、福竹出版.

小林芳文・飯村敦子・竹内麗子他（2010）包括的保育に結びつけたムーブメント教育の実践分析に関する研究、保育科学研究、1、82-94.

竹内麗子（2012）地域のつながりの中で広がる遊び「輪」～保育所を核とした地域療育ネットワークづくり「たけのこ教室」30年の実践、和光大学総合文化研究所年報　東西南北、198-204.

第3部　展開編

第11章　特別支援教育の現場における実践

1　オリジナル遊具を使って身体意識を高める

　横浜国立大学教育人間科学部附属特別支援学校は、知的障害を主とする小学部から高等部までの児童生徒が通学している学校です。本校は、長年にわたってムーブメント教育を軸とした教育課程のプログラムを取れ入れています。ここでは、身体意識を高めるために取り組んでいるオリジナル遊具を使った活動実践を紹介します。これから紹介する中学部には、1～3年生の男女計21名が在籍しています。

(1) 横浜国大附属特別支援学校の活動の特徴

　中学部の日課は、毎朝9時10分～9時40分の時間帯が「全体体育」になっています。21名の全生徒を対象にしてムーブメント活動を行っています。

　ムーブメント活動は教具がなくても行えます。しかし、自分を基準にして教具を操作したり、教具を基準にして自分が動いたりすることによって、身体の部位の意識や空間の把握がしやすくなります。活動の意欲も高まります。課題によっては継続的な指導が必要になりますが、同じ動作でも教具を替えると、違う動きをしている感覚や感触を味わえるので、変化のある繰り返しができるというよさもあります。

　以上を踏まえ、「全体体育」では、身近なものをそのまま教具として使ったり、アレンジしたりして、道具を用いながら活動を展開しています。

(2) 身体意識を高めることを目指した実践例

1)「身体意識」とは何か

　身体意識とは、自分自身を知ることであり、心身の発達の上で基本となる能力です。ムーブ

表11-1 身体意識の3つの機能（M. フロスティッグ）

身体意識	身体像（ボディ・イメージ）	身体の内外部の感覚に関わる、感じられるままの身体のこと
	身体図式（ボディ・シェマ）	姿勢を維持したり、上手に身体を動かす能力のこと
	身体概念（ボディ・コンセプト）	身体部位の名称や身体のはたらき、構造に関する知識のこと

メント教育では、身体意識を「身体像」「身体図式」「身体概念」の3つの機能に分けて考えています（表11-1、第2章28頁参照）。

身体意識の発達とともに、自己意識や他者意識、空間意識が形成されていき、身体運動の操作もより巧みになっていきます。

2）活動を行うにあたって

全体体育の中では、ただ体を動かして身体意識を高めていくのではなく、動きそのものや動きに関わる身体部位の名称、位置関係などを具体的なことばで明示しながら、ことばと動きの一致を図っていくことを大切にしています。また、中学生は骨格や筋肉が急速に発達する時期にあたります。その発達も効果的に促せるようにプログラムを構成しています。

3）使用教具の一例

大きさや重さ、固さ、形、感触、色合いなどを知覚や教科学習へのつながりを考慮しながら、100円ショップやホームセンターで売っている身近なものを使って作成しています（表11-2）。

4）身体意識を高める活動例

身体意識を高める活動例を表11-3に示します。

表11-2 オリジナル遊具（輪っか・カラーロープ・ロングタオル）

輪っか	筒の端と端を筒と同じ色のガムテープでしっかりつなぐ	
カラーロープ	青と黄色のカラーロープを結び合わせ、結び目部分を縫って補強する	
ロングタオル	ピンクと緑、紫と黄色のタオルをそれぞれ縫い合わせ、マジックテープで両者を貼り合わせる（4色式）	

表11-3　オリジナル遊具を使った活動のねらいと実践の様子

活動とねらい	輪っかムーブメント	カラーロープムーブメント	ロングタオルムーブメント
フリームーブメント ○身体意識 ○自発性 ○創造性 ○社会性			
橋（道）を渡ろう！ ○身体像（視覚・触覚） ○身体図式 　（バランス・方向性）			
ゴシゴシこすろう！ ○身体像（触覚） ○身体図式（身体両側性機能・方向性） ○身体概念（身体部位）			
グルグル回そう！ ○身体図式 　（バランス・身体両側性機能・ラテラリティ・方向性・正中線交叉）			
離さず持ってくぐらせよう！ ○身体図式（バランス） ○身体概念（身体部位） ○柔軟性			
ギュッとはさんで持ち上げよう！ ○身体像（筋感覚） ○身体図式 　（バランス・身体両側性機能・方向性）			

活動とねらい	輪っかムーブメント	カラーロープムーブメント	ロングタオルムーブメント
身体でキャッチしよう！ ○身体像（触覚） ○身体図式（バランス・ラテラリティ・方向性） ○身体概念（身体部位） ○社会性			
ポーズを真似よう！ ○身体図式 　（バランス・方向性） ○身体概念（身体部位） ○社会性			
息を合わせて操作しよう！ ○身体像（筋感覚） ○身体図式 　（バランス・方向性） ○社会性			
しっかり持って出発進行！ ○身体像（筋感覚） ○身体図式 　（バランス・方向性） ○社会性			
一緒に運ぼう！ ○身体像（筋感覚） ○身体図式 　（バランス・方向性） ○社会性			
輪になって… 　歩こう！　揺れよう！ 　しゃがもう！　くぐろう！ ○身体像（筋感覚） ○身体図式 　（バランス・方向性） ○社会性			

(3) 全体体育の効果

　活動の効果は、本校が年度当初に毎年行っているMSTBやBCT（第4章参照）の運動検査の結果の数値に表れています。また、扱う道具の特徴を感じとりながら、動きを自ら創造したり、友だちと遊び方を考案したりする場面も生まれています。2人組やクラス単位で行うやりとりからは、友だちの動きを自分に活かしてみたり、教え合ったり、応援し合ったりする姿が見られ、コミュニケーションの広がりも感じとれます。

　全体体育で行っているムーブメント活動は、一日のスタートとなる授業です。毎朝同じ時間帯に組み込まれているため、学校生活のリズムを作りやすくしています。また、動いて発散できる場は、成長期にあたる生徒たちの心理的な安定にもつながっています。進んで運動をする習慣のない生徒にとっては、健康的な生活を送る上での必要不可欠な時間としても位置づけられます。今後も生徒が主体的に活動したくなる環境作りを提案しながら、より多くの運動経験を重ねて、生徒の心身の調和的な発達を促せる取り組みを行っていきたいと考えています。

（堀内結子）

2 国語ムーブメント、算数ムーブメント

(1) なぜ国語や算数にムーブメント教育を導入するのか

　特別支援級の子どもに限らず、学校の子どもたちをみていると、先生の話を聞いていられない、じっと座って集中していることが苦手、つまらないことはいや、楽しい刺激を求めている、という子どもが多くなってきているように感じます。

　ムーブメント教育は、楽しく変化のある活動プログラムを提供することで、そのような彼らのニーズに応えようとしています。

　「楽しい」ということは、脳を活性化します。スパルタで嫌々学習するよりも楽しく学習する方が記憶に残っていたり、よく理解できたりすることが知られています。楽しみながら学ぶことで子どもの学習理解も進みます。

　また、ムーブメント教育には、たくさんの「動きのことば」（ムーブメントランゲージ）があります。写真11-1は、2007年にアメリカの小学校で撮影したものです。ムーブメントランゲージを伴うことで、英語が苦手な私がリーダーを務めても活動ができました。同じように、ことばにハンディがある子どもも、ムーブメントを取り入れることで動きによる理解がしやすいと推察できます。上下右左という位置を学習することも、ただプリントで

写真11-1　アメリカでのムーブメント

学ぶより、上・下……と実際に動くことで理解できることが多くあります。

特に特別支援学級には、いろいろな段階の子どもがいます。その子どもたちが小集団で学習するとき、同じ活動をしながらその子に合わせた段階のプログラムが用意できることもムーブメント教育のよさです。通常学級に配慮を必要とする児童がいた場合は、このような活動が必要になってきます。

(2)国語ムーブメントの活動例

1）ロープを使ったひらがな学習

床に置いたロープの上を歩いていく活動は、文字をなぞる力、見る力につながります。写真11-2はひらがなの形に置いたものですが、はじめは直線でも波形でもいいと思います。1本のロープの上を歩けるようになったら、2〜3本を組み合わせます。結びや交差のある文字をなぞる力にもつながります。「つくし」「くつ」「くし」など、言われた文字の上を歩きます。

2）手サイン（上原式手サイン）ムーブメント

床に広げたひらがなカードを踏まないように歩き、曲が止まったら1枚取ります。「か」の字のときは、「からす」「かめ」など「か」のつくことばを書きます（写真11-3）。そして、友だちと手サインの交換をします。手サインは、①清音は1回手を叩く、②長音は手を広げる、③促音は頭の上で手を叩く、④濁音は左手がパーで右手をチョキにして合わせる、⑤半濁音は左手がパーで右手の人差し指と親指で丸をつけて合わせる、というものです。「からす」のときは、3回手を叩きます。「ケーキ」なら、1回手を叩いて、次は手を広げ、また手を叩きます。清音はジャンプをするなど、ムーブメントに変化もつけられます（上原，2010）。

(3)算数ムーブメントの活動例

1）ジャンプ計算

ムーブメント遊具として市販されている形板には1桁の数字が表記されています。床にこの形板を0から9まで順に並べ、数えながら踏んでいきます。その後、逆に跳びます。「5＋2＝」の計算をするときには、5の形板の上に立ち「1・2」と2つ前にジャンプし、形板の数字を見て「7」と答えます。引き算の場合は後ろに進みます（写真11-4）。

写真11-2　ロープ歩き　　写真11-3　ひらがなカードを踏まないように歩く　　写真11-4　ジャンプ計算

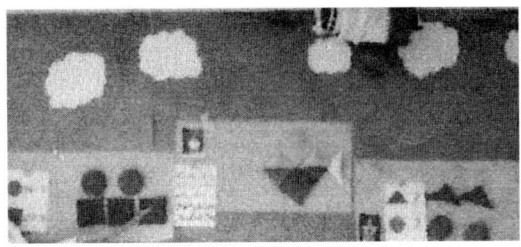

写真11-5　ビーンズバッグが貼れるボード

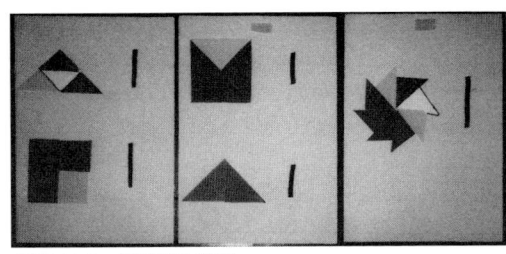

写真11-6　同じ形を作る

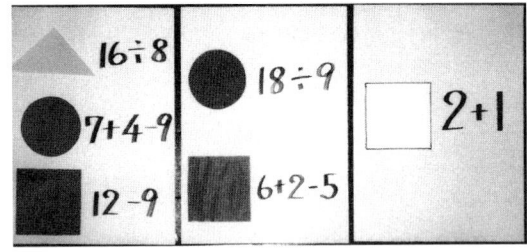

写真11-7　計算をする

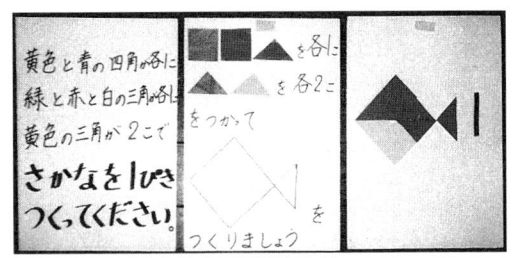

写真11-8　文章を読んで図形を作る

2) ビーンズバッグで図形構成・計算

　大きなマジックテープを縫い合わせて、ビーンズバッグが貼れるボード（写真11-5）と問題カード（写真11-6～8）を作ります。子どものレベルに合わせ、図形を作る、計算をしてその答えの数を集めてくる、文章を読んでその数分のビーンズバッグを使って図形を作るなどの学習につなげます。

(4) 算数ムーブメントの実践例

1) 単元名

　かたちワールドへレッツゴー（14時間、9～12月）

2) 単元目標

・図形の名前や特徴について知ることができる。
・図形構成や作図に親しむことができる。
・友だちと活動することができる

3) 実践例

　ここで紹介する実践例は、特別支援学級（病弱・自閉・情緒・知的）12名による合同算数の授業です。学習は、以下に示す活動で展開していきました。

①「丸、三角、四角」の活動

　資料11-1に示す歌を歌いながら、床に広げた三角や四角の形板とスポット（ゴム製の丸）を踏まないように歩き、指示された形の上に乗ります（写真11-9）。図と地形を識別する力を高めることがねらいです。

②1人で行う図形構成

　1人で形を作り、作った図形の上でポーズをします。三角形2枚と四角形1枚で三角形や長方形、平行四辺形などを作ります（写真11-10）。ねらいは図形構成と姿勢保持の力を高める

表11-4 「かたちワールドへレッツゴー」プログラム表

時間	学習活動	留意点（〇）支援（＊）・ほめる点（☆）	準備物
13：40	1　はじめのあいさつをしよう 「これから5時間目の勉強を始めます」 「始めます」	〇姿勢を正して挨拶ができるようにする。 ☆姿勢のよさをほめる。	三角・四角・円の各図形
	形の名前を復習しよう		
	2　形の歌 ①四角形の歌で図形名を復習しよう。 ②三角形の歌で図形名と特徴を復習しよう。 ③円の歌を歌おう。	〇Cグループの子に四角の図形名を指名し発言させる。 ＊1文字ヒントを出す。	CD
	かたちワールドへレッツゴー		
13：50	3　かたちワールドへ出かけよう (1)グループ分け：色ごとのゼッケンをつける。 (2)図形構成 ①個　人 ・形板やスポットを踏まないように歩こう。 ・言われた図形の上に乗ろう。 　[課題] 円に乗る。 ・2つの形を組み合わせて言われた形を作ろう。 　[課題] 三角2枚で三角形を作る。 ・3つの形を組み合わせて形を作ろう。 　[課題] くじを引き三角形2枚四角形1枚で指定された形を作る。 ②ペア ・友だちと協力して指示された図形を作ろう。 　[課題] 六角形を作る。 ③グループ ・グループで、協力して指示された図形を作ろう。 　[課題] 正方形を作る。 ③鍵をあけよう ・牛乳パックの型はめをしよう。 ・早くできた子は数字をそろえ片づけをする。 ④パラシュート「位置体操」 ・参観に来られた先生たちと位置体操をしよう。	☆リーダーがグループの子に声をかけていたらほめる。 〇早くできた子には、手持ちぶさたにならないように形板の数字を使い計算（たし算・ひき算・かけ算・三口の計算）をするようにさせる。 ☆ポーズを工夫していたり友だちと協力していたりするところをほめる。 ＊図形構成が難しい子どもには、図形補助マットを使い、その上に形板を置いて図形構成ができるようにする。 ＊台形を作ってから組み合わせるヒントを出す。 ☆時間がかかってもよく考え図形構成ができたことをほめる。 ☆頂点や辺の数など図形の特徴にも気づいたことをほめる。 ＊数字の順番に片づける、形を指定して片づけるなど、子どもの実態に合わせて行う。	形板 スポットマット（3色） 3色のゼッケン（12枚） 図形補助マット 園芸札に図形名を書いたくじ 形板パズル（4種×3色） 牛乳パックパズル（4枚×12人分） 図形名 ストップウォッチ
14：15 14：25	4　ふりかえりをしよう ・手を挙げて今日できたことや友だちのよかったところを発表する。 ・発表したら次の人を指名する。 5　おわりのあいさつをしよう 「これで5時間目の勉強を終わります」 「終わります」 ・ゼッケンをたたむ。 ・リーダーがゼッケンを集める。	☆畳のところにすぐ移動できたことをほめる。 ☆指名されたら返事をして立つことができたことをほめる。 ＊教員も子どものよい点や伸ばしたい点を見つけて発表する。 ☆依頼の仕方、渡し方をほめる。 ☆最後までできたことをほめる。	3色のかご 5mパラシュート オーロラパラシュート

写真 11-9　形板を踏まないように歩く

写真 11-10　1人で三角形を作ろう

写真 11-11　2人で六角形を作ろう
「台形を2つ合わせたら六角形ができた！」

写真 11-12　みんなで形を作ろう
「辺が8で頂点も8だから……、八角形ができた！」

写真 11-13　大きな三角と風車

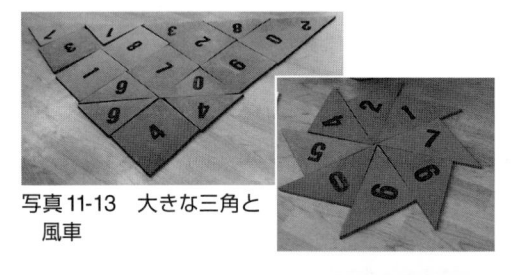

写真 11-14　数字の家

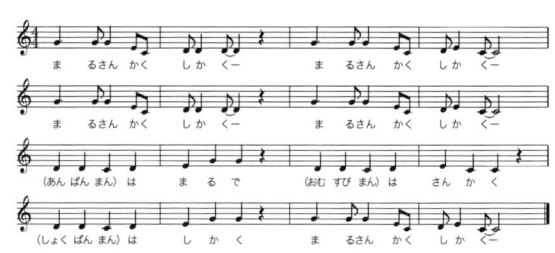

資料 11-1　楽譜「まるさんかくしかく」（作詞・作曲：上原）

ことです。

③2人で行う図形構成

上の②と同じ活動をペアで行います。三角形4枚、四角形2枚の形板を使って、正方形や長方形、台形など様々な図形を作り、作った形の上でポーズをします（写真11-11）。

④グループで行う図形構成

今度はグループで行います。形板をたくさん使って大きな三角形、八角形や風車、ロケットなど好きな形を作り、みんなでポーズをします（写真11-12、13）。ねらいは図形構成と社会性を高めることです。

⑤数字の家

数字を0から9まで順番に並べ、三角と四角を組み合わせて家を作ります（写真11-14）。0から順番に集めて片づけをします。片づけも学習になります。数を数える能力と社会性を高めることがねらいです。

⑥2世帯住宅

1と9、6と4など合計すると10になるように形板を組み合わせて家の形を作ります

(写真11-15)。ねらいは数字の合成と分解、図形構成の能力を高めることです。

⑦パラシュート

みんなで歌いながらパラシュートを操作し、上下左右前後の学習をします。ねらいは、位置関係理解と社会性と操作技能を高めることです。

（上原淑枝）

写真11-15　2世帯住宅

3　特別支援学校高等部において社会性、コミュニケーション能力を育む

　特別支援学校学習指導要領において、自立活動の指導は、「障害による学習上又は生活上の困難を改善・克服し、自立し社会参加する資質を養うため、学校の教育活動全体を通じて適切に行うものとする」（下線部は筆者）と示されていることからも、児童生徒一人ひとりの社会性の育成が求められていることが理解できます。

　そこでここでは、発達障がいのある児童生徒の社会性やコミュニケーション能力を育む2つの実践を紹介します。T支援学校高等部において、平成23～24年にかけて行われました。

(1) 発達段階別のグループ学習による実践

　T支援学校高等部では、生徒の自立を目指して行われる指導領域である「自立活動」の学習として、発達段階別のグループ学習が週5時間行われます。グループのメンバーは、重度知的障がい、自閉症、ダウン症など多様なタイプの生徒です。人とのやりとりや集団活動が苦手であり、言語による指示の理解や自分の気持ちを表現することに困難をきたし、社会性やコミュニケーション力に課題がみられます。なかには、肥満などにより運動に対して消極的である子、また、過去の経験によって運動への苦手意識を抱えている子もいます。このような生徒は、学年全体など大集団での体育授業で全体の流れについていけず、自分の力を発揮できずに運動に取り組めないことも多いです。

　そこで今回の実践では、小集団でのムーブメント活動を通して、自発的に楽しく運動に取り組み、社会性・コミュニケーション力を育てることをねらいとしています。70分間の授業時間は、「始まりの活動」→「あいさつ」→「走行ムーブメント」→「課題ムーブメント」→「振り返り」という順序で展開します。各活動のねらい、活動の様子、配慮事項など

写真11-16　走行ムーブメントの様子（お尻で進もう）

表11-5　高等部の教科「自立活動」におけるムーブメント活動の展開

	ねらいと生徒の主な活動	活動の様子	配慮事項等
始まりの活動	カラーロープムーブメント（身体意識・他者意識） ☆身体部位のタッピング ・音楽に合わせて身体の部位を軽くタッピングする。 ・タッピングする部位を順番に提案する。	・「始まりの音楽」と同時に、授業がゆったりと始まります。 ・言語による指示を理解して活動する生徒や友だちの様子を模倣をしながら活動する生徒、教師が直接支援しながら活動する生徒など、様々な参加の様子がみられます。	・ゆるやかで楽しい雰囲気が活動への期待感や生徒の主体性を引き出します。 ・生徒同士が活動の様子を見たり、見られたりする関係、つまり「学び合う関係」を作ります。
	[支援のポイント] 一人ひとりがロングロープを持つ活動は、ロープという遊具を介することから、直接手を握り合ったりする活動とは異なります。これにより、感覚の過敏さを持つ生徒も安心して参加しやすくなります。多くの友だちとの活動を通して、ペースを合わせること、力を加減することといった人との関わり方や社会性——特に中・高等学部段階では、人との距離感や対応の仕方、異性との関わり方も——を育てようと企図します。 [A君の成長] A君は集団での自発的な活動は苦手ですが、模倣は得意です。繰り返し活動する中で多様な動きを覚えて、動きのリーダーとして活躍できるようになりました。友だちが注目して同じ動きをマネしてくれることがうれしいようで、笑顔が増えて活動への積極的な参加が見られるようになりました。		
走行ムーブメント	走行ムーブメント（感覚運動・バランス・操作性の向上） ☆歩く・走る・ジャンプ・スキップなどの粗大運動。	・音楽のリズムに乗って簡単な運動を組み合わせ、毎回変化をつけながら行います。 ・コース上に平均台やマット等を設定することで、自分で考えてコースを走っています。	・生活年齢に応じた曲を選びます。微細な運動スキルと粗大運動には関連があると言われています。 ・「次は何する？」と、生徒の意見を取り入れて行い、活動への主体性を高めます。
	[支援のポイント] ムーブメント活動では、負荷を少し加えた運動を行い、運動量を確保します。歩く、走る、ジャンプするなど、簡単な動作を中心に体をしっかりと動かすことによって心理的機能を開放し、同時に体力や操作性の向上もねらいます。		
課題ムーブメント①	①スクーターボードを使ったムーブメント（操作性・協応性の向上、時間・空間認識・コミュニケーション力の向上） ☆自由に動いて楽しむ。 ☆二人での活動 ・ペアの友だちの背中を押して進んだり、スクーターボードに結んだロープを引っ張ったりして進む。 ☆集団での活動 ・2台のスクーターボードに平均台を載せ、その平均台の脚にロープを結ぶ。一方のグループが平均台に座り、もう一方のグループがロープを持って引っ張って進む。	・ボードに座り、手を床について進んだり、足で床をキックして後ろに進んだり、自分でできる好みの動きを中心に自由に楽しみます。その様子を一緒に活動しながら観察していきます。 ・例えば、まっすぐ、くねくね、前、後ろ、速く、ゆっくりなど、スクーターボードの進み方を2人で楽しみます。 ・「もっと速く引っ張って」「今度は、マットが置いてあるところまで行って」と、速度や方向を相手に要求するなど、自然と会話が見られました。 ・自ずと「せーの」「いち、に、いち、に」と掛け声が出て、力を合わせ、タイミングが合えば、平均台が進みます。	・体より大きめのサイズのスクーターボードを選びます。 ・動きのバリエーションが乏しい場合、教師がモデル（背臥位で進む、腹臥位で泳ぐようにして進むなど）を示して多様な動きに挑戦させ、操作性を高めます。 ・スクーターボートに乗る人と引っ張る人の役割を交代することが相互理解を深めます。 ・生徒から出た「だんじり」「おみこし」のことばから、みんなで祭りのイメージや楽しさを共有できるように、一緒に「わっしょい！」「せーの」と声かけを行います。 ・動いた時には「できたね」とほめて達成感を持たせます。

課題ムーブメント②	[支援のポイント] 方向、スピードに変化を加えて進むことで、時間・空間認識を高めることができます。また、役割を交代することで、相手の立場を理解するという他者理解が生まれます。そして、楽しい活動を共有することで、自然とコミュニケーションが生まれます。さらに、イメージを膨らませた創造的な活動は楽しみを広げます。 [B君の成長] お祭りの大好きなB君は、最後の集団での活動が大好きです。友だちと協力して活動をすることが難しいB君ですが、楽しみを共有することで友だちの動きにも気遣い、大きなかけ声を出し、リーダーシップをとって楽しく活動できました。		
	②パラシュートを使ったムーブメント（時間・空間認識、社会性の向上） ☆フルーツバスケット ・質問の答えに該当したときは、パラシュートが上がっている間に場所を移動する。 ・交替で質問を出す。 ☆サーフィン、ポップコーン ・ビーチボールやカラーボールをパラシュートに載せてみんなでパラシュートを操作する。 ☆ドーム ・みんなで協力すると大きなドームができます。	・音楽に合わせて、みんなでパラシュートを持って小さく振ります。しばらく続けるとリズムが合ってきて、大きく上げ下げすることもできるようになりました。 ・「男の人」の質問では、男子生徒は速やかに移動します。 ・いろいろな質問が出てきました（「16歳の人」「赤い服を着ている人」「バナナが好きな人」など） ・ボールに動きが生まれることで、意欲と集中力が高まり、自分や友だちの動きに注目し、動きを制御します。これにより、「自己制御の促進」につながります。 ・ファンタジックな世界を友だちと一緒に楽しみます。	・音楽を使用することで活動は活性化します。 ・動きを合わせることが、他者意識につながりますので、タイミングを計って動きを大きくしていきます。 ・質問に対して該当するかどうか考えることが、自己意識の育ちにつながります。 ・タイミングが合わないときには、「どうしたらうまくいくだろうか？」と問いかけ、生徒同士の話し合い活動を引き出し、社会性の向上につなげていきます。 ・楽しい活動が他者を受け入れ、ともに活動する喜びにつながります。
	[支援のポイント] パラシュートは生徒が好きな遊具です。集団活動が苦手な生徒の活動意欲を喚起するのにも効果的です。遊具を組み合わせることで活動のバリエーションが広がります。 [C君の成長] 集団活動に入りにくいC君ですが、パラシュートは大好き。パラシュートを上下させたときの風も大好き。自分から活動に参加します。それが友だちと一緒に活動する喜び、楽しさにつながり、C君の中で他者意識が芽生えたようです。		
振り返り	振り返り（コミュニケーション力） ☆活動の振り返り（記憶の再生） ☆感想の発表	・楽しかったことやがんばったことを一人ずつ発表します。 ・友だちの発表を聞いて拍手で賞賛します。	・生徒の様子を具体的に伝え、賞賛し、次への意欲につなげます。
	[支援のポイント] 一人ひとりの発表に拍手を送り認め合える関係性が、他者を認め、社会性を育てる活動となります。受け止めてもらえる安心感は、自分から発信しようとする意欲に直結します。自分の気持ちを発表でき、自分の意見を聞いてもらえる安心感が、伝えたい気持ちを引き出します。		

を表11-5にまとめました。

(2)交流学習での実践

　T支援学校高等部では地域の高校生との交流学習を行っています。ホームルームの時間を使って、スペースマットを使ったムーブメント教育を行いました。スペースマットを床に広げて置き、音楽に合わせて歩き、いす取りゲームの要領で音楽が止まったらマットの上に立ちま

す。マットの色やマットの上に立つ人数を指定しながら、活動を進めました。

簡単なルールのある活動では、障がいのあるなしにかかわらず、一緒なって活動が楽しめます。人との接触が苦手な生徒も活動の中で自然と手をつないだり、狭いマットの上に一緒に立ったりする様子が見られました。

(3)「こころ・あたま・からだ」の発達支援に向けて

写真11-17　スペースマットを使った連合運動

発達障がい児は、思春期後期に入っても運動機能が発達することが報告されています。T支援学校高等部の取り組みにおいても、後ろ歩きができるようになったり、プレーバンドをまたいだりくぐったり、風船を足に挟んでジャンプしたり、頭や手、足を使って器用に風船を操作するなど、身体操作に関わる運動機能の向上もみられます。身体全体の粗大運動の発達が微細運動機能の発揮につながることから、身体の操作性の向上が手先の巧緻性の向上にもつながると考えられます。

T支援学校高等部の学習活動では、卒業後の就労のための体力や手先の巧緻性向上等の成果を早急に求めることもあります。しかし同時に、卒業後のそれぞれの進路先で、一人ひとりが自分の生活を主体的に、そして仲間とともに楽しく充実した生活を実現するための社会性やコミュニケーション能力の育成も大切です。

発達障害のある高等部の生徒はゆっくり成長し続けています。ムーブメント教育を用いて、「こころ・あたま・からだ」の全面的な発達を支援することが、高等部段階においても求められています。

(金川朋子)

4　通常学級と特別支援学級との「交流・共同学習」

(1)茅ヶ崎市内の小学校での取り組み

茅ヶ崎市内の小学校の教師たちが営む研究会では、1990年代から講師を招いて研修を行ってきました。ムーブメント遊具や用具を使った活動を教師自ら体験し、これを日常の実践につなげてきました。特別支援学級だけでなく通常学級の教師も多く参加するこの会は、教師の笑顔やいきいきと活動する姿がみられます。

例えばパラシュートの実技では、教師が子どもの立場になって、上下するパラシュートの下に寝転びます。目の前に迫ってくるパラシュートに思わずあがる歓声。顔や身体で感じる風。なぜパラシュートが子どもたちに人気があるのか、身をもってその魅力を堪能します。ムーブ

メント教育の理論を学びながら、同時に教師自身がムーブメントの世界を楽しむのです。研修会に参加したある教師は、「発達障害を持った子だけでなく、誰が行っても楽しめる活動でした。障がい児（者）にとってわかりやすい、過ごしやすい環境は、誰にとっても過ごしやすい。ムーブメント教育にはその広がりと温かさが溢れていました」と、感想を寄せていました。ムーブメント教育の意義と価値を教師自身が体験することで、自らの実践へとつながっていくのだと思います。

(2)通常学級でも有効なムーブメント教育

通常学級でも発達障害の有無にかかわらず、動きに不器用さがみられる児童がいるとの問題意識に基づいて、茅ヶ崎市立浜須賀小学校でムーブメント教育に基づく活動が展開されたのは2005年のことでした。6年生で行われたフープやスクーターボードを用いた実践では、通常学級でもムーブメント教育の有用性が示され、新聞でも取り上げられました（資料11-2）。

小学校の体育の学習指導要領には「体つくり運動」という運動領域が設けられています。体つくり運動領域には、1〜6年生まで共通に学ぶ「体ほぐしの運動」と低中学年で学ぶ「多様な動きをつくる運動（遊び）」、高学年で学ぶ「体力を高める運動」によって構成されています。こうした運動の学習にムーブメント教育を導入することは有効です。なぜなら、通常学級に在籍する発達障害をはじめとする様々な課題を持つ児童にとって、みんなで一緒に楽しみながら活動でき、その児童が持っている力を引き出すことができるからです。

「できた！」という喜びは、その子の達成感や自己肯定感へと導き、新たな意欲や主体性を生み出します。

(3)交流・共同学習に活かすムーブメント教育

小学校における「交流・共同学習」を構想するとき、特別支援学級と通常学級の児童が一緒に活動し、ふれあいながら互いを理解しようとする学習だけでは十分とはいえません。特別支援学級の視点からだけでなく、通常学級の児童に対するねらいや位置づけ、教科学習としての目標の達成に向けた活動と評価も大切です。また、特別支援学級の児童にとっては、それぞれの発達段階に応じた個別の目標を設定していきます。それぞれの達成課題に向けた取り組みがあってこそ、新たな子ども同士のつながりも生まれてきます。

このような視点から構想された楽しいムー

資料11-2　読売新聞「教育ルネサンス」より
（2005年10月20日付）

ブメント活動では、それぞれの児童が互いの持っている力に気づいたり、そのことをことばや行動に表したりする様子が見られます。学級の枠を越えた関わり合いは、児童にとって大きな自信を得る機会となっていきます。

(4)交流・共同学習に至るまでの足跡

2011年の汐見台小学校の開校と同時に同校に設置された特別支援学級「仲よし級」は、知的障害級8名、自閉症・情緒障害級4名の計12名で開級しました。多くの児童が近隣の特別支援学級からの転入ということもあり、当初は新しい学級への戸惑いをできるだけなくすよう、担任や児童との関係作りに努め、友だち同士のコミュニケーションやソーシャルスキルの指導をしながら、学級づくりを心がけていきました。通常学級との交流を始めたのは、新しい学級に慣れてからのことです。

仲よし級の子どもたちは、開校から2年目を迎える頃には1年の見通しが立ち、学校や学級の活動にも安心して参加できるようになりました。1年目はどちらかというと通常学級の活動に参加する形がほとんどでしたが、仲よし級を主体とした学習に通常学級の児童も一緒に参加することはできないか、と考えました。これまでの積み重ねをもとに、仲よし級の児童には通常学級の児童と一緒に活動することの楽しさを感じてほしい。その思いから、学習活動を通した仲よし級と通常学級の児童のふれあいの場を設定することにしました。

交流する通常学級については、仲よし級に在籍するA児の交流クラスとしました。運動面では入学時に比べて著しく成長したA児でしたが、安全面への配慮からあまり交流クラスでの運動に参加する機会がなかったからです。仲よし級の他の児童にとっても、同じフロアに教室があり、交流クラスの児童と日常的に顔を合わせる関係です。仲よし級の児童のよきお兄さん・お姉さんとして親しくなってほしい、との教師の願いもあります。

(5)ムーブメント教育を柱とした単元の設定

仲よし級の子どもたちが今持っている力でみんなと一緒に楽しんで活動に取り組め、しかも彼らの発達の可能性を十分引き出すことができるムーブメント活動を単元の中心に据えました。通常学級の授業としては、体育科の「体ほぐしの運動」の学習に位置づけました。

活動プログラムは、子どもたちと一緒に考えて内容を決めていきましたが、日常的に行っているムーブメント活動を行うことで、仲よし級の児童が自信を持って主体的に活動することができるようにしました。さらに、仲よし級の児童にムーブメント活動のリーダーになってもらう場面を設定しました。「身体の動き」に加えて、「人間関係の形成」「コミュニケーション」の目標を個別に設定し、支援を考えました。

写真11-18 交流・共同学習の様子

表11-6 単元目標

特別支援学級	通常学級
・自分の持っている力を活かして、いろいろな友だちと一緒に楽しく運動や活動をする（人間関係の育成・身体の動き）。 ・自分の役割を理解して、集団の中で状況に応じたコミュニケーションや行動をとる（コミュニケーション）。 ・通常学級との交流・共同学習を通して、豊かな人間関係を育む（人間関係の育成）。	・いろいろなやさしい運動やリズムのある運動を行い、身体を動かす楽しさや心地よさを味わうことができるようにする。 ・自分や仲間の身体の状態に気づき、友だちとのかかわり合いができるようにする。

表11-7 特別支援学級の指導計画（全5時間）

次（時数）	内容
Ⅰ（1）	「交流クラスと一緒にどんな運動ができるだろうか」 ・交流クラスと一緒に活動することを知る。 ・どんな運動をするかプログラムを考える。 ・自分の役割を決め、理解する。
Ⅱ（2）	「仲よし級で考えたプログラムをやってみよう」 ・プログラムの流れを確認しながら運動する。 ・自分の役割を理解して活動する。
Ⅲ（2） （本時）	「交流クラスの友だちと一緒に運動しよう」 ・いろいろな友だちと一緒に運動する。 ・集団の中で状況に応じた行動をする。 ・自分の役割を意識して、今持っている力を活かして活動する。 ・通常学級の友だちとの活動を通して親しくなる。

表11-8 Ⅲ次（本時）の目標

特別支援学級	通常学級
・いろいろな友だちと力を合わせながら楽しく運動する。 ・自分の役割を理解し、自分の持っている力を活かして活動する。 ・集団の中で状況に応じた行動をする。 ・自分の頑張りや友だちのよさに気づき、活動を通して親しくなる。	・身体を動かす楽しさや友だちとかかわる心地よさを体験する。 ・身体のバランスをとったり、移動したり、用具を操作したりする動きができる。

(6) 仲よし級の子どもたちの様子を振り返って

　最初のプログラムでA児がみんなの前で手本となって行ったリズム体操は、彼を中心として、交流クラスと仲よし級の空気を和ませるものでした。「体操の歌が面白かったです」「私はあんな楽しい体操をするとは思いませんでした」といった交流クラスの児童の感想からも、それがわかります。またA児自身も、昨日まで怖くてできなかったステージから飛び降りる課題が、みんなと一緒に活動する流れの中でできるようになりました。その喜びやうれしさが、授業最後の振り返りの中で自分から手を挙げて、「マットに飛び降りたのが楽しかったです」という

表11-9　Ⅲ次（本時）の展開

学習活動および課題のねらい（達成課題＊）	指導上の留意点（支援○、評価：支援級★・通常級☆）	準備・用具等
1．あいさつ 2．リズム体操 ・仲よし級のＡ児が全体に手本を示す。手本の動きを見て準備運動をする。 ＊身体意識・聴覚と運動の連合・模倣表現・リズム感・時間意識 3．サーキット運動 ・仲よし級の児童が手本を見せる。 ・サーキットの回り方を確認する。 ・仲よし級の高学年児童とジャンケンをして、勝った児童からサーキット運動に入る。 ＊他者意識・身体意識・リズム感・跳躍力・動的バランス・空間意識・協応性・柔軟性・前庭感覚 4．スペースマット ・音楽の合図でスペースマットの周りを歩く。音楽が止まったら、指示を聞いてマットの上に乗る。 ＊空間意識・静的バランス・色の弁別・数の弁別 5．スクーターボード ・仲よし級の児童が手本を見せる。 ・交替で乗る。 ・座位姿勢・伏臥位姿勢で乗る。 ・一人で進む・手でこぐ。 ・一人が引っ張る、押す。 ・ロープにつかまり、みんなで滑走。 ＊身体意識・筋力（腹筋・背筋・腕力）・加速度刺激 6．パラシュート ・パラシュートを使った活動を楽しむ。 　（上・下・中に入る） ＊ファンタジー・空間意識・社会性 7．振り返り ・本時の活動を振り返る。 ＊短期記憶	○みんなで仲よく楽しく身体を動かす交流授業であることを伝える。 ・音楽に合わせて身体と心をほぐす。 ○楽しい雰囲気になるように声かけをする。 ○進行役や音楽担当の児童へのサポート。 ★自分の役割を理解して、自分の持っている力を活かして活動する。 ・多様な動き（跳ぶ・くぐる・回る・バランスなど）を含む課題を用意する。 ・並んでいたら順番でする。 ・あわてずに回る。 ○いろいろな動きに取り組めるように支援し安全面に配慮する。 ★集団の中で状況に応じた行動がとれる。 ☆友だちとともに身体を動かすことの心地よさを味わおうとする。 ★☆自分なりの動きを選んでいる。 ○進行役や音楽担当の児童へのサポート。 ・児童の指示は、色や人数などへ変化させる。 ・2人になったところで座る。 ★☆声をかけあい運動に取り組もうとする。 ○安全面に配慮しながら、いろいろな乗り方を促す。 ・障害物に当たらずに進むように促す。 ★☆身体のバランスをとって移動したり、用具を操作したりする動きができる。 ★いろいろな友だちと力を合わせて運動しようとする。 ☆運動が楽しくできるやり方を工夫している。 ・みんなでパラシュートの動きの流れを作り一体感を味わう。 ★☆みんなで身体を動かす楽しさや友だちとかかわる心地よさを感じる。 ・本時の活動を振り返りながら、感想を持つ。 ○やってみた運動のどこが楽しかったか、またやってみたい運動、友だちへの気づき、みんなでやってみた感想などを促す。	・音楽 「できるかな」 ＊エリック・カールの絵本より （サーキット配置図） ・跳び箱、ロープ、的当て、トンネル、平均台、マット、ケンステップなど ・スペースマット6セット ・スクーターボード25台 ・パラシュート7m

写真11-19　スクーターボード「一人が引っ張る、押す」の活動

発言につながったのだと思います。

　スペースマットのゲームを担当して、音楽を流したり、課題を出したＢ児。事後の振り返りで、「俺は機械とか（操作するのが）得意なのね。だから、音楽もすぐかけられた。みんなにも（指示が）上手に言えた」と発言しています。通常学級との交流の中で役割を持ち、その役割を果たせたことがＢ児の自信へとつながっていったようです。交流クラスの児童に進んでことばをかけていたＣ児は、「（スクーターボードの）乗り方は、こうするんだよ」と、手本を自分から見せてあげていました。

　ビーンズバッグが置かれた平均台の上を歩く手本で、「他のやり方はありますか？」と教師にことばをかけられたＤ・Ｅ・Ｆ児は、後ろ歩きや片足でのケンケン歩きをみんなに披露しました。交流クラスの児童から「すごーい」と声をかけられ、拍手をもらい、うれしそうな笑顔をみせていました。ことばでのコミュニケーションが苦手なＧ児も、スクーターボードに乗っている交流学級の児童の手を引いて進むことができました。ゴールして、自分からハイタッチをする姿も見られました。

　授業後の振り返りで出てきた、通常学級・仲よし級それぞれの児童の感想を以下に紹介します。

【通常学級の児童から】
・きょうは、とてもたのしかったです。またいっしょになかよし体いくをやりたいです。
・たのしくって、こうふんしてしまいました。ゆうえんちみたいな体いくができて、よかったです。
・スペースマットは、まるでいすとりゲームのように楽しかったです。
・スクーターボードは、手やひもでひっぱってもらうと、すごくはやくなってきもちよかった。
・パラシュートは、家のシーツでしかやったことないけど、きょうのは大きくて、みんなですごく楽しくできたから、とてもよかったとおもった。
・パラシュートの中で、ねっころがるのがたのしかった。
・パラシュートが、ふわんとういたから、とてもたのしかったです。
・いろいろやりかたをおしえてくれて、ありがとうございます。よくいみがわかって、おもし

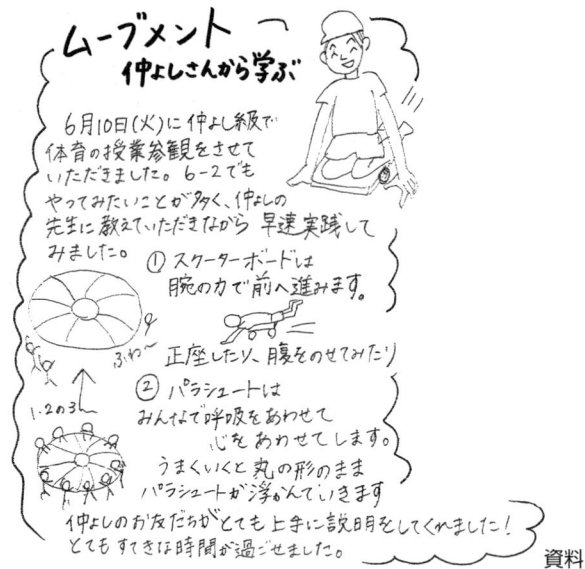

資料11-3　交流学級の学級だよりの記事

（手書きメモの内容）

ムーブメント　仲よしさんから学ぶ

6月10日(火)に仲よし級で体育の授業参観をさせていただきました。6-2でもやってみたいことが多く、仲よしの先生に教えていただきながら早速実践してみました。

① スクーターボードは腕の力で前へ進みます。
　ふわ〜　正座したり、腹をのせてみたり

② パラシュートはみんなで呼吸をあわせて心をあわせてします。
　1.2の3！
　うまくいくと丸の形のままパラシュートが浮かんでいきます

仲よしのお友だちがとても上手に説明をしてくれました！とてもすてきな時間が過ごせました。

ろくできました。
- なかよしきゅうのみんなは、すごいね。
- なかよしきゅうのみんなとたいいくができて、うれしかったです。
- こんど、あそびにいってもいいですか。

【仲よし級の児童から】
- ぼくのおてほんみたいにできましたか。へいきんだいのけんけんは、あぶないからきをつけてね。あそびたくなったら、いつでもおいで、まってるね。
- いっしょにたいいくやったね。たのしかったね。ならぶときもきれいだったし、とびばこもうまかった。ともだちになろうね。
- なかよしに、いつでもあそびにきていいよ。まってるからね。シーソーやろうね。

　ムーブメント活動を通して、子ども同士の間に自然な関わりや、つながりが生まれてきたように思います。まずは一緒に活動してふれあうこと、お互いに親しくなるところから、相手のことが自然にわかってくるのではないかと思います。それがあってはじめて、ともに助け合い、支え合って生きていくことを学ぶことができるのではないでしょうか。

　この実践をきっかけに通常学級の担任がムーブメント遊具を借りにくるようになりました。高学年の交流学級では、体育の時間に仲よし級の児童がリーダーとなって、ムーブメントのやり方を指導する場面も見られるようになりました。

　今回の実践は、特別支援学級の児童をリーダーとしたプログラムでした。今後は、ストーリー性のあるムーブメント活動や課題ムーブメントをさらに深めていくなど、様々な展開が考えられます。ムーブメント教育を通して、継続した「交流・共同学習」を行うことで、さらに子どもたちの主体性を活かした活動を深めていきたいと思います。

（大越敏孝）

5 質の高い余暇支援をめざして

(1) 発達障がい児の QOL の向上

　発達障がい児が充実した余暇を過ごすことは、QOL（生活の質）を向上させるためにも大切です。主として知的障がい児に教育を施す横浜国立大学附属特別支援学校では、人間尊重の教育を目指してQOLの概念を学校の教育理念に取り入れました。教育が子ども一人ひとりの個性に応じて適切に行われ、ライフスタイルに沿って進められているか、その教育にかかわる"Quality"はどうかを確かめながら、"高いQOL"を追求するために余暇教育を一つの柱としました。そのQOLを支える教育理念および関連領域は図11-1の通りです（小林・横浜国立大学附属養護学校, 1997）。

　具体的には、「からだ・あたま・こころ」の発達を促すムーブメント教育に小学校段階で取り組み、子どもたちの好きなこと、得意なことを見つけることを支援します。そこでは、様々な道具や環境を用意し、いろいろな素材に触れ、操作しながら動きを通して学びます。そして、中学部・高等部の部活動などを通して、小学校で見つけた好きなこと、得意なことを趣味や特技にまで高めるよう支援を行います。

　卒業後も保護者と一緒に協力しながら、愛好会活動などで引き続いて趣味・特技を活かして自立した質の高い余暇を過ごすための支援を行っていきます。現在、バレーボール愛好会、サッカー愛好会、サッシュ水泳愛好会、太鼓愛好会、ミューズ音楽愛好会、さをり愛好会があり、多くの卒業生の社会参加や生涯にわたる余暇を支援する活動を行っています。

　また、障害を持つ地域社会の子どもたちに対して、地域の障害者支援団体と協力しながら定期的に支援活動を行っています。次に紹介する「サタデーキッズ」もその支援活動の一つです。

個別教育計画 IEP 一人ひとりのニーズを支援	ムーブメント教育 いきいきとして潤いのある活動	余暇教育 はりのある豊かな生活 レジャー、部活動
人的環境整備 チームティーチング 教師の柔軟なセンス	QOLを支える教育	家庭、地域とのネットワーク 地域資源の活用 交流教育
物的環境整備 教室環境、教室配置	人間尊重の理念 幸福・楽しさ	ライフステージ 自己実現のための生涯教育

図11-1　QOLを支える教育理念

(2)サタデーキッズの取り組み

　地域の支援団体と共同で1年間取り組んだ、発達障がい児の余暇指導「サタデーキッズ」について紹介します。

　サタデーキッズは、学習障害（LD）、注意欠陥多動性障害（ADHD）、アスペルガー、高機能自閉症などの発達障害のある、またはあると思われる児童生徒を対象としています。この余暇指導は、「運動プログラム」「なんでもアートスタジオ」「レクリエーションプログラム」の3つのプログラムで構成されています。本校は「運動プログラム」のプログラムの提供を依頼されました。

　この活動に参加した子どもたちは、横浜市中区を中心とした地域の小学2年生から6年生、男子8名、女子2名（普通級6名、個別級1名、通級3名）です。毎月第1土曜日午前10時30分〜11時30分までの約1時間、公共施設の多目的ホールを使用して行いました。指導スタッフは、本校より4〜5名の教員と社会福祉協議会より1名、保健師・心理士が1名、放課後支援教室のスタッフ2名、その他のボランティア2〜3名です。

1)子どもたちの実態

　ムーブメント教育のアセスメント・MEPA-Rおよび参加者アンケートの2つの資料と、実際の子どもたちの様子を観察した結果、次のことが明らかになりました。

①子どもたちは、比較的言語性は高いが複雑な指示の理解は難しい。また、興奮状態になると指示が通らなくなる子どももいる。パズルやブロックなど、算数に関係することが得意な子どもが多い。

②運動に対する苦手意識が強く、身体を動かすことに対して消極的。特にバランス感覚や後方への移動が苦手で、すぐに転んでしまったり、周りを意識せずに動いてぶつかってしまったりするところがある。他には、ものを運んだり、積み上げたりするときの手足の動きにぎこちなさが見られる。体を動かすことに消極的なことから、フープやボールなどの身近な用具の操作が未熟である。

③コミュニケーションがとりにくく、友だちと一緒に遊んだ経験が乏しく、グループ行動が苦手。授業中にわからないことがあった場合には、教師や友だちに聞けず、ごまかすためにふざけてしまうようなところがある。

2)学習のねらい

　子どもたちの実態から、学習のねらいを以下のように定めました。

①運動に対する苦手意識を改善し、動く楽しさを味わう。
②自分の体のボディイメージや身体意識、空間意識を養う。
③手足の協調運動や指先の巧緻性を高める活動をする。
④様々な運動用具に親しみ、その操作性を高める。
⑤用具を使ってペアやグループで協力、協調して運動する活動をする。

3)取り組みの方法と計画

　毎月1回1時間の活動を通して上記のねらいを達成するため、次のような支援の方法を設定しました。主な活動内容と子どもの様子は表11-10をご参照ください。

表11-10 主な活動内容と子どもの様子

月	内容	子どもの様子
4	・パラシュート ・ロープ（上を歩く、電車でつながる） ・スカーフ（投げる、受け取る）	［意］・離れたところから様子を見る 　　・興味を持った活動に参加 　　・ほぼ、大人がマンツーマン
5	・パラシュート ・積み木（つなげる、積む、運ぶ、キャスターボードで間を通り抜ける）	［運］・様々な活動での手足のぎこちなさ ［社］・個の運動を特に楽しむ 〈具体例〉 ・そばについていないと室内を走り回ってしまった。 ・ロープ上を後ろ向きに歩くことが難しい。後ろ交差歩きでは多くの子どもが転んでしまった。 ・積み木で自由にロケットなどを作ることを楽しんでいた。 ・友だちと一緒の電車ごっこでは周りと速さを合わせられずに崩れてしまった。
6	・パラシュート ・積み木（色集め、自由に作る、キャスターボードでタッチ、高い積み木へのスカーフかけ）	
7	・パラシュート ・フラフープ（回す、転がす、跳ぶ、つながる）	［意］・全体指示の受け入れ 　　・集団から離れずに参加する子どもの増加 ［運］・跳ぶ活動が苦手（特に両足での着地） 　　・手足の協調運動にも課題 ［社］・友だちとのペアの運動も少しずつ経験 〈具体例〉 ・フープの個人技に意欲的。「見て見て！」とアピール。 ・フープ渡りで跳んで移動するときに着地に失敗する子どもが多い。 ・足の裏でバンドを踏んで、バランスをとったり歩いたりすることが難しく、転びそうになっていた。 ・全員の子どもがスカーフで着飾ることを喜んでいた。 ・友だちと仲良くスカーフキャッチ。
8	・フラフープ（フープ渡り、くぐる、2人組で回す・転がす） ・タオルを使った体操	
9	・プレーバンド（腕・脚の屈伸、跳ぶ、またぐ、くぐる） ・スカーフ（着飾る、投げてキャッチ、風船運び）	
10	・パラシュート ・プレーバンド（腕・脚の屈伸、くぐる、跳ぶ） ・ユランコ（揺れる、運ばれる）	［意］・苦手なことや新しいことにも挑戦 ［運］・障害物に当たらずに跳ぶ、くぐる 　　・指先の巧緻性、手足の協調運動の高まり ［社］・友だちと協力して運動 　　・用具をことばで譲り合う 　　・順番を理解し、待てる 　　・みんなの前で自分の意見を言える 〈具体例〉 ・縄跳びへの苦手意識が強いが、「縄遊び」ということで安心して取り組んだ。 ・人前での発表が苦手で順番をいつも最後にしていた子どもが、1番に発表したいと言うようになった。 ・支援者と2人での縄太鼓、ロープ回しが息を合わせてできてみんなうれしそうだった。 ・友だちと2人組で、ユランコに乗った支援者を運ぶことができた。 ・休憩時間には友だち同士で鬼ごっこ（2〜3人）をしていた。 ・1番にやりたい子が複数いるときに、譲り合ったり、ジャンケンで決めたりしていた。
11	・パラシュート ・ユランコ（揺れる、運ばれる） ・プレーバンド（腕・脚の屈伸、スカーフをかける、跳ぶ・くぐる） ・ロープ（短縄、長縄、ロープ渡し）	
12	・パラシュート ・ユランコ（揺れる、運ぶ） ・ロープ（柔軟体操、両足跳び、縄太鼓、大波小波）	

［意］：意欲　［運］：運動面　［社］：社会性

写真11-20　サンデーキッズのムーブメント活動

① 様々な素材の用具を使い、その感触や遊びを楽しみ、使い方に慣れる。
② 一人ひとりが「できた！」という成功体験を十分味わえるような活動を多く取り入れ、支援者はそれを手助けする。さらに、「もっとやってみたい！」「自分はこんなことをしてみたい！」というチャレンジの気持ちや創造性を喚起するような支援を行っていく。
③ 活動場面で、体の部位（頭、おなか、背中など）や周りの空間を表すことば（上下左右、後ろ、前など）を使ってボディイメージや身体意識、空間意識を高める活動を多く行う。また、運動の持続を数詞でカウントすることで時間意識や、がんばる目安などを身につけさせたい。
④ ふだん目にする運動用具を様々に使うことで用具に親しみ、操作性を高めていく。
⑤ はじめは支援者とペアの活動を多く取り入れ、十分自信がついたところで友だちとのペアの活動に移していき、さらにグループでのルールのある運動なども取り入れ、協調・協力しながら行う運動の楽しさを味わわせる。

(3) プログラムの有効性

1) 運動面について

① 変化のある繰り返し

　様々な用具を使って、成功体験が味わえるプログラムを用意しました。同じ用具での活動を少しずつ変化させながら繰り返し展開していくことで、「できた！」と子どもたち自身が自分で感じることができると考えました。プログラムを行った結果、今まで運動に自信が持てず、用具に触れることにも抵抗を感じていた子どもたちから「自分からもっとしてみよう」という意欲を引き出すことができました。繰り返し運動する結果、上達するという学習の循環ができました。

② ぎこちなさの改善

　アンケートやMEPA-Rの結果から、身体意識や空間意識を高めるプログラムを多く取り入れました。子どもたちは、支援者が発する位置を表すことばや動きを表すことばなどを理解し、自分の動きのイメージを膨らませることで、考えながら落ち着いて行動するようになっていきました。その結果、転んだり、他人と衝突したりすることが減りました。また、同じ動きでも

用具を替えることで飽きずに取り組むことができ、ぎこちない動きが少しずつ改善されてきました。

③音楽の活用

　運動に合わせて音楽を取り入れました。プログラムリーダーの意図を伴奏者が感じ取って演奏し、子どもたちの動きを引き出しています。その場の動きや雰囲気に合ったメロディーやリズムに乗って、子どもたちは自然と楽しく運動に取り組むことができました。また子どもたちは、音によって動きの変化（強弱や速さ）に気づいたり、今までできなかった動きが、リーダのことばかけと音とが融合することでうまくできるようになったりしました。

2）社会性について

①みんなとつながる喜び

　毎回、プログラムのスタートとしてパラシュートを使った運動を行いました。最初は大人に促されて参加していた子どもも、巨大ドームができあがったときには声を出して喜び、成功体験を味わうことができました。その後は、自分から進んで参加するようになり、自然とみんなと呼吸を合わせて身体を動かすことを覚えました。みんなとつながる楽しさ、一人ではできないものを作り上げる喜びを実感することができたと考えます。ペアの運動では、最初は支援者と組むようにしました。支援者と一緒の活動で用具の扱い方や力の調整の仕方に慣れてきたら、同じ運動を子ども同士で行いました。こうすることで、子どもたちは、うまくできた喜びを友だちと共感し合い、友だちと活動する楽しさを味わうことができました。

②ルール作り

　最初の頃は、なんでも一番にやりたがり、また、指示を待たずに勝手な動きをしていた子どもたちが目立ちました。そこで、順番を待つ、運動用具の色を選ぶ場面を毎回設定するようにしました。はじめのうちは、プログラムリーダーがルールを紙に書いて提示したり、子どもたち一人ひとりが納得できるように声をかけたりと支援していました。回を重ねるにつれて、好きな色の用具を取り合っていた子どもたちが、「右側に座っている子からやったから、次は反対から始めよう」と提案したり、ジャンケンで決めたりと、みんなが納得できるように自分たちで決めて解決するようになりました。互いに、順番や用具を譲り合う姿も多く見られるようになりました。自己意識から他者意識へと高まり、仲間との交流が図れるようになりました。

（根立　博）

◆引用参考文献

金川朋子（2008）特別支援学校におけるムーブメント教育について、大阪教育大学紀要　Ⅳ教育科学、57（1）、77-85．

小林芳文他 著（1991）『幼児のためのムーブメント実践プログラム2　身体意識ムーブメント』、コレール社．

小林芳文・横浜国立大学附属養護学校 著（1997）『QOLを支える個別支援教育（IEP）』、明治図書．

小林芳文 監修・横浜国立附属特別支援学校 編（2010）『発達の遅れが気になる子どものためのムーブメントプログラム177』、学研．

上原淑枝 著（2010）『上原式手サインで楽しい読み書き学習』、明治図書．

第12章 生涯支援・地域支援における実践

1 親子ムーブメント教室「カスタネット」

(1)「カスタネット」とは

　鎌倉市立御成小学校が全面改築され、1999年9月より体育館の施設開放が開始されました。当時御成小学校の保護者であり、横浜国立大学附属の養護学校（特別支援学校）の保護者でもあった鴻池さん（会の代表）の尽力により「カスタネット」の会が立ち上がりました。施設開放申し込みの際に会の名前が必要であったため、ピアノ教師もしている鴻池さんは音の出る小さい楽器がいいとの思いから「カスタネット」と名づけたそうです。

　会を立ち上げた動機は、小林芳文氏が附属養護学校長を務めていた時にわが子が学校でムーブメントを体験していたことからぜひ鎌倉でやりたいと思ったこと、市内の通園施設である「あおぞら園」を卒園した子どもたちのネットワーク作りが大切だと思ったことから、とのことでした。こうして、1999年9月より、月に1度のカスタネットの活動が始まりました。

　始めの4回は小林氏の指導を受け、市内の障がい児者と家族、教師などが楽しいムーブメント活動を体験しました。その後、市内で特別支援学級の担任をしていた私（当時、認定ムーブメント中級指導者）が引き継ぎ、同僚の教諭と一緒にリーダーとしてプログラムを作成し活動を続けました。現在は、未就学児から成人まで幅広い年齢層の障がい児者がその家族とともに参加し、毎月1回の活動を楽しんでいます。

　美しく、ファンタスティックな遊具は動きを引き出し、創造性を育て、教育・療法効果を高めます。鴻池さんの奏でるキーボードからの音楽は動きを応援するとともに、情緒面に心地よい働きかけをしています。カスタネットでは、毎回いろいろな遊具を使い、音楽を身体で感じながら、お父さん、お母さん、時にはおばあちゃん、ヘルパーさん、そして、大学教授、ムーブメントの指導員、保育園・小学校・養護学校の先生や介助員、大学生など大勢の支援者とと

もに楽しく動く活動をしています。

ムーブメント教育を活用して見えてきた効果として、回を重ねるごとに場や人に慣れ、活動の幅が増えていることや、パラシュートなどの好きな活動でも待てばできるという経験から順番を待てるようになっていることが挙げられます。このことは、楽しい運動は大脳皮質を刺激し、「またやってみたい」という動きのよりよい循環を作り出し、合わせて環境との相互の関わりや認知機能を高めるというムーブメント理論の通りです。

(2) 実践プログラムの紹介

2013年の夏に海をテーマにして実施したプログラムを紹介します（表12-1）。

広くきれいな体育館で、まずフリームーブメントをします。スタッフやお父さん、お母さん、大学生のお姉さんたちと好きな遊びを自由にします。フリームーブメントは、場や人に慣れるため、ムーブメント活動に入るためのウォーミングアップとして大切にしている時間です。

その後は円形に集合し、名前を呼んで返事をする活動と身体遊びをしてから課題のムーブメントに入ります。身体全体を使って身体意識や運動能力を高める活動などを行っています。ファンタジーの世界を味わえるような工夫もしています。まずは、海のイメージを少しずつ高めるために、エビやカニになって踊りました（写真12-1）。

その後は、大きな波に見立てたムーブメントスカーフを走り抜けたり、サーフボード（スクーターボードにビーチマットを載せたもの）に乗ってくぐり抜けたり、ロープにつかまって手を離さないでゴールしたりする活動をしました（写真12-2）。パラシュートムーブメントでは、イルカのビーチボールを大回りで転がすサーフィン遊びをやりました（写真12-3）。

写真12-1　エビさんやカニさんになって踊ろう

写真12-2　大きな波をくぐって遊ぼう

表12-1 親子ムーブメント教室「カスタネット」プログラム

2013年7月 カスタネットムーブメントプログラム

実施日時	2013年7月21日(日) 10:00～11:30
場　所	鎌倉市立御成小学校 体育館
リーダー	上野敦子　並木淑乃
音　楽	鴻池佳代子
スタッフ	加藤恭子　吉野以久子　大竹節子他 鎌倉女子大学新井ゼミ生

ねらい	・粗大運動を通して、感覚運動機能の向上を図る。 ・ムーブメント活動を通して、身体意識・時空間意識・操作性能力を高める。 ・集団活動を通して、社会性・協調性を育てる。

時間	活　動	内容・方法	達成課題	配　慮	備　考
10:00	フリームーブメント	○好きなムーブメント遊具を使って遊ぶ。	経験の拡大　場面適応 自主性　自発性 創造性	・場になじみ、のびのびと活動できるよう支援する。	各種遊具
10:20	〈集合・呼名・身体遊び〉 ♪「さあみんなが集まった」	○マラカスを持って鳴らしながら歩き、円形になる。 ・いろいろな位置で鳴らす。 ○歌いながら左右の友だちの膝をたたく。 ○1人ずつの呼名に、返事をしてマラカスを鳴らしながら中央に出る。 ・マラカスを籠に入れて、タンブリンにタッチをする。	操作性 身体意識 方向性 社会性 自己意識	・ひとりひとりのペースを大切に楽しい雰囲気を作る。 ・呼びかけに対する自発的な反応を引き出す。	♪「ミッキーマウスマーチ」 ペットボトルマラカス ♪「さあみんなが……」 タンブリン
	♪「エビカニクス」でおどっちゃおう！	○歌に合わせて楽しく踊る。 カニさんの手で踊ろう。	模倣力　視覚ー運動連合能力　身体意識　動きの拡大	・最初に手本を見せる。	♪「エビカニクス」CD
10:40	〈海ムーブメント〉	○大きな波をくぐって、走り抜ける。 ・ひとりで。 ・フロートにつかまり友だちと。 ・サーフボードに乗って。 ・ロープにつかまって。	タイミング　空間意識 身体意識 対人意識　社会性 身体意識　バランス 操作性　筋力		海スカーフ（2枚） ロングフロート スクーターボード（8台） ビーチマット 長ロープ（青）
11:00	〈パラシュート〉	○みんなでパラシュートを操作する。 ・振りながら歩く。 ・引っぱる・ゆるめる。 ・ビーチボールを乗せてころがす。 ○パラシュートを飛ばす。 ・1、2の3で手を放す。	操作性 社会性　協調性 身体意識　等尺性運動 操作性　タイミング タイミング ファンタジー	・高く飛ばすためのこつを伝える。	パラシュート（5M） ビーチボール
11:20	〈まとめ・あいさつ〉	○活動を振り返り、感想を発表する。	記憶の想起	・楽しかったこと、できたことなど、プラスの見方ができるように支援する。	

写真12-3　イルカのビーチボールをパラシュートに乗せてサーフィン

(3)保護者の感想

アンケートからも、活動に参加してよかったという感想が寄せられます。その一部を以下に列挙してみます。

＊　　　　　　　　　＊

- お休みの日に親子で楽しく参加できる場があるというのが嬉しい。
- 親同士は同じような悩みを抱えていることが多いので、情報収集のできる大変貴重な場となっている。
- あおぞら園で一緒だった友だちと久しぶりに会える場所となり、自分の学校以外の友だちを意識し、活動を楽しむことができるようになった。
- 大勢の人と一緒に活動をすることへの抵抗感が減ったようだ。自分のことだけでなく周りの人にも気を配れるようになった。
- 順番を守ることができるようになった。集団の中で名前を呼ばれて返事をするようになった。
- 自分の子だけでなく他の子どもたちの成長が見られる。なかなか全て参加することが難しい時も無理なく声をかけてくださり、子どものペースに寄り添っていただけるところが助かっている。
- カスタネットで会う小さい子どもさんの面倒をみたり、お互いのできることを真似しあったり年齢がいろいろなだけに経験、刺激があると思う。
- 年齢の離れた（6歳）兄妹でも一緒に参加できるので通っている。終えるといつもニコニコ幸せな気持ちになる。
- イヤーマフを使用することが多かったのだが、カスタネットに参加するようになってから使用する回数が減ってきているように思う。
- 自分でコントロールできるようになってきている場面が多く、嬉しく思っている。子どもが楽しめていることと身体を動かせていることが嬉しい。
- まだまだ障がいの受け入れがきびしい現状なので、このような活動をしていただけて子どもたちの笑顔が見られることは、親にとって心から嬉しく思います。

- 親子で楽しめる機会を得られた。一つひとつの活動には、きちんとした目的があるということを知った。
- 子どもが大きくなっても参加させていただいています。大きい子なりに役割を与えてくださってありがとうございます。
- 年齢が上がることで興味が薄らぐと思っていましたが、毎回の先生方の企画が楽しくて続けさせていただいています。
- 近頃うまく参加できずにいますが、第3日曜日にカスタネットに行くことが頭に入っています。安定した予定や活動は心の安定にもつながっていると思います。
- リーダーやスタッフはいつも笑顔いっぱいで明るく、一人ひとりに合った声かけをしています。明るさと子どもに対する的確な見方、対応に感謝です。

＊　　　　　＊

　活動場所が御成小学校という点では、「鎌倉駅からも近く、通いやすいし、家から近い。車も止められる。体育館だから天候に左右されない」と喜ばれています。

　代表の鴻池さんは開放会議に出席し、次からの活動日の確認や、清掃活動をしてくれています。12月のクリスマスムーブメントでは子どもたちの喜ぶプレゼントを用意してくれるお母さんがいます。そして、活動を喜び、信頼して通って来てくれるみんながいます。長年続けることができたのはこのような支えがあったから、そして、年齢を問わず誰もが喜んで参加し、楽しんで活動できるムーブメントができたからだと思います。

　地の利のいい御成小学校の体育館でカスタネットのみんなの「健康と幸福感」の達成のためにこれからも楽しい活動を展開し、地域での支援に力を注ぎたいと思います。プログラムを考えるのも、活動するのも楽しいから続くのだと思います。

　スタッフからも「子どもへの対応の仕方を学ばせていただいています。遊具の使い方、場の設定の仕方を教わり、自分のクラスの子どもたちに反映しています。スキルアップにつなげたいと考えています」との感想がありました。ムーブメントの輪が広がると嬉しいです。カスタネットの活動が次世代を担う若手指導者育成に何か役に立つことがあれば幸いです。応援したいと思います。

（並木淑乃）

2 地域療育「スマイルキッズ」

(1) スマイルキッズのあゆみ

　今から20年近く前のことです。私が勤めていた小学校の特別支援学級での懇談会で、あるお母さんが「小さい頃は、近くの公園に行けば友だちが遊びに来ていて一緒に遊んでいたけれど、高学年になると公園に行っても同年代の子どもたちがおらず遊ぶ機会が減りました。休みの日に親子で過ごせる場があるといいのですが……」という話をされました。その頃はハンディ

キャップをもつ子どもたちが地域で過ごせる場が少なく、彼女が過ごせる場を見つけることができませんでした。「私が退職したら、この子たちが余暇を過ごせるような場所をいつか作ってみたい」——そんな思いを持ちました。

それから数年後の夏、私はムーブメント教育と出会いました。目から鱗の衝撃に、「もっと学びたい！」と当時ムーブメント教室が開催されていた「よいこの保育園」にも通い始めました。子どもたちの余暇活動としてもムーブメントは適していると感じるとともに、ムーブメントの面白さ、奥深さにどんどん引き込まれていきました。

2004年の夏、セミナーで一緒になった先輩教員の武藤富久子先生に雑談の中で「退職したら、ムーブメントを地域でやってみたいんです」と夢を話しました。すると「退職してからなんて言っていたら、体力なくなるよ。今やろう！　私も一緒にやるから」と言う武藤先生に勇気づけられ、他の地域のムーブメントの教室を参考にさせていただきながら、準備を始めました。

そして、2006年1月に、当時勤めていた小学校の体育館で施設開放を利用して、ムーブメントプレ教室を開催しました。名称は「スマイルキッズ」に決まり、4月に本格実施となりました。当時のプログラムにこう書いています。

「『スマイルキッズ』本格スタートです。会も名前のように子どもも大人も笑顔いっぱいのムーブメントができるといいなと思っています」

それから今年で10年目。活動の様子は新聞でも紹介されました（資料12-1）。開設当時から参加している子どもは6名います。当時小学校高学年だった子どもが今では社会人になり、ジュニアスタッフとして活躍してくれています。2014年5月までに91回の活動を行い、のべ1590名の子どもたちが参加してくれました。

資料12-1　読売新聞「教育ルネサンス」より
（2011年12月9日付）

(2) スマイルキッズの概要

スマイルキッズは、親子ムーブメントを中心に子どもたちの療育をサポートすることを目的としています。川崎市柿生学園の体育室において、毎月第4日曜日の10時〜12時にかけて、年10回ほど開催しています。活動費は1回300円（兄弟で参加の場合は500円）です。スタッフは、主に小学校教員の有志のボランティア7名（うち日本ムーブメント療法・協会有資格者4名）です。

写真12-4　走行ムーブメント　　　　　写真12-5　なべなべそこぬけ

(3) 1日の活動の流れ

◆ 9:00 ～ 10:00　会場準備・スタッフ打ち合わせ

◆ 10:00 ～ 10:20　受付・フリームーブメント

　受付をし、プログラムをもらい名札をつけます。名札は並べておき、自分で名前を見て選べるようにしています。遊具で自由に遊びます。人気があるのは、キャスターボードやハットフリスビー、ラダーなどです。保護者の情報交換の時間にもなっています。

◆ 10:20 ～ 11:30　ムーブメント活動の展開

　毎回同じような活動パターンで行っています。「さんぽ」の曲が流れると遊具の片づけをして歩き始めます。

①走行ムーブメント（写真12-4）

　「鉄腕アトム」や「ぞうさん」などの音楽に合わせて前後左右に歩いたり走ったり、動物歩きをしたりします。

②なべなべそこぬけ（写真12-5）

　社会性の支援として、ペア→4人→8人→16人→全員で「なべなべそこぬけ」の音楽ムーブメントをしていきます。手を離さずに一つの大きな輪になった時は達成感が味わえます。

③「さあみんながあつまった」

　幸せ感を共有するためやムーブメント活動展開への集中のため、全員が輪になって座り、始まりの歌を歌います。始まりの雰囲気になります。

④「あなたのお名前は？」

　一人ひとりの尊厳や自己意識や他者意識を育むために、「あなたのお名前は？」と歌いながら友だちを誘い、誘われた人が名前を言います。「あらすてきなお名前ね～」と歌い両手を合わせます。

⑤課題ムーブメント

　手遊びや今日の課題の導入をした後、ムーブメント遊具や身近な生活用品、手作りの教材などを使い、毎回異なる活動を行います。季節の行事も取り入れて行っています（写真12-6 ～ 12）。

写真12-6　線路は続くよ〜

写真12-7　ジャンプでビンゴ

写真12-8　プレーバンド渡り

写真12-9　こいのぼりはこび

写真12-10　ビーンズバッグの的当て

写真12-11　さかさ玉入れ

写真12-12　くもの巣くぐり

◆ 11：30〜11：45　パラシュート
①パラシュートムーブメント
　床に広がったパラシュートの上にみんなで入ったり、風船を載せたりします。子どもたちの自発性を誘うため、一人ずつ好きな曲をリクエストさせパラシュートの真ん中に乗り、参加者全員の力で、メリーゴーランドのように心地良く回してもらいます。この活動が子どもたちは

写真12-13　パラシュートムーブメント

写真12-14　振り返りと片づけ

大好きです。自分の好きな曲を言うことや順番を待つことなども回を重ねるたびにじょうずになっていきます（写真12-13）。

②バースディパラシュート

　その月の誕生日の子どもを一人ずつ乗せて「ハッピーバースディ」を歌い、シャボン玉を飛ばします。子どもたちの「健康と幸福感」の達成というムーブメント教育の中心的ねらいは、このような場の力で大事にされています。

◆11:45～12:00　振り返りと片づけ

　一連のムーブメント活動が終わり、記憶の再現をねらいとした振り返りの場面では、活動の感想を子どもたちが発表します。名札を集めるのも子どもたちが進んでやってくれています(写真12-14)。

(4)参加親子の感想

　ここでは、スマイルキッズ創設当時から参加している親子のメッセージを紹介します（資料12-2、写真12-15）。

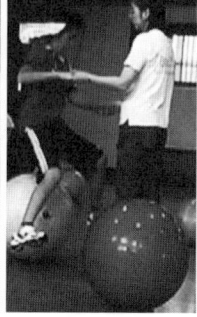

写真12-15　スマイルキッズの活動の様子

資料12-2　スマイルキッズに参加している親子の感想

僕とスマイルキッズ

城野喜輝

　僕は、スマイルキッズの創設時から参加しています。まだ小学生でした。スマイルキッズにいくと先生や友だちに会えるからうれしいです。そして、久しぶりに参加した時は、自分の近況報告ができるのもうれしいです。

　小中学生の頃は、先生が用意してくれるプログラムが楽しみでした。印象に残っているのは"鬼の的当て""こいのぼりのトンネル""サンタのロックソーラン"です。でも、一番楽しみにしていたのは"パラシュート"です。

　中学生になると、学校で小中連携のムーブメントがはじまりました。2つの小学校と1つの中学校のみんなと交流ができて楽しかったです。

　僕は、高校生からジュニアリーダーになりました。先生のお手伝いをしたり、小さな子どもたちにお手本をみせたりしました。お手伝いができてとてもうれしかったです。

　4月から社会人になりました。これからは、ジュニアスタッフとしてがんばります。

スマイルキッズに参加して

城野保子

　スマイルキッズに参加して9年目になります。いつもかわらない笑顔で迎えてくださる先生方のお陰で楽しく参加させて頂いています。この9年間でわが子は小学生から社会人になりました。

　スマイルキッズでは、生活の中にある身近な物（洗濯ばさみ、タオル、スポンジ、傘……）を使うことが多いので、帰宅後すぐに親子で遊ぶことができて助かりました。また、活動の中で、わが子の苦手な動作や意外に簡単にできてしまった動作がわかり、家庭での療育のヒントになりました。

　活動中には、わが子の成長を垣間見ることができました。たとえば、①小学生の頃は、発表が大好きなわが子は感想を発表する場面でいつも一番に手を挙げていました。しかし、中学生の頃から小さな子どもの発表を聞くというスタンスにいつのまにか変わっていました。②自己紹介の場面で未就学児を連れてきて名前を聞くときに、ひざをついて目線を合わせて対応していました。そのさりげない気遣いにとても驚きました。わが子の成長を実感することができました。

　スマイルキッズは親子ペアで活動します。しかし、年齢とともに子ども同士でできることが多くなったり、兄弟で参加している方がいたりするので、他のお子さんと活動する場面が増えてきました。他のお子さんとふれあって見えてくることもたくさんありました。わが子と反応が違うので私自身が刺激を受けて、新鮮な気持ちでわが子と向き合うことができました。

　スマイルキッズは、保護者同士の情報交換の場でもあります。学校、福祉、講演会、子育ての悩みなど何でもありです。現在わが子は、スペシャルオリンピックスでサッカーを楽しんでいますが、きっかけは保護者からの情報でした。とても感謝しています。

　小学生の保護者は、中学生や高校生になったわが子の姿を想像するのは難しいと思います。不安が多いからこそ、4、5年先のことを意識して、目標をもつことは母としてとても励みになります。私は他の団体で先輩の方々の姿を見ながら子育てをしてきました。今度はスマイルキッズの中で恩返しできたら……という思いでこれからも参加したいと思っています。

　中学でスマイルキッズも卒業かと思っていましたが、「ジュニアリーダー」「ジュニアスタッフ」の役割を作っていただき、こんなに長く続けることができ感謝しています。この先、社会人になってからが長いので、地域の中にこのような活動の場があることは、とてもありがたいことです。わが子は小学生の頃から大学生のボランティアさんにお世話になっていたので、自分も同年齢になったらボランティアをやってみたいという気持ちが自然に芽生えてきています。このタイミングでジュニアスタッフとして参加のお話をいただき、新たに成長できるチャンスの場が増えてとてもうれしいです。

　長年にわたり、わが子の成長を見守っていただきまして、本当にありがとうございます。これからも、わが子はジュニアスタッフとして、私は保護者スタッフとして協力していきたいと思います。どうぞよろしくお願いいたします。

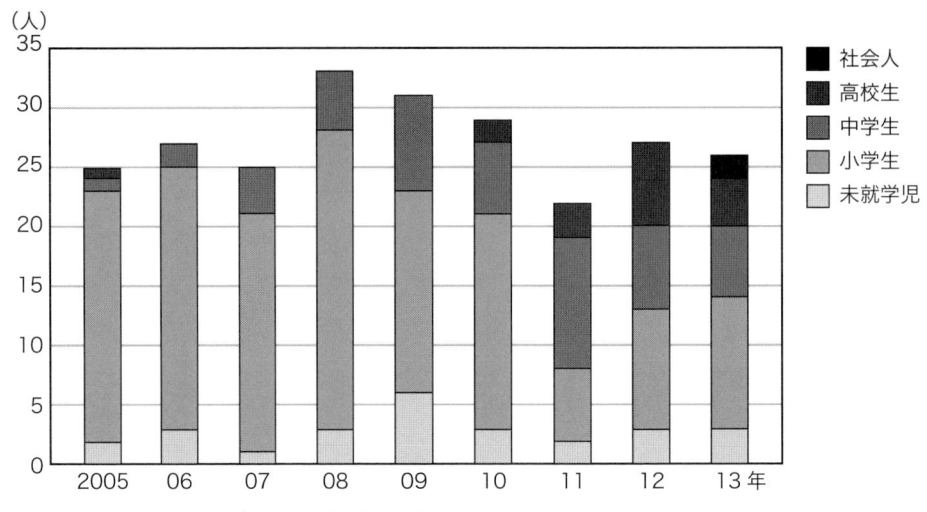

図12-1 スマイルキッズ参加者の年齢層の変遷

(5)スマイルキッズのこれから

　スマイルキッズは、2015年には100回を迎える予定です。いつも笑顔で活動を支えてくれている子どもたちや保護者の皆様、スタッフに感謝です。
　図12-1のグラフからもわかるように、小学生が90％以上を占めていた当初に比べ、年齢層にも広がりが出てきています。異年齢での関わりを大切にしながら、大人も子どもも「スマイル」になれる、ファミリーのようなムーブメント教育での環境をめざし、今後もスマイルキッズの活動を積み重ねていきたいと考えています。

（上原淑枝）

3　富山ムーブメント教育学習会「親子で楽しむムーブメント教室」

(1)富山ムーブメント教育学習会とは

　富山ムーブメント教育学習会が地域活動である「親子で楽しむムーブメント教室」をスタートさせたのは平成7年のことでした。以来、現在では年間10～11回のペースで教室を開催しています。毎年70組程度の親子と60名程度の研修員が登録し、富山県内の東部と西部に分かれて活動しています。アセスメントであるMEPA-Rに基づいて、発達ステージに応じた課題を組み込んだプログラムを作成し、実践を積み重ねてきました。
　私たちが大切にしていることは、「活動を楽しむことを第一にすること」「集団の中でできる（できた）こと見つけに心がけること」です。特に発達障害のある子どもは、日常生活の中で人とうまく関われなかったり、人前で失敗したりすることが多く、自己肯定感が下がる傾向に

表12-2 親子ムーブメントのグループと中心プログラム

班	グループの特徴	中心プログラム
月	〈幼児中心グループ〉 ・MEPA-Rの運動・感覚分野で、第3〜4ステージ	〈粗大運動ムーブメントプログラム中心〉 ・安定した姿勢での歩行、走行、ジャンプなどの動きを育てる ・遊具を使って、様々な姿勢や動きの獲得を促す ・指示の理解や、意思表出の力を伸ばす ・集団の中で、ルールを守って一緒に活動する楽しさ、喜びの体験を積む
星	〈小学校低学年中心グループ〉 ・MEPA-Rの運動・感覚分野で、一部第4〜6ステージ	〈知覚―運動ムーブメントプログラム中心〉 ・環境に合わせて、自分の身体を思うように動かす力（素早い姿勢の変化や、バランス）を育てる ・「色」「形」「数」「ことば」の理解を育てる ・集団の中で発表したり、認められたりする体験を積む ・友だちに合わせて動いたり、一緒に動いたりする体験を通して社会性の力を高める
風	〈小学校中〜高学年中心グループ〉 ・MEPA-Rの運動・感覚分野で、第6〜7ステージ ・対人能力、集団での行動コントロールに問題をもつ子どもを含む	〈精神―運動ムーブメントプログラム中心〉 ・問題解決課題を通して思考力を育てる ・模倣の力を育てる ・「表現…○○になってみよう、○○を作ってみよう」など、創造力を高める ・集団の中で発表したり、認められたりする体験を積む ・まずは1人で、さらに2人で、それ以上でというように、多様な人数グループでの活動を通して、友だちと協力したり、やりとりしたりする体験を通して、コミュニケーションの力、社会性を高める

あります。そこで、自分ががんばったり工夫したりしたことが認められ、人と関わることが楽しいと思うことができる機会をプログラムの中に組み込むことで、発達障害のある子どもとその家族がエンパワメントできる場となるように展開しています。

(2)活動の概要

　活動は1回2時間です。まず30分間のフリームーブメントを行います。多彩なムーブメント遊具が配置された環境で、自由に遊びながら、子どもたちの身体の使い方やコミュニケーションの状況について確認します。その間、リーダーは保護者に当日のプログラムについて説明し、個々の子どもに取り組ませてみたい課題について話し合います。活動は、みんなが同じ目標、同じやり方ではありません。個人の課題を見つけ、それにチャレンジすることがポイントです。

　その後、リーダーのもと1時間の課題ムーブメントを行います。表12-2は、発達障害のある子どもが多く参加している3つのグループのプログラムです。毎回のプログラムは季節感を取り入れたテーマを設定し、参加する子どもの発達課題の共通項を組み入れるとともに、集団活動の良さを活かして、人と関わることで活動が展開するように仕組まれています。子どもと保護者、支援者がペアになり、個別の対応をしながら、集団の中で子どもの力が発揮できるよ

うに助けます。ここで大切なことは、「させる」のではなく、「助ける」という視点です。発達障がい児の支援では、どんな場面でどのようにしたらうまくできるのかという、自己イメージを作る体験の積み重ねが重要と考えます。支援者も環境の一つであり、子どもが成功できることを第一に考えて、ヒントを出したり、遊具環境をこまやかに調整したりします。このように親子教室は、「できる」ために必要な環境を素早く判断し構成する支援者の力を磨く場でもあります。

　課題ムーブメントが終了したら、全員で振り返りタイムを持ちます。活動の中で発見した子どものがんばりや、うまくできていたことを全体の場で発表します。その場合、必ず保護者に子どもの顔を見て発表するように声をかけています。振り返りタイムは、プログラムの効果を確認するための場だけでなく、保護者にとっても子どもの良さをうまく発見し、ほめることができるようになるためのチャレンジの場でもあります。

　以下では、発達障がい児の抱える課題に対応した3つのグループの実践例を以下に紹介します。

(3) 月(幼児中心)グループのプログラム実践例

　月グループには、落ち着いて指示を聞くことが難しい、ルールを無視してマイペースで活動してしまう、集中が困難で活動が継続しにくいなど、集団参加が苦手な子どもが多く参加しています。そこで、集団で楽しめる粗大運動を核にしながら、幼児期に必要な対人スキルの基礎が獲得できるようにプログラムを構成しました。

1) ロープで集まろう

　電車に見立てて、順にロープにつかまり列になって移動します。全員が集まったら輪になって、音楽やタンブリンの音の速さに応じて早く、あるいはゆっくり歩いたりします。また、円形で座って、同様に音楽やタンブリンの音に合わせて、ロープを右や左に回します。

　うまく人と関われる環境をつくる上では、関わりの手がかりとなる遊具が重要です。全員が一つになれるロープを使うことで、必然的に集まって、同じ動きを体験する場を作り出すことができます。ここでの課題は、①友だちの動きに合わせて動きの速さを調整し、適切な空間を保ちながら動くこと、②音楽の違いを聞き分け、それに合わせて、自分の動きを変えることです。①は、発達障がい児が他者とうまく関わるときに必須となる共同空間の初歩的な活用力を高めることを意図しています。②は聴覚集中に加え、聴覚―運動連合の能力を他者の動きをまねながら伸ばしていくことを意図しています。

2) フープを使って一緒に遊ぼう

　最初に、各自が自分の好きな色のフープを選びます。その際、フープ屋さんに扮した支援スタッフのところに並んで順番を待ちます。「○○色のフープをください」と自分の意思を伝え、フープを受け取ったら「ありがとう」とお礼を伝える一連のスキットを使ったやりとりをします（写真12-16）。

　もらったフープで自由な活動を親子ペアで行った後、2人組になってフープで電車ごっこをします。運転手さんとお客さんの役を相談して決め、音楽に合わせて移動します。リーダーの「乗り換え」の指示を聞いて、電車を降り、ほかの電車を見つけて乗り換えます。「交替」の指

示では、運転手とお客さんを交替します。テンポよく繰り返します。

最後に、フープを片付けます。リーダーが持つ色と自分が見つけたフープの色をマッチングしてリーダーのもとにとどけます。会場のフープがすべてなくなるまで行います。

発達障がい児は動きにぎこちなさがあることが多く、特に集団の中でうまく人と合わせて動くことが苦手です。また、コミュニケーション面でも、適切な方法

写真12-16　好きな色のフープを「ください」と伝える

で人に依頼したり、タイミングよくお礼を言ったりするスキルが不十分な場合が多いです。そこで、集団参加に必要な基本的やり取りを組み込みながら、最小限の集団であるペアを単位に協力するスキルと、粗大運動のスキルを伸ばすことを目指したプログラムを考えました。

このプログラムは、子ども自身が準備から片づけまでを行う活動で構成されています。このことは、ともすると断片的な集団参加になりがちな発達障がい児に、活動を自ら準備し、最後までやり遂げる体験を積むことを意図したものです。次に、フープを取りに行く場面や、電車ごっこの役割を決める場面で、人への依頼や友だちとの相談などのやり取りの基本技能が学べるように課題が組み込まれています。もし必要なら、周りの支援者が手本を見せ、それをまねてできるように支援します。順番を待つ、交替するなどのルールを守りながら楽しめる体験を十分積み上げることができるように、単純な活動を繰り返して行うことがポイントです。さらに電車ごっこでは、ペアで動くことで、相手の動きに気を配りながら、自分も動くという課題に取り組むことになります。動きにぎこちなさがある発達障がい児にとって、1人よりも2人で動くことは難しい課題になりますが、それによって自分の動きを意識できるようになり、「見て動く、考えて動く」体験ができることになります。このことは、身体意識の獲得を促し、場に応じたスムーズな動きの実現につながります。

(4) 星(低学年中心)グループのプログラム実践例

星グループには、人とのコミュニケーションが苦手で、同じ活動を一緒にしたり、協力したりすることが難しい子どもが多く参加しています。そこで、月グループでも取り上げたペア活動を星グループでは実践の中心に据え、目的をもって友だちと関わる体験をふんだんに取り入れたプログラムを構成しました。

1) 手裏剣集めをしよう

忍者に扮して、ペアになって散らばっ

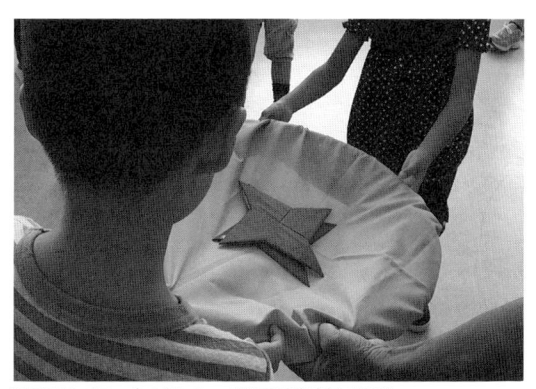

写真12-17　友だちと一緒に手裏剣を運ぶ

た手裏剣（ビーンズバッグや手作りの紙製手裏剣など）を集めます。リーダーが指定した色の手裏剣を見つけたら、布を張ったフープに手裏剣を入れ、協力して運びます（写真12-17）。一連の行動をペアで素早く行い、次のペアにフープを渡してリレーします。

　忍者に扮することで、自分の動きをイメージしやすくなり、忍者になりきって動こうとするので、動きのスピードやリズムなどを意識して動くようになります。これは、動きにぎこちなさを抱えている発達障がい児にとって、動きのスキルを伸ばすための楽しい課題で、子どもたちの持つ動きのイメージを題材に取り入れている点が特徴です。また、ペアで動くことで、相手の意図を動きから読み取って素早くそれに合わせることが求められます。特にフープで手裏剣を運ぶ場面では、物的バランスの能力を発揮しながら、相手とスピードを合わせて動くという難しい社会的スキルの課題に、子ども自らが挑戦したくなる状況を作り出しています。

2) 爆弾ボールからみんなを守れ！

　パラシュートの中に入ってしまった、爆弾に見立てたカラーボールを外に出そうという設定です。なるべく早くボールが外に出ていくように、全員が協力してパラシュートを動かします。
　「なるべく早く」というミッションを与えられることで、自分はどのように動いたらよいのかを考え、友だちと協力することが求められるプログラムです。大好きだけれど一人では操作できないパラシュートを手段として使うことで、どの子も自分から取り組もうとします。バラバラだった動きが徐々にリズミカルになると、カラーボールは瞬く間に勢いよく外に飛び出し、集団で大きなものを動かすことができた達成感をダイレクトに実感できます。支援者は、満足度を判断しながら、何度もカラーボールをパラシュートの中に投げ入れ、チャレンジを促します。

(5)風(中〜高学年中心)グループのプログラム実践例

　風グループには、動きが活発で体を動かして遊ぶことが好きな一方で、組織だった遊びをすることが難しい子どもや、友だちとイメージを共有して協力することが難しい子どもが参加しています。そこで、年間を通じてファンタジーを取り入れたプログラムを組み立てました。風や雨、波や落ち葉など、自然界にあるものになりきって動きを作り、みんなで協力しながら表現する活動です。発達障がい児には、見立てる力の弱さが指摘される例がありますが、表現力の巧拙はあるにしろ、どの子も自分なりのイメージを持って表現し、共有し、認め合う体験を積み重ねることができました。

1) 風小僧になろう

　風を表現するタフロープリボンを身に着けて、風小僧に変身します。音楽に合わせて、強風・微風と、動きやスピードを変えて、自由自在に動き回ります。フロアを海に見立て、保護者が島に扮して散らばると、子どもたちは海を吹き渡る風になり、島の間をすり抜けながら、1、2人で組になった小さい風、仲間を5、6人に増やした大きい風など、リーダーの声掛けに応じてイメージを展開させ、その場で仲間づくりをしながら表現します。その後、出来上がったグループごとに発表会をし、風になった友だちが自分の前を吹き渡っていくときに拍手をして歓迎します。

　頭の中にある風のイメージを仲間で共有できるための小道具を工夫しました。タフロープリ

ボンは、動きに応じてなびくので、風をイメージしやすく、リボンを付けた仲間が集まることで風の規模を表現することも容易になります。このような動きのイメージの"見える化"の工夫が、幅広い表現を引き出すことにつながります。さらに、1人での表現から集団での表現へ発展したり、発表する側とそれを見る側の動きの役割を作ったりすることで、イメージの共有とそれに基づく協力という、社会的な活動の基礎要件を体得できるプログラムを構成しています。

写真12-18　自作の落ち葉ドレスで風に舞う

2) 落ち葉のファッションショー

　色画用紙を手で裂いて思い思いの形の落ち葉を作り、ガムテープで体に付けます。落ち葉ドレスの出来上がりです。スペースマットを並べてキャットウォークに見立て、モデルたちが颯爽と歩いてポーズを決めます。みんなで拍手をしたり、お互いにポーズのまねをしたりします。

　その後、タンブリンの音の違いに合わせて動きのパターンを変えていくというルールに発展させます。タンブリンの音を聞きながら回る、転がるなど、落ち葉が風に舞う動きを表現します（写真12-18）。保護者には木になってもらい、子どもたちはその間をうまくすり抜けながら動きを作ります。タンブリンが止まったら、ポーズをしたり、リーダーのことばを聞いて、単語の構成文字数に応じてグループを作ったりします。「おちば」なら3人、「あかとんぼ」なら5人というように、秋に関連することばを作ります。

　最後は、大きな風を起こすパラシュートに、体に張った落ち葉をはがして入れ、全員で協力して落ち葉を飛ばします。声を掛け合い、一気に飛ばせるように工夫します。

　このプログラムでは、頭の中の落ち葉のイメージを紙を使って目に見える形にすることから始めます。これが、他者とイメージを共有する手がかりになります。大きな落ち葉や、虫食いの落ち葉を作る子どももいて、のびのびとした表現ができる場を保障します。また、ファッションショーに見立てることで、見せる側、見る側の役割を明確化します。キャットウォークは、見られている意識を高めるだけでなく、考えて動きを作り出す絶好の環境であり、それぞれが最高のパフォーマンスをしようと努力します。

　さらに続く、落ち葉の動きの表現、ことば集め、落ち葉飛ばしはいずれも、集団でイメージを共有することで成り立つ活動です。子どもたちが見たことがある落ち葉は群像であり、一人ひとりが扮する落ち葉が力を合わせて動くからこそ、その群像を表現できる楽しさを体験します。

(6) 保護者アンケートに見るプログラムの効果

　表12-3に、特に風グループに参加した保護者の感想を紹介します。プログラムの中で、普段の生活場面ではなかなか見る機会がない、子どもの自ら考えや動き、他者と関わる行動が実

表12-3 風グループで保護者が発見した子どもの良かったところ

風小僧になろう	・苦手な他の学校の友だちと仲良くできて良かった。 ・子ども同士、関わって参加していた。動きを考える場面があった。音楽をよく聞いて動いていた。 ・自分から進んで、友だちを見つけ、手をつないでいたのがビックリした。 ・風の強弱を考えながら行動することができた。 ・最初は親と手をつないでいたが、途中から友だちと手をつないで風になれてよかった。
落ち葉のファッションショー	・子どもが楽しそうだと親も楽しい。親も楽しめれば子も楽しめる。 ・落ち葉を作る時切るだけでなく、折り目をつけて葉の感じを表現していたことを発見でき、よかった。 ・葉っぱを作った時、いつもなら作ったものを破ったりすることがあるが、破かずに体につけていた。 ・自主的に動けた。周りの友だちとも仲良くできた。 ・ポーズ、歩き方、自分で考えた。 ・ファッションショーで一人で歩き、ポーズまで決めたことに驚いた。

現していることが分かります。また、保護者自身が子どもの良い行動を積極的に発見し、評価しようとしていることも感じられます。

さて、保護者は、このような親子ムーブメント活動をどのように意味づけているのでしょうか。筆者は、親子で楽しむムーブメント教室に参加した、幼児から高校生までの障害のある子どもの親49組に対し、彼らの感情や子どもへの認識に及ぼす効果についてアンケート調査を実施しました（阿部, 2009）。その結果、大部分の保護者が子どもと自分に関する新しいプラスの認識をもつようになったことが明らかになりました。そこでは、回答者の93.6％が、子どもに関する新しい発見があったと述べています。なかでも最も多かったのが、「子どもが『できる』ことに気付いた」、続いて、「積極的に参加するようになったり、今までやらなかったこと、苦手なことを進んでやるようになったりした」と答えていました。

さらに、保護者や自身の子どもへの関わり方については、回答者の73.8％がこの教室に参加したことで「変化した」と答えています。「変化」の具体的な中身は、「子どもをほめるようにする」「わかりやすく、肯定的にことばかけをする」「できなくても責めない」「見守ったり、ゆっくり、のびのびと接したりする」などでした。保護者自身の気持ちも「変化」しており、「おおらかな気持ちになった」「心に余裕ができた」「これからに期待が持てた」「自分自身が楽しかった」「ほっとして明日からがんばろうと思えた」「子どもと過ごせる時間を貴重だと思う」などでした。

(7) 今後の課題

富山ムーブメント教育学習会の地域活動「親子で楽しむムーブメント教室」のプログラムが質的に充実するためには、プログラムリーダーだけでなく参加する支援スタッフの資質能力の向上が必要不可欠な条件となります。そのため、私たちは毎回のプログラムをVTR撮影し、活動終了後に分析検討を行っています。プログラムの設定内容は子どもの発達課題に即していたか、展開に無理がなかったか、各スタッフの動きや働きかけは子どものニーズや思いに即し

ていたかなど、様々な観点から振り返り、意見交換しながらプログラムの精度を上げるための学びを積んでいます。

この取り組みには終わりはありません。さらに、般化と評価の問題があります。親子教室で子どもたちが体験し、学んだスキルが、現在の、またこれからの子どもとその家族の生活にどのように活かされるのかを確認するための方法を考案し、その成果を確実なものにする必要があります。私たちの本当の願いは、親子教室で発見できた発達障害のある子どもとその家族の素敵な姿が、日々のいろいろな場面で発揮されることです。

本稿で紹介したプログラムは藤原佳子先生、横田千佳先生、近岡えみ先生、坂口恵先生、橋場映子先生を中心に、富山ムーブメント教育学習会のスタッフが協力して実践したものです。貴重な実践を提供くださったことを感謝します。

(阿部美穂子)

4 かしまムーブメント連絡会「WAKKA（ワッカ）」

(1) かしまムーブメント連絡会の背景

かしまムーブメント連絡会の歴史は、1985年に茨城県鹿島郡鹿島町（現在の鹿嶋市）において発足した「ありんこくらぶ」に遡ります。そこには、元気な子どもたちとともに重症心身障害や自閉症、ダウン症、肢体不自由、発達遅滞など行動や発達に様々な困難を持つ子どもが集っていました。小林芳文氏と飯村敦子氏にムーブメント活動の支援をお願いしたのは、1988年のことです。それは、様々な障害や個性の子どもたちが一緒に参加でき、かつ一人ひとりが主体的に笑顔で取り組むことができ、会場全体が幸せな気持ちに満たされた感動的な時間でした。

間もなく、「ありんこくらぶ」と同じような活動をしていた波崎町（現在の神栖市）のグループでもムーブメント活動の取り組みが始まり、連携が生まれました。近隣の市町村のみならず、千葉県など遠く離れたところからも親子が集うようになり、徐々に活動が発展していきました。

1991年には鹿島町総合福祉センターが開所したことで、ムーブメント活動が幼児の親子教室、子育て支援、社会適応訓練事業として広がりを見せました。波崎町のグループの取り組みも神栖市はさき福祉センターを拠点に、親子教室、重度重複障がい児のグループ、養護学校（当時）の放課後グループ、高齢者のケアグループの活動へと発展しました。

さらに、「ありんこくらぶ」に参加していた仲良し3人が小学生になった頃、家族参加のムーブメント活動を積極的に展開するようになりました。子どものイニシャルから「MMAグループ」と名づけられた活動は、親だけでなく兄弟姉妹や祖父母も加わり、次第に参加家族が増えていきました。成長した子どもたちの動きもダイナミックになり、会場が手狭に感じられるほどでした。

そして、1997年、現在の鹿嶋市障がい者通所施設「松の木学園」が開所し、それまでムー

ブメント活動を経験してきた青年たちが通いはじめました。家族の強い願いから、1998年から、松の木学園でも継続的なムーブメント活動が始まり現在に至っています。

現在、「MMAグループ」は、「かしまムーブメント連絡会」と改名し、改名後のムーブメント実践はすでに200回を超えました。

(2)愛称「WAKKA」に込められた想い

めったにおしゃべりをしない青年が、大好きなムーブメントの先生の姿を見つけて「ワッカ」と言ったことをきっかけに、「WAKKA」がかしまムーブメント連絡会の愛称になりました。「WAKKA」には、フープの活動で人の輪がどんどん広がるように、障害の有無や年齢にかかわらず、仲間とともにムーブメントで豊かな発達と人間的成熟をめざそうという願いが込められています。フープは、かしま地域のムーブメント活動のシンボル的な遊具で、20年以上に渡り、いつもプログラムの始まりに使用されてきました。

かしまムーブメント連絡会では、豊富なムーブメント遊具や地元サッカーチームの応援グッズを活用した遊具を揃え、それを地域の施設や子育て支援グループ、特別支援学校などに貸し出しています。また、最近では、障がい青年たちを中心にしたボランティアグループも結成して、後輩や幼児、高齢者のムーブメント活動のお手伝いも行っています。

写真12-19　WAKKA（フープ）を持って、みんなニコリ

写真12-20　サブリーダーとして活躍する青年たちの様子

(3) ムーブメント教育・療法の実践者となった青年たち

かしまムーブメント連絡会の自慢は、活動を通して成長してきた青年たちの存在です。中心となっている青年たちは、20年以上ムーブメント活動を続け、現在では30代の青年に成長しています。幼少期は毎週の療育としてムーブメントに取り組み、学校教育や放課後活動で仲間との活動を経験し、卒業後も新たな仲間との余暇活動や通所施設における活動として継続しています。

彼らは、平成24年にNPO法人日本ムーブメント教育・療法協会から「特別認定ムーブメント教育・療法実践者」に認定されました。これは、長年にわたって実践活動に参加し、ムーブメント教育をQOL向上の一助とする意思があること、サブリーダー（助手）として十分な力を発揮してきたことなどが評価されてのことです。「スタッフ」「助手」「お手本」「（ゴールで待つ）タッチ担当」などのサブリーダーの役割を示すことばに勇気づけられて、一人ひとりが自分の力を充分に発揮する機会を得ています（写真12-20）。

めまぐるしく走り回っていた小学生が、一緒に活動に参加している2歳児と手をつないでロープの上を慎重にリードする姿に、全員が拍手をしてその成長を喜んだこともありました。見学に訪れた幼稚園や小学校の先生が教え子の姿に目を細めることもしばしばです。彼らは、ムーブメント遊具を自由に操り多彩な動きを披露してくれます。小さな子どもたちが憧れて見つめたり、撮影係の大人が思わず活動の輪に入ってきたりすることもあります。

自信と喜びに溢れた表情で主体的に活動するWAKKAの青年たちの姿に、ムーブメント教育の豊かな可能性を実感します。青年たちにとってムーブメント教育は、「ゆっくり」成長する機会を保障し、新たに身につけた力を発揮する場にもなっています。

(4) 家族全体で子どもの「健康と幸福感」を高める

かしまムーブメント連絡会は、前述したように、子どもたちの成長に合わせて家族ぐるみで活動が発展してきました。その中で、乳児から高齢者まで幅広い世代が自然に互いの個性を発揮しながらともに楽しむためのプログラムを充実させてきました。また、ムーブメント教育の基本に沿って、家族揃って楽しむことができる活動やスモールステップの積み重ねを大事にし

写真12-21　WAKKA（フープ）でつながる家族（左から小林芳文、代表マナブ、マナブの妹親子と母）

てきましたので、子どもの小さな発達や成長の変化を親たちが実感することができ、活動継続への励みとなっています。

平成25年7月に「松の木学園」の保護者会が行ったアンケートでは、ムーブメント活動を取り入れたことで、コミュニケーション、積極性、機敏さ、応答の素早さ、自信、意欲、表情の明るさ、集中力など様々な面において、親が成人後の我が子の成長を感じ取っており、そのことが親自身の喜びになっていることが明らかになりました。なかには、42歳で「ママ」と呼び始めたダウン症の青年もいて、生涯を通して寄り添いともに喜びを分かち合う家族の姿が後輩の家族にとっても大きな希望になっています。また、最近では、高齢化した親たちにとって、自身の健康維持に向けた身体運動の機会になっているとの声も聞かれます。

代表を務めるマナブの母親は、活動をリードして人前で伸び伸びとパフォーマンスをする我が子の姿に「嬉しい気恥ずかしさを感じる日がくるとは幼い頃には夢にも思わなかった」と語っています。現在は、マナブの妹の幼い子どもたちも参加するようになり、ムーブメント活動を通して、ますます家族全体の「健康と幸福感」を追求しています（写真12-21）。

(5) 今後の課題

障がい者が家族や地域の人々とともに参加したり、幼少期から成人期まで継続して参加したりする仕組みや場所の不足が現在の課題とされています。このような点からも、かしまムーブメント連絡会を中心とした活動は、あらためて注目を集めるようになりました。

ムーブメント活動は、生涯を通して、家族や友人とともに、地域生活の中で無理なく楽しく継続できる活動であり、障がい児（者）のゆっくりとした成長と家族や地域全体のQOLを支える力となっているように思います。かしまムーブメント連絡会の青年たちとその家族のハツラツとした姿が何よりの証です。今後も「ゆっくり、楽しく」をモットーに互いの「健康と幸福感」の達成を目指しながら、仲間との活動を楽しみ連携の輪を広げていきたいと思います。

（村上俊子）

5 NPO法人CMDゆうゆうのクリエイティブムーブメント

(1) CMDゆうゆうの概要

NPO法人「Creative Movement & Dance ゆうゆう」は2007年に発足しました。きっかけは、当時の和光大学の学生がムーブメント教育を学ぶ中で「自分たちもその場をもっと楽しみたい」という想いから、プログラムの研究や遊具の開発を始めたところにあります。

活動を続ける中で、ムーブメント教育の場は子どもたちの発達にはもちろんのこと、大人である私たち自身にとっても重要な体験ではないか、と気づかされていきました。子どもたちをはじめ、「もっとたくさんの人たちがムーブメント教育に出会える機会が増えればよいな」という想いから、2009年にNPOの認証を神奈川県相模原市で取得し、地域に根ざした活動をめ

ざしてきました。

(2)私たちの活動の軸となるクリエイティブムーブメント

「クリエイティブムーブメント」は、フロスティッグ（Frostig, 1970 ; 小林訳, 2007）によれば、「子どもたちが運動の課題の独自な解き方を見いだしたり、自己表現したり、自由な運動の流れを生み出したりする活動を含んでいる」、「あらゆる身体操作能力、調整力が含まれており、各ムーブメントスキルの応用であり、目的である」といわれています。

ゆうゆうのプログラムでも、子どもたちが自ら動き、感じたことを素直に表現し、子どもだけではなく、親やスタッフ、参加者全員が"場をつくる"楽しさや難しさ、それぞれの成長の喜びを分かち合っています。サーキットではロープの道や、プレーバンドで創るクモの巣くぐりを、自ら形を変えてみたり、頭にのせて歩くビーンズバックの数を増やしたり、難しい課題を自ら考え挑戦している姿が見られます。「こんな方法があったのかぁ!!」と驚かされることも多々あります。

また、通常のムーブメント教育の教室とは別にCMDゆうゆうでは、設立当初からアートを取り入れたクリエイティブムーブメントのワークショップを行ってきました。この取り組みにおいても、フロスティッグが唱えるクリエイティブムーブメントの方法（①選択肢を広げる、②イメージを膨らませる、③環境（遊具・音楽）との関係をアレンジするなど）を基盤として取り組んでいます。例えば、「環境」として、舞台照明を活用したり、プログラムの中で大きな絵を描いてダイナミックに場全体をデザインすることを行ったりしています。

アートを取り入れたクリエイティブムーブメントのワークショップでは、ダンスや絵画の経験があるスタッフの「海や宇宙の世界を創りたい、自分たちの創った世界で思いっきり遊びたい」という想いが込められて、様々なクリエイティブなプログラムが生まれてきました。今回は、障がい児を含めた小学校高学年から青年期の若者、大人たちが参加したワークショップのいくつかをご紹介します。

(3)実践①——星の地図を創ろう！

2012年1月、その後3月に上演予定の舞台に出演することになっている中学生のみなさんと「星の地図を創ろう！」をテーマに、本番の衣裳づくりを含めたワークショップを行いました。プログラムは2部構成とし、1部では布にペイントをして衣裳をつくりました。そして、2部では1部で作成した衣裳を身に着け、「星になって宇宙冒険に出よう！」をテーマに、照明を使った空間で本番の振り付けを取り入れたダンスムーブメントプログラムを行いました。

最初に、通常のムーブメント教室でも行っている、ロープムーブメントとパラ

写真12-22　塗料のついたボールを布で弾ませて色づけする

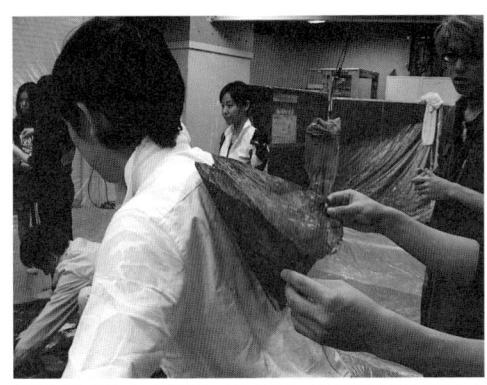

写真12-23 衣裳をつくる様子（僕は翼をつけたい）　写真12-24 照明効果を活かしたパラシュートで月の世界を楽しむ

　シュートムーブメントのプログラムを応用し、自分たちが冒険に出るための「星の地図」を描きます。紺色の大きな布に黄色の絵の具をしみ込ませたロープを弾いたり蛇や波のように揺らしたりすると、流れ星のような軌跡が浮かび上がります。また、布をパラシュートのようにみんなで持ち、絵の具をしみ込ませたスポンジをバタバタと飛び跳ねさせると大小様々な形の星が生まれました（写真12-22）。そこに参加者の手形や足形を加え、星の地図をダイナミックに描き出しました。出来上がった地図の中からそれぞれがお気に入りの星を切り取り、衣裳に取り付け発表しました。
　このように、遊具や大きな布を利用し、ただ描くだけではなく、全身運動を促し、手形、足形や実際身に着けている服を装飾することで、身体意識を養います。また、その過程で、「背中に翼があるように見せたい」「スカートのようにしたい」など、求める衣裳のイメージを思い描き、時には周りと相談しながら創ることで、創造性を働かせます（写真12-23）。
　2部ではその衣裳をまとい、いよいよ宇宙冒険に出発です。ムーブメントスカーフを持ち、流れ星になって駆け抜けます。部屋が赤く染まると、そこは太陽。メラメラと燃える炎を、床に寝そべり手足を揺らすことで表現しました。辺りがだんだん青白くなると次は氷の星。作品のモチーフにもなっている氷鬼を展開します。青いスカーフをまとった鬼が音楽の様々な速度に合わせてあの手この手で捕まえにきます。最後に向かうのは月の世界。オーガンジーのパラシュートを広げ表現します（写真12-24）。満点の星空を眺め、流れ星に包まれて宇宙冒険は終わりを迎えます。
　その後、中学生からはダンスの発表があり、初めて誰かに「観せる」ということを経験しました。様々なフリを模倣することはもちろんですが、即興的にシーンを創ることで、社会性や協応性、創造性を遊びながら身につけていきます。
　最後に行った活動の振り返りでは、「初宇宙！　宇宙飛行士になった気分!!」「本当に宇宙旅行の気分だった!!」などの声が上がり、楽しさが伝わってきました。参加した大学生からも、「エネルギッシュな中学生の姿に刺激を受け、舞台づくりが楽しみになった」「ファンタジックな世界が具現化していて、すごいなぁと思った」などの感想が寄せられました。
　このプログラムは初めて舞台に上がる中学生のために、本番に使用する衣裳、舞台の約束事

(舞台の上には左右に出入り口があることや、通常とは異なる照明があたること、お客さんに見られているってどんなことかなど)を楽しく身体で理解してもらうことが目的でした。加えて、ともに舞台を共有する仲間である大学生や大人たちと同じ空間で即興的な表現を楽しむという経験も得ることができたと思います。一つの世界を一緒に創ることで、その後の取り組みにより主体的に参加し、興味を持って共演者同士が関わり合う姿が見られるようになりました。彼らから放たれる純粋なエネルギーは他の共演者にもよい効果を与えました。参加者のみなさんの達成感に満ちた顔が今でも忘れられません。

(4)実践②──ぼくらが彩るにじいろ世界

2011年7月、舞台用の照明設備を活かし、工作を取り入れたプログラムを午前と午後の2部構成で行いました。午前の部は中学生以上の大人を対象にした「からだで創る大きな木」がテーマです。午後の部では子どもたちが活動する空間をデザインしました。

午前の部では、スカーフを使った色の連想ゲームから始まり、自分の名前を身体で創り、共有する課題に挑戦しました。その後、ビニールシートを身体の型にくり抜き、セロファンやペンで装飾した身体画を創ります。身体画をとることで、身体イメージが高まり、新たな自分への気づきが生まれます。それぞれの身体画を貼り合わせ、ライトアップし、大きな夢の樹ができあがりました(写真12-25)。

写真12-25　ビニールシートの身体画と照明効果で「夢の樹」を作る

写真12-26　ビニール傘と照明を活用して、「虹の世界」を旅する

午後の部のテーマは「ぼくらが彩るにじいろ世界」。3歳から小学生の親子が参加しました。フリームーブメントから始まり、名前呼びでは自分のポーズをみんなに発表しました。イメージを膨らませながら身体を動かした後、一人ひとりが虹の傘を創りました。できあがった傘を発表したら、みんなで虹の旅に出かけます。歩行・走行を基にしたプログラムでは、スカーフの色に合わせて様々な風を表現しました。色の認識はもちろん、色に合わせて表現を変えていくことでさらにイメージを深め、創造性を養います。様々な世界を旅し、最後は鏡の前に傘を半円状に並べてライトアップをし、きれいな丸い虹を描きました（写真12-26）。

　参加者からは「他の子の作品を見たり、ライトを当てたり、よい刺激になりました」「中高生のお兄ちゃんも恥ずかしがりながらも、のびのび作成していた」「最後は設定に吸い込まれていくような、とても幻想的な空間づくりでした」などの感想が寄せられました。普段は集団の場が苦手な子、集中が難しい子も、「場」を楽しみながら集中し、出来上がった作品を通して、周りの友だちに積極的に興味を持ち、自ら動くことができました。

(5) 実践③──みんなで描こう海のカーテン

　2013年7月、大きな布に海を描くプログラムを実践しました。4歳児から小学生まで、さらに保護者も加わって、みんなで絵の具まみれになりながら、以下のような展開で海を描きました。

　海の絵本を読み聞かせ、イメージを膨らませた後に、部屋に大きな布を広げ海のカーテンを作成します。広げた布をパラシュートのように上下に動かしていると、風船でできた小さな魚が遊びに来ました。まずは魚の泳ぐ布に波を描いていきます。ゴムボールに絵の具を着け跳ねたり、転がしたりしました。紙の筒に糸を巻いたものを転がすと、波のラインが浮かび上がります。次に登場するのは「泡絵の具」です。スポンジに絵の具をしみ込ませて握ると、モコモコと絵の具があふれてきます。その姿に驚きの声が上がります。数種類の青と緑で、海を染めていきました。泡絵の具の淡い色合いが、まるで海の中から揺れ動く海面を見上げた時のようです。

　次に海の仲間たちを描きます。丸や三角、四角に切り抜いた発泡スチロールスタンプを組み合わせてクラゲやタコを描いたり、手形をペタペタ押したり、カニやウニ、サンゴなどの海の

写真12-27　みんなで描いた「海のカーテン」

仲間を思い思いに描きます。海がだんだん賑やかになると、はじめに遊びに来てくれた魚が仲間を連れて遊びに来てくれました。海のカーテンを優しく揺らすと、海の中で楽しげに泳ぎます。その後、みんなで下から見上げ海を鑑賞しました（写真12-27）。

このプログラムでは、環境との関係をアレンジするところで、絵本も登場します。子どもの海に対するイマジネーションを絵本が掻き立ててくれます。また、海を描くのにも、「たたく」「握る」といった腕の動作や、波を描く動作は体幹を鍛え、脚力をつけます。雑巾がけが苦手な子どもでも、こういう活動なら何往復も取り組めます。また、海のカーテンにすることで、パラシュートムーブメントの活動を応用し、よりファンタジックな世界を演出します。

子どもたちの好奇心あふれる顔を見て、お父さんやお母さんも大喜び。「絵は苦手だけど楽しめた」「集中して取り組めた」「ストレスを感じず楽しむことができた」など、参加者の一員としても主体的に楽しんでいただけました。

(6) 今後の課題

2013年6月、CMDゆうゆうは神奈川県相模原市淵野辺に「ゆうゆうハウス」をオープンさせました。通常は親子ムーブメント教室を展開していますが、月に1回企画するワークショップには、定期教室のクラスへの参加の有無を問わずに参加することができます。

発達障がいのある子どもたちは、成長するにつれて所属する世界が広くなってく中で、人と一緒に関わり合うことや、同じ時間を過ごすこと、相手の気持ちを汲み、自分の気持ちを表現することに困難に感じる場面も増えてきます。そんなとき、些細なことばで傷ついたり、ちょっとしたきっかけで相手の真意が読めず怒ってしまったりすることもあります。

対して、表現に正解も間違いも無いアートを取り入れたクリエイティブムーブメントのワークショップでは、自分を自由に表現でき、それに没頭することで他の子の表現も受け入れられていると感じます。例えば「見て、見て‼」ということばは日常の教室では自分だけに関心を引くときによく使われることばですが、ワークショップでは「見て、見て‼ こんな所にカニがいるよ！」「大きな魚‼」など自分の描いたものだけでなく、一つの世界の中で他の子の表現に対する驚きや発見、喜びが含まれていることをとても多く感じます。

こだわりが強く、創造性が豊かであることが日常ではネックになる子でも、ワークショップではみんなを一つの世界へ導いてくれる強いエネルギーになります。フリームーブメントでスカーフやビーンズバッグを用いて海の世界を創っていた子が、海のカーテンを描き、いつもの教室が海の中へ変わったとき思わず漏れるつぶやきや、「お魚が楽しそうに泳いでいるよ！」といった屈託のないことばが、私たちを本当の海へと導いてくれました。

3歳からムーブメント教室に通っている発達障害のある小学校高学年の男の子がいます。普段は大きな声で叫んでいたり、新しい場に慣れるのにかなりの時間がかかったり、落ち着きがなく多動なことが多い男の子ですが、強靭な脚力を持っていて、カエルジャンプがとっても得意で、心が純粋で絵画や工作が大好きで創造力が豊かな子どもです。

「ぼくらが彩るにじいろ世界」では照明で彩られた世界に吸い込まれるように入っていき、スカーフや照明の色に合わせて風になって走ったときには、様々な表現を生み出し、会場全体をリードしてくれました。また、虹の傘を作成したときには、出来上がった傘を鏡の前に並べ、

虹を創っていたのです。まさに私たちが考えていたプログラムのラストシーンでした。

　彼はその後も定期教室に通っています。ワークショップで年下の子どもたちと触れ合う時は、リーダーを立派に務めてくれます。サーキットの見本を見せてくれたり、優しく手を取り、円の中に導いてくれたり、片づけも率先して行ってくれ、時にはタイムキーパーにもなってくれます。当初、みんなと同じことができなかったり、円になっても全く違うことをしていたりと、お母さんを悩ませた時期もありましたが、年齢や障害の枠を越えて様々な人が参加するクリエイティブムーブメントのワークショップを通して、その場での自分の役割をしっかり捉え、「場づくり」を率先してやってくれます。そして何より大好きなムーブメントの場を誰よりも楽しんでいます。お母さんも「是非スタッフとして使ってください」と申し出てくれます。アクティブな彼の姿を見て、小さい子どもたちもとても刺激を受けて、いつもとは違う表情を見せてくれます。そんなときは、「本当にみんなでこの場をつくっているのだな」と感じます。

　フロスティッグは、「創造的活動から得られた経験は、個人が自分自身の感情を知ることを助け、内的満足と達成感を与え、人生に新しい意味を与える」と述べています。私たちは、クリエイティブムーブメントの世界を一緒に体感することが、日常の関係性を築く力へつながり、参加者全員の「楽しい」をたくさん共有できる場へとつながっていくのだと信じています。これからもCMDゆうゆうは、多様な人々の笑いが絶えない「みんなの家」になるような活動をめざしていきます。

（惠濃志保）

◆引用参考文献

阿部美穂子（2009）親子ムーブメント活動が障害のある子どもの親に及ぼす効果、富山大学人間発達科学部紀要、4（1）、47-59.

Frostig, M. (1970) Movement Education: Theory and Practice, Follett Publishing Company. ／小林芳文 訳（2007）『フロスティッグのムーブメント教育・療法』、日本文化科学社.

小林芳文・大橋さつき 著（2010）『遊びの場づくりに役立つムーブメント教育・療法──笑顔が笑顔をよぶ好循環を活かした子ども・子育て支援』、明治図書.

●本書で紹介する活動案一覧

〈第4章 アセスメントを活用する〉

番号	タイトル	主な内容など	主なねらい	使用する遊具	関連する活動案
1	貝がら集め	しゃがみながら前に進む。	協応性、身体意識、創造性	ビーンズバッグ	6, 34
2	きりん歩き	腕を頭上に伸ばし、両手を握り合わせてつま先で歩く。	移動、姿勢の維持、創造性	なし	13
3	サーカスのオットセイ	オットセイのように腕で上半身を支えて動く。	身体意識、姿勢の維持、物的バランス	ビーンズバッグ	20

〈第5章 発達を支えるムーブメント遊具の活用〉

番号	タイトル	主な内容など	主なねらい	使用する遊具	関連する活動案
4	2人でロープを持って	波を作る、音に合わせて動かす、音を出す。	手指の操作性、聴覚―運動連合	カラーロープ	9, 29
5	ロープを輪にしてみんなで動かす	揺らしたり、横に送ったり、引っ張ったりする。	手指の操作性、腕の動き、上体の曲げ伸ばし、社会性	カラーロープ	17, 18, 31, 42
6	床に置いたロープに沿って移動する	①2本のロープで作った道を歩く。②1本のロープの上を歩く。③ロープを踏まないように歩く。④ロープの川を飛び越える。	図地の知覚、空間認識、バランス能力、集中力	カラーロープ	1, 14
7	ロープをまたぐ・くぐる	またぐ・くぐる。飛び越える。	身体図式、バランス能力、移動	カラーロープ	12, 55
8	ロープでいろいろな形を作る	床に形や絵を描く。	書く力、創造性、図地の知覚、仲間意識	カラーロープ	23, 39
9	伸縮ロープを2人で持ってお舟はギッチラコ	座位姿勢で2人で向かい合い交互に引っ張り合う。	筋力、上体の前屈、仲間意識	伸縮ロープ（短）	4
10	伸縮ロープを輪にして伸ばす・縮める	引っ張ったり緩めたりする。	柔軟性、姿勢の維持、身体意識	伸縮ロープ（長）	13, 24
11	伸縮ロープを身体に引っかけて伸ばす	1人で身体に引っかけて形を作る。	柔軟性、姿勢の維持、身体概念（身体部位の確認）、形の概念	伸縮ロープ（短）	15
12	伸縮ロープで作った形の中を歩く	複数人で引っ張って形を作る。踏まないでその中を歩く。	目と足の視知覚運動、協応性、仲間意識、形の概念	伸縮ロープ（長）	6
13	プレーバンドの伸びを楽しむ	2人で持って好きなように伸ばしてみる。	身体意識、社会性	プレーバンド	2, 10
14	プレーバンドの蜘蛛の巣をくぐる	複数本組み合わせて蜘蛛の巣を作り、通り抜ける。	バランス能力、身体図式、創造性	プレーバンド	1, 37, 49
15	身体を使ってプレーバンドを伸ばす	立位、座位、仰向け等の姿勢で身体に引っかけて伸ばす。	姿勢の維持、形の概念、身体部位の確認	プレーバンド	11
16	プレーバンドを輪にして揺らす	ゆったりとした伸びの輪を揺らしたり引っ張ったりする。	筋力、腕の動き、姿勢の維持、社会性	プレーバンド	5
17	1本のプレーバンドをフープにつなげて	フープに入ってプレーバンドの伸びに対抗して前に進む。	筋力、体幹・脚の動き、方向性、空間意識、創造性	プレーバンド・フープ	5
18	複数のプレーバンドをフープにつなげて	太陽のような形を作り、みんなで揺らしたり、引っ張ったりする。	筋力、腕の動き、手指の操作性、社会性、仲間意識	プレーバンド・フープ	5

番号	タイトル	主な内容など	主なねらい	使用する遊具	関連する活動案
19	ビーンズバッグに親しむ：触る・つかむ・放す	触る。つかむ。放す。投げる。	手指の操作性、投げる動き、触感覚	ビーンズバッグ	3
20	ビーンズバッグを運ぶ	身体に乗せて運ぶ。	身体部位の確認、動的バランス	ビーンズバッグ	3, 35
21	ビーンズバッグを的に投げる・的から取る	的にくっつける、投げる、はがす。	目と手の協応性、手指の操作性	ビーンズバッグ・的	28
22	ビーンズバッグを的に並べる	色に合わせて、見本を見て、並べる。	色や形の概念、見本による識別、数の概念	ビーンズバッグ・的	38, 67
23	ピッタンコセットを貼る・はがす	自由に貼って、並べたり、形を作ったりする。	手指の操作性、色や形の概念、数の概念、創造性	ピッタンコセット	8
24	ピッタンコセットをタッチ	マットの前に座って、手足で型に触れる。	身体部位の確認、方向性、柔軟性	ピッタンコセット	10
25	ピッタンコセットでバランス遊び	型にしたがってポーズをとる。ことばの指示や視覚的提示（バランスシート）で身体を支える部位を決める。	バランス能力、身体意識	ピッタンコセット・バランスシート	6
26	ピッタンコセットの型に沿って歩く	足型や知覚型に沿って歩く。	バランス能力、移動、正中線交差	ピッタンコセット	6, 25, 64
27	ムーブメントスカーフの色や肌触りを楽しむ	トンネルをくぐるなどして、色や肌触りを楽しむ。	視覚・触感覚の刺激、創造性	ムーブメントスカーフ	
28	ムーブメントスカーフを投げる・受け取る	スカーフでキャッチボールをする。	身体意識、目と手の協応性、社会性	ムーブメントスカーフ	21, 47, 51
29	ムーブメントスカーフを2人で持って	2人組でスカーフを持って動かす。風船などを乗せて運ぶ。	身体意識、目と手の協応性、動的バランス、社会性	ムーブメントスカーフ	4, 51
30	ムーブメントスカーフでソリ遊びを楽しむ	スカーフの上に子どもを座らせてソリのように引っ張る。	姿勢の維持、バランス能力	ムーブメントスカーフ	41, 46
31	ムーブメントスカーフをつなげて輪にする	輪にして揺らす、左右に送る。中央を走る人に合わせてウェーブをする。	聴覚連合、視覚連合、社会性	ムーブメントスカーフ	5
32	ムーブメントスカーフを見立てて遊ぶ	見立てて動く。変身する、表現する。	創造性、身体意識	ムーブメントスカーフ	62, 66
33	ムーブメントスカーフで洗濯ごっこを楽しむ	スカーフを洗濯する設定の中で様々な動きを体験する。	創造性、操作性、目と手の協応性、創造性	ムーブメントスカーフ	
34	形板を拾う・集める	色や形や数の要素をもとに拾う、集める。	色・形・数の概念	形板	1
35	形板を身体に乗せる・形板で身体をたたく	身体に乗せてポーズ、歩く。身体を軽くパッティングする。	身体部位の確認、バランス能力、数の概念	形板	20
36	形板の上に乗る	様々な指示に合わせて、形板の上に乗る。	聴覚―運動連合、色・形・数の概念、バランス能力	形板	26
37	形板の上を移動する	様々な指示に合わせて、形板を渡って移動する。	移動、色・形・数の概念、空間意識、問題解決能力	形板	14, 65
38	形板の上で数を学ぶ	並べた形板の上で数えながら進む。足し算・引き算をする。	数の概念	形板	22
39	形板を組み合わせて形を作る	平面、立体で形を作る。	図形の概念、創造性、操作性、形の概念	形板	8

番号	タイトル	主な内容など	主なねらい	使用する遊具	関連する活動案
40	ユランコに乗って揺れを楽しむ	床の上を滑らせて揺らす。持ち上げて揺らす。	前庭感覚、方向性、数の概念	ユランコ	29
41	ユランコでソリ遊びを楽しむ	座位、腹這い、仰向けで乗る、2人で乗る。引く側を交替する。	前庭感覚、姿勢の維持、筋力、社会性	ユランコ	30
42	パラシュートをみんなで持って	持って揺らす引っ張る。回す。下をくぐって移動する。	目と手の協応性、手指の操作性、社会性	パラシュート	5, 53
43	パラシュートを下から楽しむ	下にもぐって、色や風圧を感じる。	視覚、触感覚、創造性	パラシュート	61
44	パラシュートでドームを作る	①ドームを作る・つぶす。②ドームの中にもぐる。	空間意識、社会性、腕の動き、協応性、仲間意識	パラシュート	62
45	パラシュートの上に物を乗せて楽しもう	①ボールのサーフィン。②ポップコーンを作ろう。③紙吹雪で遊ぼう。	目と手の協応性、創造性、社会性	パラシュート・ボール・カラーボール・紙吹雪	
46	パラシュートの上に乗って楽しむ	①揺らして・滑らせて（中央に子どもを乗せて揺らす、左右の揺れ、回転系の揺れ）。②ダイナミックな波乗り。	前庭感覚刺激、バランス能力、社会性	パラシュート・マット	29, 30
47	パラシュートを飛ばす	上・下・上でタイミングを合わせて手を放し、飛ばす。	協応性、腕の動き、空間意識、創造性、仲間意識	パラシュート	28
48	いろいろな方法でフープを持つ・運ぶ	フープを持って様々な姿勢をとる。身体にかけて運ぶ。	身体部位の確認、バランス能力、創造性	フープ	
49	フープをくぐり抜ける	フープのトンネルをくぐる。	身体図式、柔軟性、注意力	フープ	14
50	フープを転がす・回す	床で転がす、回転させる。	手指の操作性、時間・空間意識	フープ	
51	2人で転がして遊ぶ	2人で向かい合ってフープを転がし、受け取る。	操作性、協応性、社会性	フープ	29
52	みんなでフープを持って	1つのフープを複数人で持ってトランポリンに乗る、移動する。	協応性、社会性、バランス能力	フープ・トランポリン	42
53	フープの中に身体部位を入れる	ことばの指示でフープの中に身体部位を入れる。	身体部位の確認、ことばの概念、姿勢の維持、創造性	フープ	
54	音を聴いて、フープの中に入る	様々な指示に合わせて、床に置いたフープの中に入る。	聴覚―運動連合、色・形・数の概念、バランス能力	フープ	15
55	フープを渡って移動する	自由に渡る。色を選んで、数を決めて渡る。ケンケンパの動きで渡る。	視覚―運動連合、協応性、移動、色の概念、空間意識、自己決定、リズム	フープ	7
56	リボンを自由に振る・動かす	自由に動かす。円を描くように動かす。音楽に合わせて動かす。	身体意識、空間意識、手首の操作性、聴覚―運動連合	ムーブメントリボン	
57	様々な姿勢でリボンを操作する	立位、座位、仰向け等の姿勢で操作する。	身体意識、空間意識、手首の操作性、協応性	ムーブメントリボン	
58	リボンを持って走る	床につかないように走る。	移動、空間意識、スピード	ムーブメントリボン	
59	リボンを振って音を出す	音に合わせてリボンを動かす。リボンで音を出す。	聴覚―運動連合、手指の操作性、身体意識、協応性、空間意識	ムーブメントリボン	
60	リボンを使って表現する	風、波、花火などに見立てて表現する。	創造性、身体意識、柔軟性	ムーブメントリボン	

番号	タイトル	主な内容など	主なねらい	使用する遊具	関連する活動案
61	コクーンに入って自由に動きを楽しむ	中に入って自由に動く。	身体意識、姿勢の維持、創造性	ムーブメントコクーン	43
62	コクーンに入っていろいろな形を表現する	ボールのように丸くなる。壁のように平たくなる。合体する。	身体意識、創造性、空間意識、仲間意識	ムーブメントコクーン	32, 44
63	コクーンを使って変身した大人と遊ぶ	コクーンで変身した大人と即興的なかかわりを楽しむ。	身体意識、創造性、仲間意識	ムーブメントコクーン	32
64	スペースマットで島渡り	①島を自由に渡る。②音に合わせて動いたり止まったりする。③目的地を自分で決めてから渡る。④ワニにつかまらないように島を渡る。	移動、バランス能力、聴覚―運動連合、視知覚、色の概念	スペースマット	26
65	スペースマットの道を作って渡る	スペースマットを並べた道を渡る。	移動、色の概念、視覚―運動連合、視知覚	スペースマット	37
66	スペースマットの上でポーズ	スペースマットの上に乗って、様々な姿勢をとる。	身体意識、バランス能力、模倣、創造性	スペースマット	35
67	スペースマットを床に並べて	①スペースマットを並べて活動の風景づくり。②スペースマットを組み合わせて形づくり。	操作性、創造性、色の概念、図形の概念、社会性	スペースマット	22

〈第6章　発達障がい児のエンパワメントを支える〉

番号	タイトル	主な内容など	主なねらい	使用する遊具	関連する活動案
68	ペアでボート漕ぎ	2人組で向かい合って引っ張り合い。	身体を支える力		9
69	人間の木で遊ぶ	人間の身体で丸太転がし。よじ登ったりぶら下がったりする。	身体を支える力		
70	棒にぶら下がって運ばれる	大人が2人で持った棒にぶら下がって移動する。	身体を支える力	棒	
71	大人の身体をまたぐ・くぐる	大人の身体をまたいだり、くぐったりする。	バランス能力		7, 14, 49
72	椅子を利用したバランス遊び	椅子に座ったり椅子を支えにしてバランスをとる。	バランス能力	椅子	25, 66
補足		遊具に沿って歩く。	バランス能力		6, 12, 26, 55, 65
補足		遊具を身体に乗せる。	バランス能力		20, 35
73	トランポリンで跳ねる・歩く	トランポリンを活用した粗大運動。	協応性（粗大運動）	トランポリン	46-②
補足		両上肢を使う活動。	協応性（両側性運動）		5, 10, 16, 31, 42
74	ラダーを活用する	ラダー（梯子）を両手両足で渡る。	協応性（両側性運動）	ラダー	
75	いろいろなところで転がる	マットの上で横ころがりする。	協応性（両側性運動）	マット	
76	大型遊具を活用する	体育館や公園の大型遊具で、登る、降りる、渡る。	協応性（両側性運動）	大型遊具	
77	複雑なバランスポーズを楽しむ	「片足で立ち、そのまま身体を傾けて飛行機のようなポーズ」などに挑戦する。	協応性（利き側）		
78	平均台の上を後ろ向きに歩く	平均台の上を後ろ向きに進む。	協応性（利き側）	平均台	

番号	タイトル	主な内容など	主なねらい	使用する遊具	関連する活動案
79	自転車に乗る	利き足のリードでペダル漕ぎ。	協応性（利き側）	自転車	
80	感触の違いを楽しむ	触って物を当てる。	手の動き（手で触れる）	感触の違うものと箱や袋	27, 43
81	トランポリンをたたく	トランポリンの上にボールやビーンズバッグを乗せて揺らす。	手の動き（手でたたく）	トランポリン・ボール・ビーンズバッグ	
82	トランポリンの揺れの中で身体を支える	トランポリン上に両手と両膝をつかせて、手で身体を支える。	手の動き（手のひらで支える・押す）	トランポリン	46
83	段ボールでトンネルくぐり	段ボールのトンネルをくぐって移動する。	手の動き（手のひらで支える・押す）	段ボール	49
84	雑巾がけを楽しむ	雑巾がけをカラフルなタオルで。	手の動き（手のひらで支える・押す）	タオル	
補足		むしり取る。	手の動き（手で握る）	ビーンズバッグ・ピッタンコセット	21, 23
補足		握って揺らす。	手の動き（手で握る）	ロープ・ムーブメントスカーフ・パラシュート	5, 31, 42
補足		引っ張る。	手の動き（手で握る）	伸縮ロープ・プレーバンド	9, 10, 13, 15, 16, 18
85	スクーターボードに乗ってつかんで進む	スクーターボードに様々な姿勢で乗って、ロープやフープをつかんで引っ張ってもらったり、たぐり寄せたりして進む。	手の動き（手で握る）	スクーターボード・ロープ・フープ	
86	ブランコを楽しむ	公園のブランコをしっかり握ってこぐ。	手の動き（手で握る）	ブランコ	
87	紙を使う	紙を破る、ちぎる、まるめる、ちぎり絵を楽しむ。	手の動き（ちぎる・まるめる・つまむ）	紙・新聞紙	33
88	音と動きの関係を記憶して動く	音の種類、回数の聞き分け、色や数の概念とのつなぎ合わせ。	記憶する力と結びつける力	楽器・形板・フープ・スペースマット等	36, 54, 64-②, 141
89	経路を覚えて渡る	碁盤の目のように並べられたフープを、ことばや視覚的情報で示された経路に沿って渡る。	記憶する力と結びつける力	フープ・形板	
90	同じものを集める	色や形などで「同じもの」を見つけ、集める。	読む力と数える力の土台（分類する力を育む）	ビーンズバッグ等	
91	同じ人で集まる	持っている物や属性で集まる。	読む力と数える力の土台（分類する力を育む）		
92	個人空間と共同空間で自由に動く	自分の身体でできるだけ大きくなる（小さくなる）で個人空間を知る。部屋を複数人で自由に動き回って共同空間を知る。	読む力と数える力の土台（空間意識を育む）	ロープ・スペースマット	
93	前後左右に移動する	5個のフープを用意して、前後左右に移動。	読む力と数える力の土台（空間意識を育む）	フープ	
94	複数人で一緒に移動する（共同空間と方向性の確認）	2人組で集団でフープやロープの輪に入って移動する。	読む力と数える力の土台（空間意識を育む）	フープ・ロープ	
95	避けて進む	遊具の島渡りで、色や形を避けて移動する。	読む力と数える力の土台（見分ける力を育む）	形板・フープ・スペースマット	37, 55, 64
96	3色のロープで分かれ道を歩く	3色のロープを使って、中継点で色を変更して進む。	読む力と数える力の土台（見分ける力を育む）	ロープ	6

番号	タイトル	主な内容など	主なねらい	使用する遊具	関連する活動案
97	数えながら動く	回数や歩数を数えながら動く。ポーズをとって秒数を数える。	読む力と数える力の土台（数える力を育む）	ビーンズバッグ	38
98	お店屋さんごっこを楽しむ	1対1の対応、具体物を数える力を育む。	読む力と数える力の土台（数える力を育む）	ムーブメント遊具	
99	ボウリングゲームを楽しむ	ペットボトルや空き缶でボウリング遊びをする。2回やって、倒れたピンの数を数える。	読む力と数える力の土台（数える力を育む）	ペットボトル・空き缶・ボール	
100	ビーンズバッグと的を使う	的当てゲームをして、得点を足す。	読む力と数える力の土台（数える力を育む）	ビーンズバッグ・的	
101	比べてみよう	様々な遊具を使って、多い―少ない、大きい―小さい、長い―短い、高い―低いなどを比較する。	読む力と数える力の土台（比べる力を育む）	ムーブメント遊具	
102	並んでみよう	持っている遊具の特性や誕生月などで並ぶ。	読む力と数える力の土台（並べる力を育む）	紙パイプ・形板	
103	法則に沿って並べる	色や形の属性による繰り返しの法則に沿って遊具を並べる。	読む力と数える力の土台（並べる力を育む）	ビーンズバッグ・ピッタンコセット	
補足		遊具を介してともにいる。	ともにいる機会を増やす		5, 10, 16, 31, 40, 42, 45, 46
104	フープを持ってみんなで輪になる	フープを持ってつながる。輪になって歩く。	ともにいる機会を増やす	フープ	
補足		遊具が作る空間を共有する。	ともにいる機会を増やす		27, 36, 43, 44-②, 54, 64-②, 9章水中ムーブメント
105	乗り物ごっこを楽しむ	乗り物のイメージを共有することで、他者とともに空間を共有したまま、様々な動きを体験する。	ともにいる機会を増やす	ロープ・ユランコ・パラシュート	
106	「スタート」―「ストップ」を取り入れる	強く―弱くの対比や、激しく動かした後で一斉に止める動きを織り交ぜる。	自己コントロールの力を育む		45, 81, 88, 146
107	サーキットプログラムを楽しむ	全身を自由に思い切り動かして取り組む活動と、集中力や慎重さを必要とする活動を適宜織り交ぜる。	自己コントロールの力を育む		
108	「動」と「静」をイメージして動く	「突風に吹き飛ばされた葉っぱ」と「そよ風にふわふわ舞う綿毛」を対比して動くなど。	自己コントロールの力を育む		121
109	ふれあいを楽しむ	歌いながらのふれあい遊び。揺れやリズムを共有するダンス。	快的情動の交流を楽しむ		138, 8章ダンスムーブメント
110	風船のファンタジックな風景を楽しむ	たくさんの風船を揺らしてファンタジックな風景を作り共有する。	快的情動の交流を楽しむ	風船・パラシュート	45-②, ③
111	忍者になって遊ぼう	分身の術、変身の術で模倣を楽しむ。	模倣する力を育む	ムーブメントスカーフ・風呂敷	
112	リーダーに続け	一列に並んで模倣しながら進む。先頭を入れ替わる。	模倣する力を育む		
113	コンダクター になろう	コンダクター（指揮者）の指示で、全員（オーケストラ）が動く。	他者に作用する体験を楽しむ		31

番号	タイトル	主な内容など	主なねらい	使用する遊具	関連する活動案
114	お気に召すまま：人形あそび	人形役に直接触れたり、ことばで指示したりして動かす。	他者に作用する体験を楽しむ		
115	2人で運ぶ	2人で協力してものを運ぶ。	他者と合わせて動く力を育む		29
116	渡す―もらう	遊具の受け渡し、キャッチボールをする。	他者と合わせて動く力を育む	ムーブメントスカーフ等	28
117	場所を入れ替わる	遊具を持って立ち、遊具を置いたり投げ上げたりして、人と場所を入れ替わって遊具を取る。	他者と合わせて動く力を育む	ムーブメントスカーフ等	
118	名前ポーズ遊び	自分の名前でポーズをとる、真似し合う。ポーズを送る。	自分への気づきを高める		
119	身体画を描いて楽しむ	大きな紙や布の上でポーズをとり、実寸大の身体の縁取りをする。	自分への気づきを高める	模造紙・ペン・絵の具等	
120	ハットフリスビーの運び方を工夫する	ハットフリスビーを運ぶ方法を自分で決めて移動する。	自己決定・自己表現の力を育む	ハットフリスビー・フープ等	20, 25, 35, 37, 53, 55, 64
121	歩数を自分で決めて進む	スタートとゴールを決めて、自分で決めた歩数になるように調整して進む。	自己決定・自己表現の力を育む	フープ・形板・スペースマット	37, 55, 64
122	「風」になって動く	どんな「風」になるか、自分で決めて表現する。	自己決定・自己表現の力を育む		8章 ダンスムーブメント
123	平均台の上を歩くためのスモールステップ	平均台の上を歩く課題に挑戦するために、用意されたスモールステップの課題を1つずつクリアする。	自己効力感を高める	形板・ロープ・歩行板・平均台	
124	競争しないリレー	順に交替して1周ずつ走る。	自己効力感を高める		
125	「順番に」を大事にする	パラシュートに乗る順番を待つ。	時間の概念を育む	パラシュート	102,103,107
126	振り返りをする	活動の最後に「振り返り」の活動を取り入れる。	時間の概念を育む		
127	過去の経験との連合を促す	過去に経験したことに関係づけるような場面を設定する。	時間の概念を育む		
128	道を譲り合う	細い一本道を譲り合ってすれ違う。	思いやりの心を育む	ロープ・平均台	
129	手をつないで移動する	手をつないで移動する。	思いやりの心を育む	形板・ロープ等	6, 37, 55, 64, 95
130	ユランコを持って揺らす	ユランコを持って揺らす。	思いやりの心を育む	ユランコ・人形	29, 40
131	仲間を支えて座る	ユランコやパラシュートで仲間を支えて座位を保つ。	思いやりの心を育む	ユランコ・パラシュート	41, 46-①
132	フリスビーのフープくぐり	一方がフープを持ち、もう一方がその中を通すように、フリスビーを投げ、役割を交替する。	所属感や仲間意識を育む（役割を交替する）	ハットフリスビー・フープ	
133	人間ボウリング	複数人でピン役になって「絶対失敗しないボウリング」を演じて楽しむ。	所属感や仲間意識を育む（役割を交替する）	ムーブメントコクーン	
134	ムーブメントアート展覧会	遊具で描いたものや変身した姿を発表し合う。感想を述べ合う。	所属感や仲間意識を育む（発表して認め合う）	ムーブメント遊具	8, 32, 39, 67-②

番号	タイトル	主な内容など	主なねらい	使用する遊具	関連する活動案
135	大玉ドッジボール	手をつないで、大玉をかわす。	所属感や仲間意識を育む（協力して問題解決に挑む）	大きなボール	
136	ボックスタワーをつくろう	高くまたは速く箱を積む方法をみんなで考えて協力して実行する。	所属感や仲間意識を育む（協力して問題解決に挑む）	箱	

〈第7章 音楽ムーブメントを活用する〉

番号	タイトル	主な内容など	主なねらい	使用する遊具	関連する活動案
137	紙製パイプを活用する	パイプを耳にあて音を聴く、パイプを口に当て音を出す。	聴覚集中	紙製パイプ	
138	音を出して楽しむ	簡易楽器の音を出す。	聴覚集中、言語理解	簡易楽器	106
139	歌いながら身体部位をタッピングする	身体部位を確認する歌を歌いながら、身体をタッピングする。	身体部位の確認		
140	音をたてないようにタンブリンを運ぶ	タンブリンの音が鳴らないようにそっと運ぶ。	運動コントロール力、動的バランス	タンブリン	108
141	新聞紙を裂きながら声を出す	新聞紙を両手で持って裂きながら声を出す、リズムに合わせて破る。	運動コントロール力、協応性（両側性運動）	新聞紙	
142	タンブリンを使った音楽ムーブメント	①身体の発見：タンブリンの音に合わせて身体を動かす。②立ったり座ったり。③合図を聴いて。④動く、止まる。	聴覚―運動連合、姿勢、移動、短期記憶、数の概念	タンブリン	36, 54, 64-②, 88
143	フープを使った音楽ムーブメント	①楽しく歩く。②方向転換や後ろ歩き。	聴覚―運動連合、移動、動的バランス、操作性、空間意識	フープ・ピアノ	
144	カラーロープを使った音楽ムーブメント1「ロープの電線に止まれ！」	①床に置いたロープを踏まないように移動して、音の合図でロープの上に立つ。②走って止まる、歩いて止まる、スキップして止まる。③友達と手をつないで。	聴覚―運動連合、視覚―運動連合、色の識別、仲間意識	ロープ・ピアノ	36, 54, 64-②, 88, 145
145	カラーロープを使った音楽ムーブメント2「まるくなってリズミカルに！」	①ロープで1、2、3！②さあ、忙しい！前後、左右、上下を連続で！	聴覚―運動連合、手指の操作性、腕の動き、上体の曲げ伸ばし、方向性、社会性	ロープ	5
146	形板を使った音楽ムーブメント1「形板の島渡り」	①形板の上を移動する、止まる。②形板を探して止まる。③聞き分けて動く。	聴覚―運動連合、視覚―運動連合、色・形・数の概念、移動、短期記憶、動きのコントロール	形板・CD・タンブリン	36, 37, 88, 143
147	形板を使った音楽ムーブメント2「形板太鼓でリズム遊び」	①形板をたたいて音を出す。②動きの速さを意識して、動きのリズムと太鼓のリズム。③形板太鼓が形板ピアノに!?形板ピアノで合奏しよう。	聴覚―運動連合、手の動き、協応性、手指の動き、短期記憶	形板・ピアノ	106, 137

〈第8章 ダンスムーブメントを活用する〉

番号	タイトル	主な内容など	主なねらい	使用する遊具	関連する活動案
148	動きの質をアレンジする	音やイメージの刺激によって、軽―重、弱―強などの違いを動きで表現する。	協応性、創造性	ピアノ	32, 53, 60, 72, 111

番号	タイトル	主な内容など	主なねらい	使用する遊具	関連する活動案
補足	遊具とのかかわりをアレンジする	遊具との関係から身体の動きや表現を広げていく。		様々な遊具・物	
149	溶け出すオブジェ	ペアやグループで一つの群像になるイメージでポーズをとる。	バランス能力、身体意識、他者意識、創造性		
150	ことばのイメージをふくらませて動く	「水をこぼさないように水差しを運ぶ」「花を摘んでそれを誰かの誕生日のプレゼントとして持って行く」「小鳥のひなを巣に返してやる」	創造性、言語理解		108, 121
151	葉っぱになって自己紹介	緑色のスカーフをまとい、自分がどんな葉っぱになったか自己紹介をする。	自己意識、他者意識、言語、創造性	ムーブメントスカーフ	
152	春のイメージでスカーフを揺らして踊ろう	春風に乗ってスカーフの動きを活かしながら踊る。	模倣、リズム、身体意識、創造性	ムーブメントスカーフ・リボン	
153	夏の木陰の下で遊ぼう	スカーフを2人で持って木陰を作り、その風景の中で遊ぶ。	移動、操作性、創造性	ムーブメントスカーフ・ムーブメントコクーン	
154	オブジェになって紅葉した木を表現しよう	みんなでオブジェになって、秋の紅葉の風景を表現する。	身体意識、他者意識、創造性	ムーブメントスカーフ	
155	ダンスムーブメントを鑑賞する（分かち合う）	他者のダンスムーブメントを鑑賞する。	他者意識、創造性、短期記憶	ムーブメントスカーフ・CD	

〈第9章　水中ムーブメントを活用する〉

番号	タイトル	主な内容など	主なねらい	使用する遊具	関連する活動案
156	ボールを使った水中ムーブメント	①ボールを集める、投げる。②ボールを持って歩く、沈める。③ボールを持って浮く、バタ足で泳ぐ。	移動、バランス能力、身体意識、空間意識	様々な大きさのボール	
157	フープを使った水中ムーブメント	①フープの中に入って歩く、フープを回す。②水中でフープ跳び。③フープを潜ってくぐったり浮いてくぐったりする。	移動、バランス能力、身体意識、空間意識	フープ	
158	ビート板を使った水中ムーブメント	①ビート板を頭に乗せる。②ビート板の上に手を乗せて歩く、浮く、バタ足をする。	移動、バランス能力、身体意識、空間意識	ビート板	
159	浮島・浮き棒を使った水中ムーブメント	①浮き棒にまたがりお馬さんパカパカをする。②脇に浮き棒を巻き歩いたり浮いたりする。③長方形の浮島のトンネルをくぐったり、上に乗ったりする。	移動、バランス能力、身体意識、空間意識	浮島・浮き棒	
160	プールサイドを横移動する	プールサイドにつかまってカニ歩きをする。	移動、操作性、空間意識		5
161	つながって移動する活動を楽しむ	一列に並んでつながって移動する、S字に移動する、円陣になって移動する。	他者意識、身体意識、空間意識		5

さくいん

▶ あ ◀

あすなろの郷	173
アスペルガー症候群	11
アセスメント	48
遊び	25
遊び性	42
アフォーダンス	39
アメリカ精神医学会	6
医療型児童発達支援	4
医療型障害児入所施設	4
インクルーシブ保育	16
ヴィゴツキー	40
ウィニック	21
動きのことば	57,186
運動指数	61
運動ステージ	71
運動発達の段階	51
エンパワメント	102
オリジナル遊具	182
音楽ムーブメント	132
音楽ムーブメントの構造化	133
音楽療法	133

▶ か ◀

学習障害	7
かしまムーブメント連絡会 WAKKA	223
カスタネット	206
家族支援	15
形板	86
活動	13
カラーロープ	74
感覚運動	71
感覚運動機能	27,71
感覚刺激	155
環境因子	13
環境性	38
環境との相互作用	38
関係性	40
利き側	106
気になる子	16
機能障害	12
キパード	21
協応性	105
筋知覚	73
空間意識	112
クリエイティブムーブメント	227
軽度発達遅滞児	55
健康と幸福感	22
健康と幸福感の達成	29
原始反射	51
行為の可能性	39
高機能自閉症	11
交叉性運動	51
抗重力姿勢	72
肯定的ストローク	125
広汎性発達障害	10
交流・共同学習	194
国語ムーブメント	186
国際障害分類	12
国際生活機能分類	12
個人因子	13
個別家族支援計画	5,48
個別教育計画	5,48
個別障がい児教育法	5,48
個別の教育支援計画	48
コミュニケーション支援	42
コミュニケーションスキル	42
固有感覚	71,72
今後の特別支援教育の在り方について	3

▶ さ ◀

作業記憶	110
作動記憶	110
参加	13
算数ムーブメント	186
支援プログラム	49
時間・空間意識	28
時間の意識	126
自己効力感	125
自己受容器	72
肢体不自由児	55
視知覚	73
児童発達支援	4
自閉症児	55
自閉症スペクトラム症	6
自閉症スペクトラム障害	6,10
重度重複障害児	54
循環型システム	39
障がい児支援事業	3
障害児通所支援	4
障害児入所支援	4
障害者基本法	2
障害者総合支援法	3
諸機能の発達	36
触知覚	73
所属感	128
自立活動	3,17,191
神経発達障害群	6
神経発達症群	6
伸縮ロープ	77
心身一元論	36
心身機能・身体構造	13
心身二元論	35
身体意識	28,73,182
身体意識の調節	72
身体意識の未熟さ	34
身体概念	28,183
身体感覚の乏しさ	35
身体協応性	60,105

身体図式	28,183
身体性	34
身体像	28,73,183
深部感覚	72
心理的諸機能	29
水中ムーブメント	154
ストレングス	43
スペースマット	99
スマイルキッズ	210
スモールステップ	125
生活機能	13
精神運動	71
精神運動機能	73
精神遅滞	6
正中線交叉	59
接触過敏	116
全障がい児教育法	5
前庭感覚	71,72
全米学習障害合同委員会	7
前歩行ステージ	52
早期支援	15
早期診断	15
創造的ムーブメント	67,73,145
粗大運動	34,51
粗大運動確立ステージ	52

▶ た ◀

体性感覚	71,72
たけのこ教室	164
達成課題	26
達成体験	125
ダンスムーブメント	144
知覚運動	52,71
知覚運動機能	73
知覚運動ステージ	52
知的障害	6
注意欠陥・多動症	6
注意欠陥多動性障害	6,8,9
中度発達遅滞児	54
調整運動	51
調整運動ステージ	52

聴知覚	73
特別支援教育	3,4
富山ムーブメント教育学習会	216

▶ な ◀

仲間意識	128
ナビール	21
21世紀の特殊教育の在り方について	3
日本精神神経学会	6
日本発達障害学会	5
能力障害	12

▶ は ◀

パステル舎	101
発達障害者支援法	3,4,15
発達性	36
発達性協調運動障害	9,11
発達性言語障害	9
発達促進	36
発達の遅れ	36
発達の個別性と連続性	38
発達の最近接領域	40
発達の節	51
発達の全体性	37
発達保障論	13
ハプティック知覚	73
パラシュート	89
バランス能力	104
反抗挑戦性障害	9
反社会的人格障害	9
反射機能	51
反射支配ステージ	52
ビーンズバッグ	80
微細運動	34,51
ピッタンコセット	82
皮膚感覚	72
評定表	52
フープ	93
複合応用運動	52
複合応用運動ステージ	52

複合性運動	51
福祉型障害児入所施設	4
浮力	155
プレーバンド	78
フロスティッグ	20
フロスティッグ・センター	21
フロスティッグの発達観	27
プロフィール表	52
保育所等訪問支援	4
保育所保育指針	16
放課後等デイサービス	4
歩行確立ステージ	52
ボディ・イメージ	28,183
ボディ・コンセプト	28,183
ボディ・シェマ	28,183

▶ ま ◀

ミラーニューロン	41
ムーブメント -IESA	63
ムーブメント教育の構造化	27
ムーブメント教育プログラムアセスメント	49
ムーブメントコクーン	97
ムーブメントスカーフ	83
ムーブメント遊具	70
ムーブメントランゲージ	57,186
ムーブメントリボン	95

▶ や ◀

役割交替	129
やまと発達支援センター WANTS	177
優位性	106
遊具	70
ユランコ	88
幼稚園教育要領	16
余暇支援	201

▶ ら ◀

| ラテラリティ | 106 |
| リトミック | 133 |

両側性運動	51,105	DCD	11	LD サスペクト	9
		Developmental		Learning Disability	7
▶ わ ◀		Coordination Disorder	11	Mental Retardation	6
ワーキングメモリ	110	DSM-5	6	MEPA	49
		DSM-Ⅲ	6	MEPA-ⅡR	50
▶ A-Z ◀		DSM-Ⅳ-TR	6	MEPA-R	50
ADHD	6,8,9	Frostig	20	MGL	59
ASD	10	ICF	12	MQ	61
Attention Deficit		ICIDH	12	MSTB	57
Hyperactivity Disorder	9	IDEA	5,48	Naville	22
Autism Spectrum Disorder	10	IEP	5,48	Neurodevelopmental	
BCT	60	IFSP	5,48	Disorders	6
CCST	63	Intellectual Disability	6	NJCLD	7
clumsy children	60,105	Kiphard	22	PDD	10
CMD ゆうゆう	226	LD	7	Winnick	22

●執筆者紹介
〈編集・執筆〉
小林芳文（こばやし　よしふみ）──第1・2・3・4・5・6章
横浜国立大学・和光大学名誉教授。NPO法人日本ムーブメント教育・療法協会会長。
東京大学大学院博士課程修了（健康教育学専攻）。教育学博士（東京大学）。東京大学助手、国立特殊教育総合研究所研究員、横浜国立大学教授、東京学芸大学大学院博士課程教授（兼職）を経て、2009年より和光大学へ。本書で紹介する「たけのこ教室」をはじめ、日本各地のムーブメント教室に関わって30年以上になる。主な著書に、『LD児・ADHD児が蘇る身体運動』（大修館書店）、『発達の遅れが気になる子どものためのムーブメントプログラム177』（学研）など多数。

大橋さつき（おおはし　さつき）──第1・2・3・4・5・6・8章
和光大学現代人間学部教授。NPO法人日本ムーブメント教育・療法協会専門指導員。
お茶の水女子大学大学院舞踊教育学専攻修了。千葉県の公立高校の保健体育教師、お茶の水女子大学助手などを経て、2002年に和光大学着任。著書に『遊び場づくりに活かすムーブメント教育・療法』『特別支援教育・体育に活かすダンスムーブメント』（ともに明治図書出版）など。

飯村敦子（いいむら　あつこ）──第5・7章
鎌倉女子大学児童学部教授。NPO法人日本ムーブメント教育・療法協会理事。
国立音楽大学卒業後、横浜国立大学大学院修了、東京学芸大学大学院連合学校教育学研究科博士課程修了。博士（教育学）。横浜国立大学非常勤講師、東京福祉大学助教授などを経て2004年から現職。主な著書に、『障害乳幼児の早期治療に向けた家族支援計画（IFSP）』（青山社）、『clumsinessを呈する就学前児童の発達評価と支援に関する実証的研究』（多賀出版）など。

〈執筆〉
岩羽　紗由実（いわはね　さゆみ）──第4章
　　横浜市立坂本小学校教諭

荒井　正人（あらい　まさひと）──第9章
　　水中ムーブメント協会会長、ＮＰＯ法人楽しいスポーツを支援する会講師

竹内　麗子（たけうち　れいこ）──第10章-1
　　福井市清水台保育園園長

吉田久美子（よしだ　くみこ）──第10章-1
　　福井市清水保育園主任保育士

大西　博美（おおにし　ひろみ）──第10章-2
　　川崎市麻生区役所こども支援室上麻生保育園担当係長。

永田ゆかり（ながた　ゆかり）──第10章-2
　　川崎市麻生区役所こども支援室白山保育園園長

郡司　茂則（ぐんじ　しげのり）──第10章-3
　　茨城県立あすなろの郷専門員

袴田　優子（はかまた　ゆうこ）──第10章-4
　　社会福祉法人県央福祉会やまと発達支援センターWANTS児童指導員

堀内　結子（ほりうち　ゆうこ）──第11章-1
　　横浜国立大学教育人間科学部附属特別支援学校教諭

上原　淑枝（うえはら　よしえ）──第11章-2、第12章-2
　　神奈川県川崎市立東生田小学校教諭

金川　朋子（かながわ　ともこ）——第 11 章 -3
大阪府立富田林支援学校教諭。

大越　敏孝（おおこし　としたか）——第 11 章 -4
茅ヶ崎市立汐見台小学校総括教諭（特別支援学級知的障害級担任）

根立　博（ねだち　ひろし）——第 11 章 -5
横浜国立大学教育人間科学部附属特別支援学校非常勤講師、横浜国立大学非常勤講師

並木　淑乃（なみき　よしの）——第 12 章 -1
鎌倉女子大学非常勤講師、元鎌倉市立小学校教諭

阿部美穂子（あべ　みほこ）——第 12 章 -3
富山大学人間発達科学部准教授

村上　俊子（むらかみ　としこ）——第 12 章 -4
茨城県鹿嶋市総合福祉センター心理発達相談員

惠濃　志保（えのう　しほ）——第 12 章 -5
特定非営利活動法人 Creative Movement & Dance ゆうゆう代表理事

発達障がい児の育成・支援とムーブメント教育
©Y. Kobayashi, S. Ohashi, A. Iimura, 2014　　NDC378/ x , 244p / 26cm

初版第1刷発行──2014年7月20日
　　第2刷発行──2021年9月 1日

編著者	小林芳文・大橋さつき・飯村敦子
発行者	鈴木一行
発行所	株式会社 大修館書店

　　　〒113-8541　東京都文京区湯島2-1-1
　　　電話 03-3868-2651（販売部）　03-3868-2299（編集部）
　　　振替 00190-7-40504
　　　［出版情報］https://www.taishukan.co.jp/

装丁・扉デザイン──和田多香子
組　版────加藤　智
印刷所────横山印刷
製本所────ブロケード

ISBN978-4-469-26763-1　　　　Printed in Japan

Ⓡ本書のコピー、スキャン、デジタル化等の無断複製は著作権法上での例外を除き禁じられています。本書を代行業者等の第三者に依頼してスキャンやデジタル化することは、たとえ個人や家庭内での利用であっても著作権法上認められておりません。